विजय सिंह

भारतीय लेखक और फिल्मकार विजय सिंह पेरिस में रहते हैं।

सेंट स्टीफेंस कॉलेज दिल्ली और इतिहास अध्ययन केन्द्र, जे.एन.यू. से इतिहास अध्ययन के बाद आप अपने शोधकार्य के लिए इकोले दे हॉट्स एटीट्यूड एन साइंसेज सोशिएल्स, पेरिस चले गए। विद्यार्थी जीवन से ही आपने ल मोंदे, ल मोंदे डिप्लोमेटिक लिबरेशन और गार्डियन आदि पत्रों में लेखन आरम्भ कर दिया था जो आज तक जारी है।

रंग निर्देशक के रूप में आपने 1976 में 'वेटिंग फॉर बैकेट बाइ गोदो' नाटक का निर्देशन किया। इसके कुछ वर्षों बाद आपने 'मैन एंड एलिफैंट' फिल्म का निर्माण (1989) किया, जिसे सौ से ज्यादा टीवी चैनलों पर दिखाया जा चुका है। पटकथा लेखक और फिल्म निर्माता के रूप में आपको 'जया गंगा' तथा 'वन डॉलर करी' फिल्मों के निर्देशन का श्रेय जाता है। 'जया गंगा' फिल्म पेरिस के सिनेमाघरों में लगातार 49 सप्ताह चली।

आपकी प्रकाशित पुस्तकों में 'जया गंगा' (1990), 'ल नुइट पोइग नार्दे' (1987), 'व्हर्लपूल ऑफ़ शैडोज़' (1992), 'द रिवर गॉडेस' (1994) आदि शामिल हैं। आपकी पुस्तकों के अनुवाद फ्रांसीसी तथा अन्य भाषाओं में भी हो चुके हैं।

साहित्यिक लेखन के लिए आपको प्रिक्स विला मेडिसिस हॉर्स लेस मुर्स तथा फिल्म पटकथा लेखन के लिए बोर्स लिओनार्दो डि विंसी पुरस्कार मिल चुके हैं।

मंगलेश डबराल

मंगलेश डबराल का जन्म 16 मई, 1948 को उत्तराखंड में टिहरी ज़िले के गाँव काफलपानी में हुआ। विभिन्न पत्र–पत्रिकाओं में लम्बे समय तक काम करने के बाद वे तीन वर्ष तक नेशनल बुक ट्रस्ट के सलाहकार रहे। उनके पाँच कविता-संग्रह 'पहाड़ पर लालटेन', 'घर का रास्ता', 'हम जो देखते हैं', 'आवाज़ भी एक जगह है', 'नये युग में शत्रु'; तीन गद्य-संग्रह 'एक बार आयोवा', 'लेखक की रोटी' और 'कवि का अकेलापन' और साक्षात्कारों का एक संकलन प्रकाशित हैं। उन्होंने बेर्टोल्ट ब्रेश्ट, हांस माग्नुस ऐंत्सेंसबर्गर, यानिस रित्सोस, ज़्बिग्नीयेव हेर्बेत, तादेऊष रूज़ेविच, पाब्लो नेरूदा, एर्नेस्तो कार्देनाल, डोरा गाबे आदि की कविताओं का अंग्रेज़ी से अनुवाद किया है। वे बांग्ला कवि नवारुण भट्टाचार्य के संग्रह 'यह मृत्यु उपत्यका नहीं है मेरा देश' के सह-अनुवादक भी हैं। पिछले दिनों अरुंधति रॉय के उपन्यास 'द मिनिस्ट्री ऑफ़ अटमोस्ट हैप्पीनेस' का उनके द्वारा किया गया अनुवाद 'अपार खुशी का घराना' अत्यन्त चर्चित रहा।

कवि के रूप में अनेक महत्त्वपूर्ण पुरस्कारों से सम्मानित।

निधन : 9 दिसम्बर, 2020 को नई दिल्ली में।

जया गंगा

प्रेम की खोज में एक यात्रा

विजय सिंह

अनुवाद

मंगलेश डबराल

राजकमल पेपरबैक्स

राजकमल पेपरबैक्स में
पहला संस्करण : 2021

राजकमल पेपरबैक्स : उत्कृष्ट साहित्य के जनसुलभ संस्करण

राजकमल प्रकाशन प्रा. लि.
1-बी, नेताजी सुभाष मार्ग, दरियागंज
नई दिल्ली-110 002
द्वारा प्रकाशित

शाखाएँ : अशोक राजपथ, साइंस कॉलेज के सामने, पटना-800 006
पहली मंजिल, दरबारी बिल्डिंग, महात्मा गांधी मार्ग, प्रयागराज-211 001
36 ए, शेक्सपियर सरणी, कोलकाता-700 017

वेबसाइट : www.rajkamalprakashan.com
ई-मेल : info@rajkamalprakashan.com

यश प्रिंटोग्राफिक्स
नोएडा-210 310 (उत्तर प्रदेश)
द्वारा मुद्रित

मूल्य : ₹295

JAYA GANGA : PREM KI KHOJ MEIN EK YATRA
Novel by Vijay Singh
Translated by Manglesh Dabral

ISBN : 978-81-950995-5-9

मेरे माता-पिता रक्षा हरि के नाम
जो आज गंगविलीन हैं

आभार

मैं न कभी उनसे मिला, न उन्हें कभी देखा, न उनकी लिखी कोई चीज़ पढ़ी। बस टेलिफ़ोन पर उनकी आवाज़ थी जो कोरोना वाइरस की इस महामारी के शुरू होने से ठीक पहले मेरी ज़िन्दगी में दाख़िल हुई। लेकिन यह वही आवाज़ थी जिसके साथ 2020 के साल के दौरान मैंने अनगिनत घंटों तक दुनिया की हर चीज़—प्रेम, जीवन, मृत्यु, कविता, संगीत, नदी, पहाड़, कोरोना वाइरस—पर ख़यालात की अदला-बदली की।

यह आवाज़ थी मंगलेश डबराल की आवाज़ जो अब दुनिया से जा चुकी है। यह आवाज़ अब मेरे लिए हमेशा आवाज़ ही रहेगी। अफ़सोस कि ये आवाज़ उसी कोरोना की शिकार हो गई जिस पर हमने आपस में इतनी बातें की थीं। अलविदा मंगलेश जी! जिस लगन और मैत्री के साथ आपने इस किताब का हिन्दी में अनुवाद किया, उसका तहे-दिल से शुक्रिया! आपके साथ मिलकर काम करना मेरी ख़ुशक़िस्मती थी। मैं आपसे कहता था कि आपकी कविता के शब्द तितलियों की मानिंद हल्के हैं। मैं कैसे जानता कि इस किताब के छपने से पहले ही यह तितली हमेशा के लिए उड़ जाएगी। आपके

जाने से इस किताब के हर सफ़े पर कोरोना वाइरस का साया छा गया है।

मैं तहे-दिल से अपने दोस्त, कवि और समाजविज्ञान तथा मानविकी की किताबों के समझदार प्रकाशक असद ज़ैदी का शुक्रगुज़ार हूँ जिन्होंने मंगलेश डबराल से मेरा परिचय कराया, और इसलिए भी कि मंगलेश जी के जाने के बाद दुबारा लिखे गए इस 'आभार' के अनुवाद के लिए वह सहज रूप से राज़ी हो गए। मैं प्रख्यात हिन्दी कवि और पुराने दोस्त अशोक वाजपेयी का भी शुक्रगुज़ार हूँ जिनसे मेरा दशकों से शब्द और बिम्बप्रेम का नाता रहा है। अशोक वाजपेयी ने मेरा परिचय अशोक और अलिंद महेश्वरी से कराया जिन्होंने राजकमल प्रकाशन को हिन्दी साहित्य का सशक्त मंच बना दिया है।

इस किताब का प्रकाशन फ्रेंच दूतावास के पुस्तक विभाग की प्रमुख और जानी-मानी विदुषी क्रिस्तीन कोर्ने की उदार सहायता के बिना सम्भव न होता। शुक्रिया क्रिस्तीन और सुमित, प्रकाशन में आपकी इस बेशक़ीमती इमदाद के लिए।

यह किताब आज से पैंतीस साल पहले अंग्रेज़ी में पेंगुइन बुक्स और फ्रेंच में एदिसियों रैम्से से छपकर आई थी, लिहाज़ा मैं दुबारा पॉल फुरनेल, डेविड दविदार, टोनी लेसी, ख़ुशवंत सिंह और कपीश मेहरा का भी शुक्रिया अदा करना चाहता हूँ कि जिन्होंने मेरी चाहतों और फ़ंतासियों में दिलचस्पी ली। एमी भट्ट पॉटर और मीनाक्षी सूरी का शुक्रिया, जिन्होंने अपनी छुट्टियाँ बरबाद करके पांडुलिपि को ग़ौर से पढ़ा, अपना वक़्त ही नहीं दिया बल्कि यह कहकर सदाशयता भी दिखाई कि किताब उन्हें अच्छी लगी।

लिखने का काम कई मानी में आत्मघात की तरह है। ऐसे क्षणों में थोड़े से दोस्ताना प्रोत्साहन से बड़ा सहारा मिलता है। मैं शुक्रगुज़ार हूँ ऐन नाइनन, मुकुल मांगलिक, विक्टोरिया मुखर्जी, हर्ष कपूर, लाजपत जग्गा, योगेश शर्मा और शैलेन्द्र मुद्गल का जिन्होंने डेडलाइनों के बेकार तनावों के बीच

पेरिस में घर चलाए रखने में मदद दी। नंदिनी मेहता का उनके न भूले जा सकनेवाले शब्दों के लिए धन्यवाद। वह 1985 में इस किताब की अंग्रेज़ी पांडुलिपि कि पढ़नेवाली पहली व्यक्ति थीं।

मैं सुर्रियलिज़्म के संस्थापक आन्द्रे ब्रेतों की जीवनसाथी एलिसा ब्रेतों का शुक्रिया कैसे अदा करूँ, सिवा यह कहने के कि ज़िन्दगी में कुछ ऐसे कलात्मक और नैतिक क़र्ज़ होते हैं जिन्हें उतारा नहीं जा सकता। एलिसा की दोस्ती और उस दोस्ती के साथ धड़कनेवाली आन्द्रे ब्रेतों की यादें वह बेशक़ीमती तोहफ़ा है जो मुझे सुर्रियलिस्टों का यह शहर ही दे सकता था।

सबसे इतर और ऊपर मैं अपनी हमसफ़र और गंग-अवतार मन्दाकिनी का आभारी हूँ, आन्द्रे ब्रेतों के इन शब्दों के साथ : 'मैंने तुम्हें प्यार करने का राज़ पा लिया है, हमेशा पहली बार।'

पेरिस, दिसम्बर 2020

जया गंगा

एक

मेरे स्टूडियो में

दरवाज़े पर एक छोटा-सा रेखांकन बना है। चारकोल का। अधूरा। नाज़ुक। ज़िन्दा। वह कभी मिट नहीं सकता। एक युवती रात-भर उसे बनाती रही। अगली सुबह वह अपना उलाहना छोड़ गई—घर की दहलीज़ से जाती हुई एक युवती की छवि। अक्सर ऐसा होता है कि वे स्त्रियाँ, जिनसे आपने सबसे कम प्यार किया होता है, आपके जीवन के बारे में कोई आख़िरी फ़ैसला देकर चली जाती हैं। जाते हुए वह बुदबुदाई थी : स्त्रियाँ हमेशा तुम्हारी ज़िन्दगी के दरवाज़ों से बाहर जाती रहेंगी। एक सच्चे वाक्य में उसने सब कुछ समेट दिया था जैसा कि बच्चे ही कर सकते हैं।

वह पतझड़ की रात थी। सर्दी की पहली किरणें पारदर्शी उजाले की तिरछी बरछियों की तरह खिड़की से प्रवेश कर रही थीं। जंग-लगा केरोसिन का लैम्प जल रहा था, जिसकी काँपती हुई किरमिज़ी लौ पपड़ियाए हुए दरवाज़े के रेखांकन जैसी ही निरीह थी। मैं बेचैन था। एक पवित्र-सी अनिद्रा की चपेट में। मुझसे जीवन में कोई बड़ी भूल हो गई थी। मुझे ऑथेलो की तरह देवताओं को श्रद्धांजलि अर्पित करनी थी...

मैं स्टूडियो से बाहर आया और उस अकेली रात में खो गया। नीचे र्‌यू आले में एक हल्का-सा मोड़ था। मेरी तक़दीर के घुमाव जैसा। एक

कार चीख़ती हुई रुकी, फिर मुड़ी और भनभनाते हुए चली गई—यह बताते हुए कि मैं नशे में हूँ। नहीं, मेरे अलौकिक साक्षी, हम कभी नशे में नहीं होते, यह तो वक़्त है जो नशे में होता है। शराब सिर्फ़ यह बताती है कि हम कुछ नहीं, सिर्फ़ वक़्त के विशाल पहिये के दाँत हैं।

एवेन्यू रेने कोती एकमात्र सड़क है जो पूर्णता की ओर जाती है। पार्क मोंसूरी में उसका आख़िरी सिरा एक जीवन के ख़ामोश अन्त और दूसरे जीवन की शुरुआत का संकेत करता है। एक विचित्र मानसिक राह। यही वह सड़क है जहाँ हर मौसम अपने आख़िरी दस्तख़त छोड़ जाता है।

मैं एवेन्यू पर चलता रहा। मेरी आँखों के आगे पतझड़ गहरे भूरे रंग में पसीज रहा था। जैसे वह विदा की रात के रहस्य को देखने के लिए जगा हुआ हो। पार्क मोंसूरी के फाटक बन्द थे। *रात 8 बजे के बाद नो एंट्री*—लाल और सफ़ेद रंग में उन्होंने लिखा था। पेरिस की नगरपालिका अपनी आपराधिक सुरक्षा की भावना मुझ पर थोप रही थी। मैं फाटक से कूदकर बाग़ीचे के घने अँधेरे में पहुँचा, जिसे उस पुराने क़ब्रिस्तान की आत्माओं ने पारदर्शी बना दिया था। मोरक्को वेधशाला के शुरू में फूलों की एक पट्टी थी जहाँ धरती के सभी फूलों के सभी रंगों की प्रजातियाँ थीं। मेरे पास फूलों से प्रेम करने की कोई वजह नहीं थी, मुझे उनसे कभी प्रेम नहीं रहा, मैंने उन्हें कभी किसी को भेंट नहीं किया, लेकिन मुझे देवताओं को श्रद्धांजलि अर्पित करनी थी। मेरे देवता, जो किसी चर्च या मन्दिर या मस्जिद से परिचित नहीं थे।

मैंने चार गुलदाउदी, पाँच गुलाब, पाँच गेंदे और ग्यारह चमेली के फूल तोड़े। कुल मिलाकर पच्चीस फूल। उतने ही, जितने वर्ष वह थी। फूलों का गुच्छा बनाने के लिए मैंने रात की रानी की एक पतली टहनी तोड़ी, जो उस अवर्णनीय रात की तक़दीर को समेटने में सक्षम लगती थी। उन सबको मैंने एक पवित्र सफ़ेद धागे से बाँध लिया। ऐसे ही धागे के साथ मेरी माँ ने अनन्त पहेलियों से भरी हुई इस धरती पर मेरे जन्म की ख़ुशियाँ मनाई थीं।

मैं रात-भर चलता रहा। पेरिस की फुहारों की धुंध में खोया हुआ। कई घंटे बाद मैं सेन नदी पर पहुँचा। उसका पानी अपारदर्शी था। वह

निश्चिन्त बह रही थी, जैसे प्रेम का तूफ़ान गुज़रने के बाद कोई स्त्री उसाँसें भर रही हो।

मैंने धूप जलाई। काले पेस्ट से चिपचिपा सफ़ेद धुआँ उठा और पानी की सतह पर फ़ैल गया। वातावरण अनुष्ठानमय हो उठा। हवा बाँसुरी-सी बज रही थी। पेरिस की रात के उस घोर सन्नाटे में मैंने एक पत्थर पर एक नारियल फोड़ा ताकि उसकी आत्मा सांसारिक जाल से छूट सके। नारियल और माला, सिन्दूर और काजल, काँच की चूड़ियाँ और परांदी, वह सब जिसे वह प्यार करती थी और जो उसकी आस्था थी, उसे मैंने सेन नदी में इस अगाध विश्वास के साथ विसर्जित कर दिया कि सभी नदियाँ गंगा में विलीन हो जाती हैं...

जया को गए हुए बारह घंटे हो गए थे। उसके जाने से पहले मैंने उसकी माँग में सिन्दूर भरा था। एक चमकदार लाल लकीर। उसने भी उसी रंग की एक पतली-सी लकीर मेरे बालों में लगा दी जैसे हिन्दू धर्म से बग़ावत करते हुए अपने को दूसरे विवाह की अनुमति दे रही हो। कर्मकांड सम्पन्न हो गया। सिन्दूर मिलन का प्रतीक है और मिलन विच्छेद का बीज है। सिन्दूर एक दुखान्त है। दुखान्त पहले मिलन के सिवा कुछ नहीं है।

हम ठीक उस वक़्त अलग हुए जब एक-दूसरे को सबसे अधिक चाहने लगे थे। हम इस तरह मिले और बिछुड़ गए जैसे किसी सम्मोहक 'वस्तुनिष्ठ संयोग' के तहत इकट्ठा हुए हों। दो अस्तित्व, जिन्हें किसी बाहरी मजबूरी और भीतरी चाहत ने एक कर दिया हो और जो फिर एक बाहरी मजबूरी में एक-दूसरे से अलग हो गए। यही अकेला ऐसा क्षण होता है जब प्रेम इतिहास जैसा बन जाता है और इतिहास प्रेम। हम एक सनकी इतिहास की संतानें हैं और इतिहास किसी विदूषक का छिपा हुआ आँसू है।

जया ने अपने पिया के घर के लिए उड़ान भरी और मैं हवाई अड्डे की बस में पेरिस के लिए निकल गया।

सूरज की धुँधली नारंगी गेंद मेरी बग़ल में बैठी एक अल्जीरियाई लड़की के घुँघराले बालों से बाहर आ रही थी। उसकी किरणें जैसे पूरी सृष्टि को रोशन किए हुए थीं, लेकिन मेरे भीतर अनुपस्थिति और शून्य

के अलावा कुछ नहीं था। मैंने उन गहराइयों में जया को देखा—हल्के भूरे रंग का पश्मीना शॉल ओढ़े, गंगा के सूर्यास्त के रंगों में सराबोर। मैंने उसकी साँसों की ख़ुशबू को धीरे-धीरे रात में उड़ते हुए देखा। मैंने उसके पैरों को गंगा की चंचल लहरों से खेलते हुए देखा। मैंने उसकी कमर को छुआ तो गंगा मुस्कुरा उठी।

अनुपस्थिति का अर्थ दुख नहीं है। प्रसन्नता और उदासी इस क़दर सांसारिक चीज़ें हैं कि वे मन की ब्रह्मांडीय अवस्थिति के सिंहासन पर नहीं बैठ सकतीं। कभी-कभी सम्पूर्ण अनुपस्थिति सम्पूर्ण उपस्थिति बन जाती है। अनुपस्थिति आन्तरिक संसार को इस तरह चमका देती है जैसे एक छोटा-सा जुगनू एक अभेद्य रात को प्रकाशित करता है। जया एक जुगनू थी जो प्रेम करने के अपराध में एक सज़ायाफ़्ता क़ैदी की आँखों के आगे चमकने के लिए प्रकट हुई थी। जया इनसान के माथे पर लिखा हुआ पतझड़ थी।

अनुपस्थिति स्वतंत्रता की एक अवस्था को बतलाती है, एक भयावह स्वतंत्रता। अनुपस्थिति आपको एक खुली जेल में क़ैद कर देती है। वह घिसी-पिटी रवायतों और रूढ़ियों की दुनिया को फिर से रचने का मौक़ा देती है, लेकिन उसी के साथ एक अन्धापन भी सौंपती है जो आपको वह सब देखने से रोक देता है जिसे आपने फिर से रचा है। वह आपको राजपाट सौंपती है, लेकिन आँखें नहीं देती जिनसे आप अपनी रानी को देख सके हों। अनुपस्थिति आपके संसार को नए सिरे से रचती है, लेकिन वह ऐसी रचना होती है जो अपने रचनाकार के वजूद को नहीं मानती। वह एक भ्रम है, एक अन-इतिहास। वह है और नहीं है। उसका कोई अर्थ नहीं है, क्योंकि जो भी है वह कुछ नहीं है। क्योंकि क्षितिज की सतह पर अथाह दूरी तक गंगा बहती रहेगी और उस पर अस्तित्व की मेरी एकाकी नाव वही चिरन्तन प्रश्न उठाती रहेगी : 'मैं कौन हूँ? वह कौन है? वह यहाँ क्यों है और यहाँ क्यों नहीं है? वह क्यों गई और क्यों नहीं गई? कहाँ है वह लक्ष्मण झूला—दो चाहतों के बीच का पुल?' काश, मैं गंगा की तरह समुद्र की अनन्त बाँहों में समा सकता...

हवाई अड्डे से लौटते हुए, दिमाग़ में खलबली मची रही। थकान से चूर मैं एवेन्यू दु मेन पर एक छोटे से बाग़ीचे में चला आया और लॉन

में लेट गया। एक पुरानी हरी बेंच पर क़रीब सात या आठ साल के दो बच्चे एक-दूसरे के हाथ थामे बैठे थे। बच्ची के हाथ में एक पोस्टर था जिस पर तरह-तरह की फ़िल्मी पोशाकों में अभिनेताओं और अभिनेत्रियों की तस्वीरें थीं। पोस्टर के ऊपर लिखा था : पहचानो तो कौन? छोटी लड़की आर्मेल कुछ सोचते हुए बोली : 'बड़ी होकर मैं इस ऐक्टर से डेटिंग करूँगी। कितना सुन्दर है!' छोटे लड़के ज्याँ ने कहा : 'बड़ा होकर मैं इस लड़की को डेट करूँगा। बहुत प्यारी है, क्यों?' और इसी तरह वे अपनी मुक्त इच्छाओं की बिसात पर हीरो-हीरोइनों से डेटिंग का खेल खेलते रहे। अचानक लड़की जीतने की ख़ुशी में चिल्लाई : 'और मैं इसको डेट करूँगी। बस, मैं जीत गई...' लड़का उदास हो गया क्योंकि अब पोस्टर में डेट करने के लिए कोई हीरोइन नहीं बची थी। वह अचानक पलटा और अपनी माँ की स्कर्ट की चुन्नटों के पीछे छिपने के लिए दौड़ा। माँ ने कहा : 'चलो, चलो बच्चो, देर हो रही है। चलो, अँधेरा होनेवाला है।' छोटे बच्चे ने आश्चर्य से सूर्यास्त की ओर देखते हुए पूछा : 'मम्मी, सूरज क्यों डूबता है...?'

मैं घर पहुँचा। धीरे-से चाबी घुमाई। पता नहीं मैं किसी मन्दिर में प्रवेश कर रहा था या किसी क़ब्रिस्तान में। सिगरेट का पैकेट लेने के लिए झुका, तो एक लिफ़ाफ़ा दिखाई दिया जो मेरे नाम था। लिखावट जया की थी : *तुम्हारे साथ बिताए हुए चौदह दिनों के बाद अब जीवन में और कोई इच्छा नहीं बची है। अगर अगले जन्म में हम तीन दिन बनारस में गंगा के किनारे बिता सकें तो मैं समझूँगी कि मेरा कर्म सम्पूर्ण हो गया है। काश, तुम्हें जुनून की हद तक प्यार मिलता रहे। तुम्हारी पगली जया...*

स्टूडियो से बाहर आकर मैं सीढ़ियों पर बैठ गया। तीख़ी हवा सायं-सायं कर रही थी। मैंने नीचे की तरफ़ देखा। क़रीब पचास क़दम पर गंगा की प्रचंड लहरें इतिहास के ऊबड़-खाबड़ तटों से टकरा रही थीं। मानसूनी हवा के थपेड़े स्नान करनेवालों को बेचैन किए हुए थे। स्त्रियाँ धूप में तपी देहों पर फड़फड़ाते कपड़ों को दबाने की कोशिश करती हुई हँस रही थीं। डंडों से जाल लटकाए हुए मछुआरे लगातार हलचल कर रहे थे। मेरी निगाहों के नीचे बनारस के रामघाट पर विवाह की

लाल पोशाक पहने एक युवती पीली लपटों से घिरी हुई थी और उसके चारों ओर लगातार 'राम नाम सत्य है, राम नाम सत्य है' का शोर उठ रहा था। अन्तिम संस्कार की घड़ी में शोक भारी हो गया, जैसा कि चे गेवारा के अन्तिम संस्कार में हुआ था। एक छोटी-सी लड़की ने लहरों पर एक दिया बहाया, जैसे वह सात साल की नाज़ुक उम्र में ही मृत्यु से साक्षात्कार करने के लिए गंगा मैया का आभार व्यक्त कर रही हो। लेकिन दुनिया के तमाम कार्य-व्यापार के बीच गंगा बेख़बर अन्दाज़ में और सामान्य रफ़्तार के साथ बह रही थी जैसे वह हिन्दुस्तान के इतिहास और उसकी नियति पर फैली एक अन्तहीन काली मखमली चादर हो।

इस तरह जया, गंगा बन गई और गंगा, जया। गंगा ने अपनी बाँहें मेरी तरफ़ बढ़ाईं और मैं उनमें समा गया, जैसे जया के आगोश में समाया था। फिर जया उस नदी की एक लम्बी तटवर्ती यात्रा बन गई, जो हिमालय के बर्फ़ीले ग्लेशियरों को बंगाल की खाड़ी की भाप बनती हुई मरीचकाओं में विसर्जित करती थी। मेरे लिए जया ने उस लम्बी और प्राचीन नदी के रूप में पुनर्जन्म लिया, जिसके तटों पर वेदों, पुराणों, महाभारत और रामायण की रचना हुई। पौ फटने के साथ ही जया एक नदी-सभ्यता बन गई, जो भारत के इतिहास के एक-एक यात्री के अमिट पदचिह्नों को अपने आगोश में लिये हुए थी। आर्यों से मौर्यों तक, कुषाणों से गुप्तों तक, मध्य एशियाइयों से फ़ारसियों तक, मुग़लों से अंग्रेज़ों तक, सभी ने गंगा को श्रद्धांजलि अर्पित की। बीसवीं सदी तक आते-आते जया ने धर्म और धर्म-द्रोह, आस्था और स्वार्थ, भक्ति और अपराध, घुमन्तू चारणों की विक्षुब्ध कविता और निरी फ़िल्मी व्यावसायिकता—सबको एक धागे में पिरो लिया। मैंने जिस तरह जुनून में जया को अपनाया था, वैसे ही गंगा के रूप में उसके पुनर्जन्म को भी अपना लिया—उसके तमाम दार्शनिक सत्यों और ऐतिहासिक बग़ावतों के साथ। इसलिए कि सबसे बढ़कर, जया गंगा का एक कालातीत प्रवाह थी, एक चिड़िया की पतली-सी गर्दन पर एक नाज़ुक नस, जिसमें समूची मानवता की साँस चल रही थी...

'प्यारी लहर, ज़रा ध्यान से, तुम्हारी स्कर्ट के नीचे से प्रकाश के अणु उमड़ रहे हैं!' मैंने उसकी स्कर्ट का सिरा उठाया और गंगा मुस्कुरा उठी। गंगा, एक वैदिक स्तोत्र, गंगा, अंजन-तिमिर-भानु, अज्ञान के अन्धकार में प्रकाश, गंगा, कबीर, मीरा और सूरदास की कविता, गंगा, बंगाल के बाउलों और माझियों का वि-राग, गंगा, पातकी और गंगा, पापहारिणी...

पतझड़ के उदास मौसम में एक रविवार की सुबह मैंने बैग में सामान ठूँसा और गंगा के लिए चल पड़ा...

दो

उस भीगे हुए

पतझड़ के आगोश से हफ़्तों दूर, मैं हिमालय की बाँहों में था। गंगोत्री से नीचे एक गाँव लंका में गंगा की पूर्वज भागीरथी अपनी चपल-चंचल लहरों के साथ बह रही थी। नीचे फ़िरोज़ी रंग का ताल एक बड़े से ऊबड़-खाबड़ लेकिन चिकने क्रिस्टल जैसा दिखता था गोया युगों पहले किसी पौराणिक सम्राट के ख़ज़ाने से निकलकर इन पहाड़ों पर लुढ़क आया हो। पचास मीटर आगे भागीरथी एक सुन्दर तराशी हुई कन्दरा से निकलकर इसमें गिर रही थी और ताल की शक्ल ले रही थी। बायीं तरफ़ क़रीब ही यहाँ की कई गंगाओं में से एक जाड़गंगा का पानी ज़ोर-शोर से चट्टानों पर उछल रहा था। उसका तेज़ प्रवाह भागीरथी में समा रहा था जैसे वह जानता हो कि उसका अस्तित्व लंका में शक्तिशाली भागीरथी में विसर्जित होने के लिए बना है।

नदी से क़रीब सौ मीटर की ऊँचाई पर आमने-सामने काले रंग के दो खम्भे थे। गंगा की कहानी में सबसे यादगार स्तम्भ। पुराने ज़माने के तीर्थयात्री इन्हीं खम्भों और उनके ऊपर से लटकती जूट की लम्बी रस्सियों के सहारे नदी पार करके गंगा के रहस्यमय उद्गम तक जानेवाले बीहड़

रास्ते पर पहुँचते थे। रस्सियों का यह झूला एक मामूली-सा उपेक्षित ढाँचा था—उन लोगों की एक यादगार, जो पीठ पर कपड़ों की गठरियाँ रखे और हाथों में बाँस के छाते लिये हुए रस्सों से फिसलकर नीचे गरजती हुई भागीरथी में समा गए थे। ये रस्सियाँ इस बात की प्रतीक थीं कि भागीरथी के उद्गम तक जानेवाली यात्रा एक विशेष तपस्या है, जिसे वही लोग कर सकते हैं जो पाखंड, षड्यंत्र और धोखे की इस दुनिया को त्याग चुके हों। ज़्यादातर तीर्थयात्री गंगा पर बने ऐसी रस्सियों के पुल को देखकर ही डर जाते थे और उलटे पाँव लौट जाते थे। स्वर्ग जाने के दीवाने अन्धश्रद्धा के कारण अपनी ज़िन्दगी की बाज़ी लगा देते थे, लेकिन वे लोग जो अब भी हिन्दू धर्म के पाँच दुर्गुणों में फँसे थे, लंका में ही जल्दी से डुबकी लगाकर अपने आरामदेह घरों को लौट आते थे। अरे, यह मोक्ष नहीं, अर्ध-मोक्ष तो था ही। चलो, किसी दूसरी देवी की पूजा कर लेंगे...

फिर वक़्त पलटा। गंगोत्री जानेवाले यात्रियों के लिए 1962 का भारत-चीन युद्ध वरदान साबित हुआ। भारत ने उन सैनिकों के हाथों बुरी तरह मात खाई थी जिन्हें वह 'चीनी चींटियाँ' कहता था और यह मानने लगा था कि 'उन्होंने एक सोते हुए बाघ को जगा दिया है।' इस खुद्दार बाघ का दुःस्वप्न यह रहा कि उसके पास लड़ाई के लिए ज़रूरी आधुनिक हथियार तो दूर, उस सरहद तक पहुँचने के लिए पर्याप्त सड़कें और वाहन भी नहीं थे, जहाँ 'लाल चींटियों' और नेहरूवादी पंचशील के पैरोकारों के बीच युद्ध छिड़ा हुआ था। तब बाघ ने मृतकों को मृतकों के हवाले और ग़रीबों को ग़रीबों के हवाले छोड़ने का निर्णय किया और हथियारों की ख़रीद और दुर्गम पहाड़ों में निर्माण कार्य के ज़रिये अपने रक्षा-तंत्र को मज़बूत करने में जुट गया। अन्तरराष्ट्रीय सरहदों के इस भू-राजनीतिक खेल का सीधा लाभ गंगोत्री के तीर्थयात्री को मिला। कुछ वर्ष पहले तक यात्रियों को चक्करदार रास्तों पर मौसम की मार झेलते हुए कम-से-कम 150 किलोमीटर पैदल चलना पड़ता था। घटिया आधुनिक युद्ध-व्यापार के चलते अब वह सिर्फ़ 28 किलोमीटर पैदल चलकर पवित्र भागीरथी के उद्गम तक पहुँच सकता था।

कन्धे पर भारी बैग टाँगे हुए मैं पथरीले रास्ते के आख़िरी छोर तक पहुँचा। बैग मेरी परेशानी का सबब बन गया था। मैंने बहुत उतावली में पेरिस छोड़ा था। प्रेम के बुख़ार में, जया के उद्गम की तलाश में, ख़ुद अपनी आत्मा की जड़ों को टटोलने की कोशिश में मैंने तमाम तरह की चीज़ें एक बड़े से पिट्ठू में ठूँस ली थीं। पिट्ठू के निचले हिस्से में लगे छोटे-छोटे कोस्टर कई मौक़ों पर बहुत काम के साबित हुए थे, लेकिन यहाँ, समुद्र की सतह से क़रीब 3000 मीटर की ऊँचाई पर खड़ी चट्टानों और फिसलन-भरी पगडंडियों पर मेरा 'डिप्लोमैट' बैग गले में पड़ी चक्की बन गया था।

मैंने खोलकर देखा कि उसमें से क्या-क्या निकाला जा सकता है। उसे जितना ज़्यादा टटोला, उतना ही ज़्यादा पता चला कि मैं क्या-क्या लाना भूल गया हूँ। लेकिन कोई चारा नहीं था सो मैंने उसे उठाया और अधबने पुल पर चलने लगा जो मुख्य भूमि को उद्गम तक जानेवाली पगडंडी से जोड़ता था। तभी इलाक़े के दो नौजवान दिखाई दिए, जो एक चुनावी पोस्टर के आगे बैठे थे। उनकी चुहल का पहाड़ी लहज़ा बीड़ी के गाढ़े धुएँ से छनकर आ रहा था।

'नमस्कार, भैया,' मैंने गर्मजोशी से कहा। वे असमंजस से मुझे देखने लगे। मैंने फिर से अभिवादन किया, लेकिन उन्होंने कोई जवाब नहीं दिया।

'क्या आप मुझे गंगोत्री का रास्ता बता सकते हैं?' मैंने पूछा।

'मतलब गंगोत्री मन्दिर?'

'जी।'

'लेकिन वहाँ जाना तो बेकार है।'

'क्यों? मैं तीर्थयात्री हूँ।'

'मन्दिर बन्द है। सीज़न ख़त्म हो गया है। अब गर्मियों में खुलेगा। बाद में आइए। दूसरे यात्रियों के साथ।' उनका अन्दाज़ इतना दो-टूक और रूखा था कि वे पहाड़ी नहीं लगते थे। पहाड़ के लोग आमतौर पर बहुत भले और स्वागत-सत्कार वाले होते हैं।

फिर वे आपसी गपशप और हँसी-ठट्ठे में मशगूल हो गए।

'लेकिन मैं गंगोत्री कैसे पहुँच सकता हूँ?' मैंने फिर पूछा।

‘बता तो दिया। वहाँ उल्लू बोल रहे हैं। वहाँ जाने का कोई मतलब नहीं।’ उन्होंने विचित्र निगाहों से मुझे देखा जैसे मैं कोई सिरफिरा हूँ, और फिर कहा :

‘वहाँ कुछ भी नहीं है। न पुजारी हैं, न नौकर हैं, न बिस्तर है और न खाना। वहाँ उल्लुओं के बीच आप क्या करोगे?’

‘अरे बाबा, आप सिर्फ़ इतना बता दीजिए कि गंगोत्री कैसे पहुँचूँ। बाक़ी मैं देख लूँगा।’

‘अरे, जाने दो। पागल लगता है।’ वे एक-दूसरे की तरफ़ देखकर हँसे जैसे कोई लतीफ़ा सुनाया हो।

‘एक गिलास पानी मिल सकता है?’ मुझे प्यास लगी थी।

‘हमारे पास गिलास नहीं है। यहाँ कोई होटल थोड़े है।’ उनमें से एक ने रूखे स्वर में कहा।

‘लेकिन किसी तरह पानी मिलेगा?’

‘नीचे नदी में चले जाओ।’

उन्होंने मेरी तरफ़ देखा और फिर से खिलखिलाने लगे। मैंने उकताकर बैग उठाया और अधबने पुल के लोहे की शहतीरों पर सावधानी से चलते हुए नदी पार की। एक दोराहे पर आकर मैं उलझन में दिखा तो उनमें से एक ढीठ पहाड़ी ने चिल्लाकर कहा : ‘गंगोत्री के लिए दायीं तरफ़ जाओ।’ दूसरे ने जोड़ा : ‘उस तरफ़, जहाँ उल्लू बोल रहे हों। मन्दिर पहुँच जाओगे...’

मैं चोटी पर पहुँचा। लस्त-पस्त। दम फूल रहा था। शरीर में थकान इस क़दर थी कि पेड़-पौधे भी धुँधले नज़र आ रहे थे। झाड़ियों में एक सरसराहट सुनाई दी। एक नाटा-दुबला आदमी जंगल से निकलकर आया। वह काला पाजामा और फ़ौजी बूट पहने हुए था जिनके तलुए घिसकर गोल हो गए थे। उसके हाथों में लकड़ी का गट्ठर था। न चाहते हुए भी मैंने पूछा, ‘भैया, थोड़ा पानी मिल सकता है?’ वह हाँ या ना कहे बग़ैर देवदार के पेड़ों को एक-एक कर किसी बाजे की तरह बजाता हुआ ओझल हो गया। वह कोई पहाड़ी गीत गुनगुना रहा था जिसके स्वर मद्धिम हो रहे थे। लेकिन कुछ ही देर में वह एक बर्तन में पानी लेकर लौटा। वह बर्फ़ से भी ठंडा था।

'आप इस बर्फ़ में किसलिए आए हैं?'

'मैं गोमुख जा रहा हूँ, जहाँ से गंगा निकलती है।'

'लेकिन अब सीज़न नहीं है। मन्दिर तो बन्द है।'

'अरे, सीज़न तो सोचने पर निर्भर है, है न?' मैंने मुस्कुराकर उसकी ओर देखा। उसे समझ नहीं आया कि मैं क्या कह रहा हूँ।

उसने मुझे आगाह किया, 'रास्ते में आपको बहुत दिक़्क़त होगी। सब कुछ बन्द है।'

'मुझे उसकी कोई फ़िक्र नहीं। बस मेरे कन्धे पर यह भारी बोझ परेशान किए हुए है।'

'कौन सा बोझ? यह छोटा-सा बैग? अरे सा'ब, यह कुछ भी नहीं है। इस इलाक़े में सात साल का बच्चा भी इसे उठा लेगा। आपको सीज़न में आना चाहिए था। तब आप जीप भी कर सकते थे।'

'जीप?'

'जीप तो आप जानते होंगे, सा'ब?'

'हाँ, बिलकुल। लेकिन भई, ऐसा कैसे है कि यहाँ जीप भी चलती है। अभी तो यह पुल पूरी तरह नहीं बना है!'

'लेकिन यहाँ जीप हैं। बहुत साल हो गए, पिछली लड़ाई के ज़माने से। मैदानों के अमीर व्यापारी उन्हें फ़ौजी नीलामी में ख़रीदते हैं। वे जीपों को सड़क की उस तरफ़ किनारे तक लाते हैं और पुर्जे खोल देते हैं। फिर उन्हें नदी के इस पार लाते हैं और जोड़ लेते हैं। सीज़न में तो वे लाखों कमानेवाले हुए। तो सा'ब, आप सीज़न के दिनों में आते तो अच्छा रहता।' बात पूरी करते-करते उसने अपनी नाक छिनकी और हाथ में आए चिपचिपे द्रव को एक पेड़ की छाल पर पोंछ दिया।

'क्या काम करते हो?' मैंने पूछा।

'मैं एक सेठ के लिए काम करता हूँ जो उत्तरकाशी में रहते हैं। उनके लिए चाय की दुकान तैयार करता हूँ। और भी कई तरह के काम हैं, जंगल से लकड़ी लाना, उसे काटना-चीरना, जोड़कर खोखे बनाना। बहुत सारा काम रहता है। उसे यात्री सीज़न से पहले ही पूरा

करना पड़ता है। सीज़न पर दुकान चलाने के लिए सेठ के घर से कोई आदमी आता है।'

'तब तुम क्या करते हो?'

'सीज़न में कुली का काम करता हूँ। पहले तो काफ़ी पैसा मिल जाता था, लेकिन अब जीपों के आने से हमारे रेट गिर गए हैं। एक ट्रिप का तीस रुपये।' अचानक मुड़कर उसने पश्चिम की तरफ़ देखा : 'सूरज ढल रहा है। अब आप चल दो, सा'ब।'

'तुम भी क्यों नहीं चल पड़ते मेरे साथ?' मैंने प्रलोभन दिया, 'मैं तुम्हें अपना कुली बना सकता हूँ। और तुम मुझे पहाड़, यहाँ की ज़िन्दगी, यहाँ के त्योहारों के बारे में बता सकते हो। कैसे रहते हो, क्या करते हो, क्या खाते हो...'

'यहाँ की ज़िन्दगी के बारे में बताने के लिए है ही क्या, सा'ब? यहाँ बस सर्दी है, बारिश है और मुश्किलें ही मुश्किलें हैं। लेकिन सा'ब, यह तो बताइए आप ठीक-ठीक कहाँ जाना चाहते हो?'

'गोमुख या गंगोत्री। तुम जहाँ भी चल सको।'

सीज़न न होने पर काम मिलने की उम्मीद का कुली पर असर हुआ और वह कुछ सोचने लगा। उसने बीड़ी सुलगाई और कुछ देर चुप रहकर बुदबुदाया :

'लेकिन उसका क्या होगा?'

'किसका?'

'सेठ का।'

'अरे, सिर्फ़ एक दिन की बात है। कल तो तुम वापस आ जाओगे। एक दिन कोई बहुत नहीं होता।'

'मैं मुसीबत में पड़ जाऊँगा। नहीं, मेरा चलना मुश्किल है। आफ़त मोल लेना ठीक नहीं।'

मैंने बैग उठाया और निकलने लगा। जब उसने देखा कि मैं उसके फंदे में नहीं फँस रहा हूँ तो वह कुछ ज़ोर से बोला : 'सा'ब, बताइए मुझे कितना पैसा देंगे?' मुझे उसकी सख़्त ज़रूरत थी इसलिए मैं अपनी सामर्थ्य के हिसाब से काफ़ी देने को तैयार था। मैंने सौ रुपये की पेशकश की। उसकी रोज़ की मज़दूरी का तीन गुना। लेकिन उसने मेरा प्रस्ताव

ठुकरा दिया : 'इन दिनों हर चीज़ बहुत महँगी हो गई है। सौ रुपये के नोट में क्या आता है?' 'डेढ़ सौ?' वह थोड़ी देर भुनभुनाया, लेकिन मैं अड़ा रहा। आख़िरकार बिना कुछ कहे उसने बैग उठाया और फुसफुसाते हुए कहा : 'मैं सिर्फ़ गंगोत्री तक जाऊँगा। इतने पैसे में गोमुख नहीं जा सकता।' मैं राज़ी हो गया। सिर पर पिट्‌ठू उठाए हुए राम बहादुर मुझसे सौ मीटर आगे निकल गया। लगता था वह अपनी पीठ पर पचास किलो वज़न लेकर पैदा हुआ है...

आसमान साफ़ था। नीला। एक विलक्षण नीलापन। किसी स्त्री के दाँत काटने के निशान जैसा नीला। हिमालय की अदम्य सुन्दरता में डूबे हुए हम घंटे भर से ज़्यादा चलते रहे और तब गंगोत्री की झलक दिखाई दी। क़रीब सौ घरों की बस्ती, जो भागीरथी से उठती धुंध में धूमिल दिख रही थी। लगता था जैसे किसी बच्चे ने अपनी ड्राइंग-कॉपी में गाँव का चित्र बनाया हो। गंगोत्री वीरान थी। एक भी प्राणी नज़र नहीं आ रहा था। मकान लाल और भगवा रंग की चादरों से बन्द थे। तीर्थयात्रियों के लिए बने हर लॉज में तख़्तियाँ लगी थीं कि वहाँ किस इलाक़े के लोग रुक सकते हैं। एक सुनसान और मुर्दा माहौल पसरा था, और तब भी लगता था कि इस गाँव में कोई आध्यात्मिक ऊर्जा है। छोटी-छोटी तिकोनी पताकाएँ, उनकी फड़फड़ाहट और भागीरथी का उन्मत्त संगीत इस प्राचीन धार्मिक गाँव को एक रहस्यमय अमरता दे रहा था। लगता था, गंगोत्री पुनर्जन्म के अनन्त चक्र पर लोगों की आस्था की प्रतीक ही नहीं है, बल्कि वह स्वयं जीवन और मरण के अनन्त चक्र से उत्पन्न हुई है। छोड़े हुए घरों और सुनसान मन्दिरों की गंगोत्री, जीवनहीन और फिर भी अमर गंगोत्री जीवन-मरण के चक्र की अभिव्यक्ति थी...

भागीरथी की एक और सहायक नदी केदारगंगा का पुल पार करने के बाद राम बहादुर ने लकड़ी के एक घर के दरवाज़े पर दस्तक दी, जो इस अजनबी इलाक़े में आल्प्स के पहाड़ों के बँगले जैसा था। तीसेक साल के एक नाटे और हट्‌टे-कट्‌टे नौजवान ने दरवाज़ा खोला। उसके एक हाथ में केरोसिन का लैम्प था और दूसरे हाथ में रसोईघर का चाकू। उससे प्याज़ और लहसुन की गंध आ रही थी। उसने पहले राम

बहादुर को और फिर मुझे देखा और गर्मजोशी से मुस्कुराया। उसकी मेहमाननवाज़ निगाहों से लगा कि मैं इस बर्फ़ानी रात में मौत के मुँह में जाने से बच जाऊँगा।

'क्या मुझे रात में रहने की जगह दे सकते हैं? मैं...'

'ज़ी, जी, आइए सा'ब। आपका स्वागत है। यह निरीक्षण बँगला है।' सुनकर मुझे बड़ी राहत मिली और मैंने नौकरशाहों और मंत्रियों को इस संसार में भेजने के लिए ऊपर वाले को धन्यवाद दिया, वरना न तो कहीं निरीक्षण होते और न मेरे जैसे सनकी तीर्थयात्रियों को निरीक्षण बँगले नसीब होते।

'तुम्हारा नाम क्या है?' मैंने उस भले मेजबान से पूछा।

'राम बहादुर, सा'ब।'

'मैं निशान्त हूँ।'

'क्या देहरादून से आए हैं, सा'ब?'

'नहीं, नहीं, मैं पेरिस से आया हूँ। पेरिस का नाम सुना है?'

'हाँ जी। बहुत पहले की बात है, मैंने एक हिन्दी फ़िल्म देखी थी *एन इवनिंग इन पेरिस।* बड़ा बढ़िया शहर है। पेरिस में भी तो कुतुब मीनार है।'

'हाँ, अगर तुम्हें ऐसा लगता है तो। दिल्ली में कुतुब मीनार है और पेरिस में एफिल टॉवर।'

'क्या यह आपका नौकर है?' उसने कुली की तरफ़ देखा।

'नहीं, यह भैरोंघाटी का कुली है। इसका नाम भी राम बहादुर है।'

'अरे सा'ब, बहुत से पहाड़ियों का नाम यही होता है।'

नेपाली गोरखाओं में राम बहादुर बहुत प्रचलित नाम है। सच तो यह है कि भारत में नेपाल से आनेवाले सभी गोरखाओं को 'बहादुर' कहा जाता है। लम्बे समय से नेपाल के अनगढ़ और तगड़े प्रवासियों को न सिर्फ़ बढ़िया लड़ाकू, बल्कि 'निर्भीक स्वामिभक्त' भी माना जाता है। नेपालियों के इस दोहरे गुण के चलते ही भारतीय ब्रिटिश सेना में उन्हें आसानी से भर्ती कर लिया गया था। और यह भी कोई संयोग नहीं था कि मैगी थैचर ने जब फॉकलैंड में औपनिवेशिक लड़ाई छेड़ी तो नेपाली गोरखा रेज़ीमेंट को ही मोर्चे पर भेजा।

राम बहादुर ने मेरे लिए एक अद्‌भुत जगह के द्वार खोल दिए : एक कमरा, बड़ा-सा नरम बिस्तर, साफ़ चादरें, रजाई और केरोसिन लैम्प। उसे आला दर्ज़े के हिन्दुस्तानियों की जाति और ओहदों का पता था, इसलिए वह मुझे अपनी मर्ज़ी पर छोड़कर चुपचाप कामचलाऊ डिनर तैयार करने चला गया। कुली राम बहादुर ने तब तक अपने घर का रास्ता पकड़ लिया था। अगर उसका कोई घर था तो...

मैंने लैम्प जलाया, अपनी डायरी निकाली और कुछ लिखने लगा।

'मैं अभी-अभी गंगोत्री के इस शानदार बँगले में आया हूँ। यह अविश्वसनीय लगता है, लेकिन सच है। रात है। चारों ओर शान्ति है, एक अलौकिक शान्ति जिसका अनुभव मुझे पहले कभी नहीं हुआ। यह ऐसी शान्ति नहीं है जो ध्वनि से उलट हो, बल्कि विचित्र बात है कि यह एक ख़ास तरह की ध्वनि की शान्ति है जो पहाड़ी नदी से ही उत्पन्न हो सकती है।

'यह एक लोरी की तरह है। गंगा एक धीमी शराब की तरह मुझ पर असर कर रही है जैसे बाहरी यथार्थ को मेरे स्वत्व में विलीन कर रही हो। उसका सुरूर बहुत धीमा है और परत-दर-परत एक सुखद समरसता बना रहा है जैसे इतिहास की भयावहताओं के बीच वही अकेली उम्मीद हो। वह एक विलक्षण मोह उपजा रही है। वह मुझे एक ऐसे अतीत का भरोसा दे रही है जो कभी नहीं था, एक ऐसे भविष्य का आश्वासन जो कभी होगा नहीं...

'ओ जया, तुम कहाँ हो? इस क़दर मौजूद और इस क़दर ग़ायब। क्या तुम गंगा की लोरी को सुन रही हो? हाँ, सच तो यह है कि इस अनवरत लय से बड़ी कोई सांत्वना नहीं है...'

बँगले के पिछवाड़े से चमकीली पीली रोशनी आती दिखाई दी। मैं बाहर गया। बहादुर ने अलाव जला रखा था। जलावन गीला था। लगता था आग रो रही है।

आग ने मेरे भीतर जया की चाहत जगा दी। वह पहली रात थी जब वह मेरी बग़ल में लेटी थी और मैंने एक सुनहरी जलती हुई झाड़ी का सपना देखा था? उस आग ने गंगा के स्पर्श की कोमलता को राख कर

दिया और एक जंगलीपन, एक वहशीपन को गले लगा लिया। उसकी चंचल लपटें मुझे आत्मघाती खेल तक ले गईं; ठीक उस समय उन्होंने मुझे अपने भीतर समा लिया जब मैं सबसे ज़्यादा समाना चाहता था। तभी बहादुर ने आकर बताया कि खाना तैयार है। 'बहादुर, खाना मेज़ पर रख दो, मैं ख़ुद खा लूँगा।'

मैंने उठकर पिट्ठू खोला। कानों में जैसे घंटी बजी कि ऋषिकेश के बाद शराब वर्जित है। गंगोत्री में तो यह पाप है। पहले के बहुत से लोगों की तरह मैं भी तीर्थ पर आया हुआ यात्री था और उस अलौकिक सत्ता के आगे सिर नवाता था, लेकिन मैं कुछ और चीज़ों को भी पूजता था और कुछ और भी पाना चाहता था। मैंने रम की बोतल निकाली और घूमता, ठुमकता, भजन गुनगुनाता घनघोर रात के आगोश में चला गया। आसमान करीने से रोशन था, और लगता था तारे उस यात्री की अगवानी कर रहे हैं जो गंगा मैया के राजसी दरबार में विधर्मियों जैसा काम कर रहा है। मैंने उसकी गहराई में झाँका तो लगा यह रात मेरी माँ की तरह है, मेरी जवान माँ, जो सितारों से जड़ी साड़ी का हल्का काला आँचल ओढ़े हुए है। वही आँचल, जिससे अपने सिर को ढके हुए वह खान-पान के कुलीन आयोजनों में शान के साथ शामिल होती थी। मेरी माँ ने आईने में देखा तो उसे जया दिखाई दी। जया ने आईने में देखा तो उसे माँ दिखाई दी। माँ जया थी, जया माँ थी, और गंगा माँ थी। यह जैसे कोई इडिपस-ग्रंथि थी। मैं बोतल थामे हुए गंगोत्री मन्दिर की ओर बढ़ा।

'सा'ब, सा'ब।' किसी ने मुझे पुकारा। अँधेरा था।

'हाँ। कौन।'

'मैं हूँ। बहादुर।'

'क्या...'

'सा'ब, सा'ब,' उसने चिरौरी की, 'आप क्या कर रहे हो?'

'कुछ नहीं।'

'आइए सा'ब, डिनर तैयार है।'

'हाँ, बहादुर, आ रहा हूँ। खाना खाने से पहले ज़रा मन्दिर तक हो आऊँ।'

'सा'ब, आप कर क्या रहे हो?' साफ़ था कि उसने मेरे हाथ में रम की बोतल देख ली थी।

'कुछ नहीं, बस मन्दिर तक।'

'नहीं, सा'ब। मन्दिर का आदर कीजिए। रहने दीजिए!'

'अगर मुझमें आदर नहीं होता तो मैं इतनी दूर आने की ज़हमत क्यों उठाता, बहादुर। बस मैं आ रहा हूँ।'

'सा'ब सा'ब, सा'ब। यह तो पाप है, सा'ब।' उसकी चेतावनी मेरी बग़ावत के भीतर बिला गई।

तीन

सुबह नींद तब खुली

जब बहादुर ने दरवाज़ा खटखटाया। उसने कांगड़ा चाय का एक गर्म प्याला मुझे पेश किया और फिर चुपचाप बाथरूम में गर्म पानी की बाल्टी रख दी। हाथों को ज़ोर से मलते हुए वह बुदबुदाया :

'आपका तो सारा प्रोग्राम चौपट हो गया?'

'कैसे?'

'आपने खिड़की के बाहर नहीं देखा?'

जमकर बर्फ़बारी हुई थी। चारों तरफ़ सब कुछ सफ़ेद था। पेड़, पुल, घरों की छतें, पत्थर, हर चीज़ मोटी और मुलायम बर्फ़ से ढकी थी। बँगले के अहाते में कपड़े टाँगने की रस्सी बर्फ़ के तार की तरह सुबह की धूप में झिलमिला रही थी। बाहर एक भी प्राणी नहीं था। चिड़ियाँ भी अपना दैनिक कलरव करने के लिए घोंसलों से बाहर नहीं निकली थीं। कुछ दूर गंगोत्री मन्दिर था। बर्फ़ की चादर में लिपटा हुआ। अजीब बात कि वह मुझे फ्रेंच आल्प्स में ऐन्मास के सेंट फ्रांसिस द'साल के पुराने चर्च जैसा लगा।

'गंगोत्री कितनी सुन्दर दिखती है,' मैंने कहा।

'हाँ, सा'ब, दिखती तो सुन्दर है, वैसे है नहीं। गोमुख जाने का रास्ता बन्द हो गया होगा। इधर के पहाड़ लद्दाख जैसे नहीं हैं। बारिश

में वे धसक जाते हैं। लैंडस्लाइड और एक्सीडेंट। गोमुख तभी जा सकते हैं जब मौसम अच्छा हो। वहाँ जाना कोई छोटी-मोटी बात नहीं। मेरे ख़याल से आज रहने दीजिए।'

'सच में?'

'जी हाँ, आज जाने का इरादा छोड़ ही दीजिए।'

'लेकिन आसमान तो खुल गया है।'

'पहाड़ों में मौसम का कोई भरोसा नहीं, सा'ब। मैं तो कहूँगा आप कुछ दिन इन्तज़ार करें। गोमुख यहाँ से अठारह किलोमीटर है, और एक दिन में वहाँ पहुँचना आसान नहीं है।' बहादुर ने मुझे आगाह किया और नाश्ता तैयार करने के लिए रसोई में चला गया।

मैं उसकी बातों पर गम्भीरता से सोचना चाहता था, लेकिन पता नहीं क्या था कि मैं किसी काल्पनिक भूस्खलन के डर से अपना इरादा नहीं टाल पाया। मुझे अपने पिता की याद आई, जिन्होंने कभी मुझसे कहा था : 'बेटे, अगर तुम साँप के काटने से मर जाओ तो कोई ख़ास बात नहीं। लेकिन अगर साँप के काटने के डर से तुम्हारी मौत हो जाए, तो बड़ी बुरी बात होगी।' पिता का इशारा यह था कि हम ख़ानदानी राजपूत हैं, एक योद्धा जाति, जिसका मुख्य पेशा ज़मीन और औरत के लिए युद्ध करना है। मेरे पिता जाति के जोश में डूबे हुए स्वाभिमानी राजपूत थे, लेकिन इस सबसे अलग मैं अपने ही ढंग से निडर था। मेरे पास न कुछ रखने के लिए था, न खोने के लिए। ज़िन्दगी जैसे बेकार का जुआ थी। मैंने सोचा, हिमालय की गुमनाम गोद में बाज़ी खेलना उस दुनिया की दहलीज़ से कहीं बेहतर होगा जहाँ मुझे प्राण निकलने के बाद ठीक-ठाक कफ़न-दफ़न का भरोसा भी नहीं था।

राम बहादुर ने न चाहते हुए भी मुझे सफ़र का ख़ाका समझाया। तीर्थयात्रियों के लिए एक ही आश्रम था लेकिन वह पन्द्रह किलोमीटर दूर था। पहले आश्रम से थोड़ी-सी दूरी पर रात में रुकने के लिए एक जगह और भी थी, लेकिन वह सर्दियों में बन्द रहती थी। बहादुर ने मुझे भरोसा दिलाया, गोमुख से तीन किलोमीटर नीचे लाल बाबा के आश्रम में ज़रूर कोई न कोई मिल जाएगा। यह आश्रम एक भले और प्रसिद्ध साधु का आश्रम था, जहाँ हर तरह के तीर्थयात्रियों को शरण मिल जाती

थी। बहादुर ने मुँहफट ढंग से कहा, 'और, आप तो पेरिस वाले हैं, आपके स्वागत-सत्कार में कमी थोड़े रहेगी!'

और फिर, मैं हिमालय की गहरी भूलभुलैया में पहुँच गया। मेरे साथ सिर्फ़ मेरी परछाईं थी जो धुँधली धूप में रह-रह कर झलक उठती थी। दायीं तरफ़ पहाड़ी चोटियों पर लम्बे-ऊँचे देवदार की क़तारें थीं। दोपहर की मुलायम हवा में उनके सुडौल तने कम्पन से भरे थे और गंगा देवी की सुन्दर तराशी हुई पलकों जैसे लगते थे। क़रीब 500 मीटर नीचे उसकी गरजती हुई लहरें एक टेढ़ी-मेढ़ी सँकरी घाटी में गिर रही थीं। जगह-जगह चिड़ियों की चहचहाहट थी, लेकिन उनके गीत बेहद रिक्त और उदास थे। इधर-उधर बहुत सारी गुफाओं में धुआँ और जंग-लगा घरेलू सामान बिखरा हुआ था। इससे अकेलापन और भी बढ़ रहा था। लगता था मैं इस विचित्र यात्रा में जिस रास्ते पर जा रहा हूँ उसे साधुओं तक ने छोड़ दिया है। सर्दी से पैर सुन्न हो गए थे और चलने की आहट भी महसूस नहीं हो रही थी। यह शून्य मेरे हर क़दम के साथ जैसे सैकड़ों सवाल उठा रहा था : 'कौन हूँ मैं? यहाँ हिमालय में क्या कर रहा हूँ? कहाँ जा रहा हूँ? किसलिए और क्यों? यह कौन-सी जगह है? और कहाँ?' एक पत्ती या टहनी अचानक किसी पेड़ से गिरती तो महसूस होता कि दुनिया अब भी मौजूद है। इसके अलावा सब कुछ हलचलहीन था। सड़क के किनारे ऐसे संकेत भी नहीं थे जो बता पाते कि मैं पहाड़ों की गोद में कितना गहरे उतर गया हूँ। यह एक डरावना एहसास था कि मैं उस दुनिया से बहुत दूर चला आया हूँ जिसका अस्तित्व सड़क पर बने संकेतों और वक़्त की इलेक्ट्रॉनिक घड़ियों से मापा जाता है। अकेलापन लगातार बढ़ रहा था और सन्नाटे के भीतरी सौन्दर्य को दबा रहा था...

मैंने बर्फ़ पर पैरों के धुँधले निशान देखे। वे ताज़ा लगते थे। छोटे, गोल, चपटे निशान, जो किनारों पर पिघल रहे थे। आसपास कोई दिखाई नहीं दिया, लेकिन मुझे लगा कि मेरे आगे कोई चल रहा है। कोई ऐसा, जिसकी क़िस्मत में शायद मेरे जैसा ही कोई दुख है। अचानक भीतर एक उम्मीद जगी। किसी ऐसे प्राणी से मिलने की इच्छा, जिसने शायद मेरी तरह अपने को इस धरती पर नष्ट होने से बचा लिया था। मेरी चाल तेज़ हो गई। रास्ता सँकरा और फिसलन-भरा था और लगा कि

मेरे क़दम ज़्यादा ही तेज़ हैं। नीचे, भागीरथी की गरजती हुई लहरें जैसे मुझे निगलने के लिए तैयार थीं। मैं अदृश्य सहयात्री से मिलने के लिए उत्सुक था और उसके पदचिह्नों का पीछा कर रहा था। अचानक वे ग़ायब हो गए, लेकिन फिर ऊपर और नीचे की तरफ़ दिखाई दिए। कुछ जगह वे इतने साफ़ थे कि जूतों के तलुए की बनावट भी नज़र आती थी, लेकिन ज़्यादातर इतने धुँधले और फीके थे कि लगता था किसी भयानक जानवर के पंजे हैं। मैंने देखा, वे एक गुफा के भीतर गए हैं। गुफा अँधेरी और दुर्गंध से भरी थी। मैं कुछ देर ठिठका रहा, लेकिन मानुष जात से मिलने की इच्छा इतनी प्रबल थी कि मैंने जोख़िम उठा लिया। गुफा में एक सड़ी हुई नम गंध भरी थी। टिन के दो पुराने कनस्तर, मरे हुए कीड़ों से भरी तेल की शीशी, एक लम्बी-सी हड्डी और पीतल की एक घंटी पूरे माहौल को भुतहा बना रहे थे। जब मैं चलने को हुआ तो मुझे तेल से सना हुआ एक काग़ज़ दिखा, जिसमें शायद परांठे बाँधे गए होंगे। काग़ज़ पर अब भी खाने की गंध थी। मैं लौटकर अपनी राह चलने लगा। भरोसा हो गया कि कोई और भी प्राणी है जो गोमुख के रास्ते पर जा रहा है। उसके पदचिह्न रास्ते-भर लुकाछिपी खेलते रहे और आख़िरकार सूरज ढलने के साथ अदृश्य हो गए। अकेलापन फिर मुझे घेरने लगा था, लेकिन तभी लाल बाबा आश्रम का साफ़-सुथरा ढाँचा नज़र आया। मेरी अभिशप्त आवारगी के बीच एक सुखद उम्मीद की तरह।

बहादुर ने ठीक ही कहा था। लाल बाबा आश्रम गोमुख के रास्ते में एकमात्र पड़ाव था। बर्फ़ीले मौसम में भी आश्रम के द्वार खुले रहते थे। वहाँ हर कोई रुक सकता था : ग़रीब और बीमार, ज़रूरतमन्द और अमीर, रोगी और नीरोग, सभी एक साथ हैसियत और जात-पाँत को भूलकर एक छत के नीचे सो सकते थे। लाल बाबा ने धर्मपरायण लोगों की जो सेवा की थी, उसके एवज़ में धनी-मानी लोगों ने काफ़ी सारा दान दिया था ताकि आश्रम अच्छी तरह चलता रहे। मैंने सुना था कि लाल बाबा ख़ुद ही यह देख-रेख करते हैं कि उनके यहाँ आनेवाला कोई भूखा न रहे और न बिना छत के सोये। एक लम्बी यात्रा की थकान से चूर तीर्थयात्री को क्या चाहिए? सिर्फ़ एक खुला हुआ दरवाज़ा।

आश्रम दूर से एक हेलीपैड जैसा लगता था—तीन बैरकों वाला चौकोर समतल मैदान। चीड़ के भारी दरवाज़े खुले हुए थे और शाम की हवा साँय-साँय करती टिन की छत को खड़खड़ा रही थी। आसपास कोई नहीं था। मैंने जैसे एक अदृश्य साधु को नमस्कार किया : 'जै राम जी की, बाबा। जै राम जी की।' पीछे से एक सुस्त और घिसटती हुई सी आवाज़ आई : 'जै राम जी की।' मैं पीछे मुड़ा तो बाबा दिखाई दिए—गेहुँआ रंग, बड़ी-बड़ी उभरी हुई आँखें, चौड़ा माथा, दानिशमन्दों जैसी दाढ़ी, लम्बे लहराते बाल और हाथ में एक कुल्हाड़ी। मैं अभिभूत हो गया। फिर से अभिवादन किया और उनके पैर छू लिए। वे हौले से मुस्कुराए।

'आपके बारे में बहुत सुना है, बाबा।' मेरा गला कुछ रुँध गया। आवाज़ जैसे भीतर से निकल रही थी : 'पहाड़ों में हर कोई आपके गुण गाता है! आप इस कड़कड़ाती सर्दी में भी महीनों यहाँ गुज़ारते हैं। कोई महात्मा ही यह कर सकता है।' बाबा मेरी बेसाख़्ता प्रशंसा सुनकर विह्वल से हुए। फिर झेंपते हुए बोले : 'अरे नहीं भैया, माफ़ करना, मैं लाल बाबा नहीं हूँ। वे तो कलकत्ते में हैं। वे सर्दियों में यहाँ नहीं रहते। उन्हें सर्दियाँ अच्छी नहीं लगतीं।'

'लेकिन मुझे पता चला था कि लाल बाबा साल-भर यहीं रहते हैं।'

'पता नहीं आपको किसने बताया! बाबा को पहाड़ों की सर्दी बर्दाश्त नहीं होती। पहली बर्फ़ पड़ने से पहले ही वे यहाँ से चले जाते हैं। उनके पास ढेरों काम जो रहते हैं। कलकत्ता, बनारस, गया। घूमते ही रहते हैं। अफ़सरों, मिनिस्टरों के साथ बैठक करते रहते हैं...'

'और आप? आप उनके चेले हैं?'

'नहीं, नहीं। मैं सेवक हूँ। सर्दियों में उनके आश्रम की देखभाल करता हूँ।'

'मतलब आपको तनख़्वाह मिलती है, दूसरी नौकरियों की तरह?'

'नहीं, भैया। बाबा पुण्यात्मा हैं। वे मुझे खाना-कपड़ा, रहने की जगह, और घर के लिए भी कुछ दाना-पानी देते हैं।'

'और आपका परिवार कहाँ रहता है?'

'नीचे उत्तरकाशी में। आपके रास्ते में पड़ा होगा।'

'हाँ, पड़ा था।'

'अच्छा उत्तरकाशी के पास कोई पहाड़ तो नहीं खिसका? बारिश हुई?'

'नहीं। वहाँ तो बिलकुल सूखा था।'

'भगवान का शुक्र है! मुझे घर की बड़ी फ़िक्र थी। हमारा छोटा-सा घर पहाड़ के नीचे है। जब बारिश होती है, तो बड़ा ख़तरा रहता है।'

'क्या आप बहुत समय से यहाँ हैं?'

'चार महीने से।' उसने कुल्हाड़ी ज़मीन पर पटकी और कुछ चिड़चिड़े स्वर में कहा : 'घर में मेरी घरवाली और बच्चे हैं। पता नहीं घर में उनके खाने के लिए कुछ होगा या नहीं। अगर मेरी जगह कोई यहाँ आ जाता तो कुछ दिन छुट्टी मिल जाती...'

'और बाबा कब आएँगे?' मैंने पूछा।

'जब सीज़न शुरू होगा और यात्री आने लगेंगे।' कहकर बाबा का सर्दियों का सेवक प्रताप मुझे आश्रम के अहाते में ले गया। मैं एक चौकोर पत्थर के किनारे बैठ गया। वह बर्फ़ की सिल्ली जैसा ठंडा था। प्रताप मुझे सिहरते हुए देखकर एक कम्बल ले आया। फिर चाय का एक गिलास, जिसमें आसपास की जड़ी-बूटियों की ख़ुशबू थी। इससे मुझे काफ़ी आराम मिला।

'आप कहाँ से आए हैं?' प्रताप ने पूछा।

'भई, वह जगह यहाँ से बहुत दूर है।'

'मैदानों से आए हैं?'

'हाँ। उस जगह का नाम पेरिस है।'

'क्या बताया?'

'पेरिस।'

'क्या! पेरिस?' अजीब बात है, कभी सुना नहीं इस जगह का नाम।' उसने तीन-चार बार पेरिस का उच्चारण किया और जैसे कुछ सोचते हुए कहा : 'यहाँ सारी दुनिया के लोग आते हैं, लेकिन इस जगह का नाम कभी सुनने में नहीं आया। आपने क्या बताया? पेलिस? पेलिस? कभी सुना ही नहीं।'

मैंने उसे भूगोल का आरम्भिक पाठ पढ़ाने की बजाय इतना ही कहा कि पेरिस नई दिल्ली के पास है। 'अरे, दिल्ली!' प्रताप उछल पड़ा,

'दिल्ली को कौन नहीं जानता! वही तो दरबार है! जब से नई सड़क बनी है, दिल्ली से ढेरों लोग आते हैं। पहले यहाँ आने में मुश्किलें उठानी पड़ती थीं। सौ में से तीस तीर्थयात्री पहाड़ धसकने से मर जाते थे। लेकिन अब तो इन्दिरा गांधी भी यहाँ आती हैं! पिछले सीज़न में आई थीं। आपकी यात्रा तो अच्छी रही होगी?'

'अच्छी ही थी। थोड़ा थका ज़रूर हूँ।'

'बस, मैं अभी खाना बनाता हूँ। सूरज पहाड़ के पीछे चला गया है। आप खाना खाओ और सो जाओ।'

प्रताप धीरे से उठा, पाजामे पर हाथ रगड़े और गम्भीर क़दमों से रसोई की ओर चल दिया। इतनी रोशनी अभी बची हुई थी कि मैं डायरी में कुछ दर्ज़ कर सकता था : 'लाल बाबा के आश्रम में प्रताप नाम के एक व्यक्ति से मेरी भेंट हुई। उसकी भंगिमाओं से मुझे लगा कि मैं किसी प्राचीन सभ्यता की सृष्टि के दर्शन कर रहा हूँ। उसकी धीमी चाल, हाथ हिलाने का भव्य अन्दाज़, मंथर और सहज हँसी, हर भंगिमा उस 'काल' की उपस्थिति का संकेत करती है जो ग्रामीण भारत की सुदूर गहराइयों में निवास करता है। यह ऐसा 'काल' है, जिसे हमारे युग की क्रान्तियाँ छू नहीं पाई हैं और जो पूरब को पश्चिमी सभ्यताओं से अलग करता है। यह 'काल' बातचीत, भंगिमाओं, आँखों और चेहरे की सूक्ष्म हरकतों और सभी व्यवहारों में दिखता है। इस अर्थ में प्रताप उस इतिहास की अभिव्यक्ति का एक बिन्दु लगता है जो इलेक्ट्रॉनिक समय की टिक-टिक के साथ हर दिन अदृश्य होता जा रहा है। आज शाम मैंने उससे पूछा : 'प्रताप भैया, आप ज़्यादा बात नहीं करते।' उसने एक फीकी हँसी के साथ कहा : 'बात करने के लिए है ही क्या?' फिर वह दूर क्षितिज की ओर देखने लगा। उसके माथे की झुर्रियों पर एक बड़ी-सी चींटी बैठी थी, लेकिन वह इससे बेख़बर था।

बाहर सर्दी बढ़ रही थी। मैंने जूते उतारे और रसोई में घुस गया। प्रताप मिट्टी के चूल्हे के सामने पालथी लगाए बैठा था। लकड़ी सीली थी, इसलिए पूरी तेज़ी से नहीं जल रही थी। उसकी कँपकँपाती आभा में मैंने देखा कि प्रताप के नाक-नक्श सुन्दर हैं और आँखें उससे भी सुन्दर, जिनकी पुतलियों में चूल्हे, आग और बर्तन के बिम्ब बन रहे

हैं। उसकी एक तरफ़ लकड़ियों का अम्बार था। ईंधन का अन्तहीन जमाव, जो बर्फ़ और सर्दी के कई मौसमों तक चलने लायक़ था। लेकिन उसने कहा, 'अरे, यह तो सिर्फ़ महीने भर चलेगा! सर्दी बहुत है और ज़िन्दगी इन लकड़ियों पर ही चलती है।' पीतल के बड़े से बर्तन में दाल खदबदाने लगी थी और भात पक चुका था। प्रताप ने गर्म पानी से थालियाँ धोईं और मुझे दाल-भात परोस दिया। खाने को तीखा बनाने के लिए उसने कुछ हरी मिर्चें भी रख दीं, जिनसे मसालों की कमी के कारण फीका लगनेवाला पहाड़ी खाना ज़ायक़ेदार बन जाता है। भोजन और उसे पकाने की शैली से कहीं ज़्यादा बड़ी बात थी वह सादगी और परोसने की कला, जिससे वह माँ के हाथों बना खाना लगता था।

दिन-भर की यात्रा की थकान छा रही थी। पलकें भारी थीं और देह का पोर-पोर दर्द कर रहा था। मुझे बैठे-बैठे नींद आने लगी तो प्रताप ने कहा : 'थाली ऐसे ही छोड़ दीजिए। चलिए, मैं आपको सोने की जगह दिखाता हूँ।'

तेल का लैम्प हाथ में लिये हुए प्रताप मुझे रसोईघर के पीछे एक कुटिया में ले गया। उसने कहीं से एक छोटी-सी मोमबत्ती ढूँढ़ी और दीवार पर बने ताख पर रख दी ताकि मुझे रात अन्धकार के देवताओं की शरण में न काटनी पड़े। मैंने मोमबत्ती जलाई तो लाल बाबा का भयावह संसार दिखा। गद्दा बुरी तरह काला था और रजाई इतनी गंदी कि उसके खोल पर धूल की मोटी परत जमी थी। बेडशीट के नाम पर एक लम्बा-सा कपड़ा था जिस पर अजीबोग़रीब दाग़ थे। मुझे लगा, शायद भारत-चीन सीमा पर गश्त करनेवाले यौन-पीड़ित सिपाहियों की रातें यहाँ गुज़रती होंगी। बासी और नम कपड़े और गोमुख के यात्रियों के रहने की गंध इतनी तीखी थी कि कसाई भी घबरा जाए। मेरे सर के ठीक ऊपर छत पर एक बड़ा-सा छेद था जिसमें कुछ प्लास्टिक की थैलियाँ ठुसी हुई थीं। उनके किनारों से बर्फ़, बारिश और हवा आसानी से आ सकती थी। लगता था यह सारा इन्तज़ाम इसलिए है कि यात्री याद रखें कि ऐसी यात्राएँ कठिन तपस्या से कम नहीं होतीं और उन्हें आराम की उम्मीद नहीं करनी चाहिए। नींद आने के कोई आसार नहीं थे,

लेकिन मैं इतनी बुरी थकान में किसी फाइव-स्टार ज़िन्दगी की कल्पना नहीं कर सकता था। मैं बिस्तर में घुस गया। जैसे ही रजाई उठाई तो देखा कि अनिद्रा के शिकार दो मोटे तिलचट्टे गद्दे पर लुका-छिपी खेल रहे हैं। मैंने अपना एडिडास जूता उठाया, लेकिन तभी मोमबत्ती की जीवन-लीला समाप्त हो गई। इतने में प्रताप आ धमका।

'बाहर ज़्यादा ही सर्दी और हवा है।' उसने कहा, 'आप दरवाज़ा बन्द रखिएगा।'

'धन्यवाद, भैया, बन्द कर दूँगा।'

'ओह, अन्दर कुंडी ही नहीं है।' उसने लाचारगी से कहा, 'मैं बाहर से बन्द कर देता हूँ। सुबह पूजा के वक़्त आपको उठा दूँगा।'

मैंने आँखें बन्द कर लीं।

मेरी साँस अटक रही है। लगता है फिर से अस्थमा का दौरा पड़ा है। वह लगातार बढ़ रहा है। प्रताप ने कहा है कि उसके पास मेरे इलाज के लिए कुछ ख़ास जड़ी-बूटियाँ हैं। वह कुछ बदबूदार जड़ी-बूटियाँ जलाता है और मुझे उनका धुआँ अन्दर लेने के लिए कहता है। धुएँ से हालत और भी ख़राब हो गई है। मैं मना करता हूँ, लेकिन प्रताप और भी गहराई से खींचने के लिए कहता है। मुझे चक्कर आ रहा है, सिर घूम रहा है। साँस लेना मुश्किल है। प्रताप का चेहरा बदल गया है, आँखें वहशी लग रही हैं, उसका चेहरा पागलों जैसा लग रहा है। लगता है, प्रताप कुछ करनेवाला है। जड़ी-बूटी तो एक बहाना है : वह मुझे ज़हर देना चाहता है। मेरा दम घुटने लगा है। उसके हाथ धुएँ के बादल को चीरते हुए आते हैं और मेरी गर्दन दबोच लेते हैं। 'प्रताप! प्रताप! क्या करना चाहते हो...वह मेरा गला घोंटने लगा है। मैं उसके हाथों पर अपने नाखून चुभोता हूँ। लेकिन मेरी गर्दन पर उसकी पकड़ और भी मज़बूत हो गई है और वह मेरा सर दीवार पर मारता है...

घबराकर मैं उठ पड़ा। मैं पसीने से तरबतर, हाँफ रहा था। शुरू के कुछ पल भाँप नहीं पाया कि क्या मामला है, फिर एहसास हुआ कि

यह सिर्फ़ एक दुःस्वप्न नहीं था। कमरे में धुआँ भरा था। हवा नहीं थी। धुआँ, धुआँ, धुएँ के अलावा कुछ नहीं...मैं दरवाज़े की तरफ़ लपका। वह बन्द था। मैंने बहुत ज़ोर लगाया, लेकिन उसे कसकर बन्द किया गया था। मेरा दम फूलने लगा। माहौल असहनीय होता जा रहा था। मैंने दरवाज़े को भड़भड़ाकर प्रताप को आवाज़ दी। कोई जवाब नहीं। फिर ज़ोर से दरवाज़े को खींचा तो कुंडी टूट गई। मैं मेन गेट की तरफ़ भागते हुए अँधेरे में किसी चीज़ से टकराया तो बर्तनों का ढेर खनखनाता हुआ गिर पड़ा। प्रताप का अब भी कोई अता-पता नहीं था।

दरवाज़े पर पहुँचकर हवा ताज़ा और बर्फ़ीली लगी। फेफड़ों में साँस महसूस हुई और आँखें स्थिर हुईं। तीखी पहाड़ी हवा और टिन की छत पर बर्फ़ गिरने की धीमी आहट। मैं सुबह होने के इंतज़ार में था लेकिन सुबह थी कि हो नहीं रही थी। तभी मेरे पीछे कहीं से प्रताप प्रकट हुआ जैसे मेरी परेशानी से बिलकुल अनजान हो। उसने पूछा, 'आप इतनी जल्दी क्यों उठ गए, भैया? जल्दी क्या है? अभी सुबह की पूजा का टैम नहीं हुआ...'

दुःस्वप्न बीत गया था। लेकिन बिस्तर पर जाते हुए मैं जितना थका हुआ था उससे कहीं ज़्यादा थकान जागने पर महसूस हो रही थी। मैं गोमुख जाने की तैयारी करने लगा। लेकिन प्रताप ज़िद करता रहा कि मैं मौसम खुलने के बाद ही निकलूँ। मैं अपने इरादे पर अडिग था। मैंने सोचा, गोमुख की भीषण बर्फ़ आश्रम की दमघोंटू रातों से कहीं बेहतर होगी। एक कप गरमागरम चाय पीकर और थोड़ा दाल-भात खाकर मैं फिर अपनी राह चल पड़ा।

कुछ ही दूर आया था कि फिर से बर्फ़ में पैरों के निशान दिखे। वही पैर, वही आकृति। बर्फ़ ताज़ा थी इसलिए निशान गहरे और साफ़ थे। वे एक अँधेरी गुफा तक गए हुए थे गोया पिछले दिन के विचित्र नाटक को दोहरा रहे हों। वे निशान फिर से तेल-सना और खाने की गंध से भरा काग़ज़ छोड़कर लौट गए थे। मैं इस गुत्थी को सुलझाने की उधेड़बुन में था कि देखा, रास्ता दो हिस्सों में बँट गया है। पैरों के निशान बाईं तरफ़ गए थे। लगा, मैं जल्द ही इस रहस्य तक पहुँच जाऊँगा और गंगा के उद्गम तक भी...

एक युवती प्रार्थना में लीन थी। सलवार-कमीज़ पहने, सर पर कसकर एक शाल लपेटे हुए, घुटने टेके, आँखें बन्द किए हुए और मेरी उपस्थिति से बिलकुल अनजान। उसकी प्रार्थनाओं के ठीक सामने गोमुख था : एक बड़े से ग्लेशियर में खुली हुई सुरंग जैसा। विशाल, अचल और दिव्य। चारों ओर बर्फ़ीली नीलिमा के बीच उसके मुँह से पानी की तेज़ धार प्रवाहित हो रही थी और उसकी धुंध चारों ओर छा रही थी। चौड़े खुले हुए मुँह और नीली जीभ का गोमुख किसी ईश्वर जैसा था और लगता था वह गंगा के उद्गम का रहस्य जानने के लिए आनेवाले तीर्थयात्रियों का उपहास कर रहा है। और फिर, गोमुख को गंगा का उद्गम मानें भी तो कैसे? यहाँ तक पहुँचते-पहुँचते वह अच्छी-ख़ासी नदी बन जाती है—अपने जन्म की मरीचिका से दूर।

गोमुख में गंगा का अदृश्य उद्गम देखकर कुछ अतृप्ति का एहसास भी होता है। हम चाहे जितनी भी कोशिश करें, रहस्य उजागर नहीं होता। शायद गंगा का कोई बचपन नहीं था, उसका जन्म तब हुआ जब वह युवा हो गई : चंचल, सुन्दर, सम्मोहक, नियति की निर्धारक, जिसकी अपनी कोई नियति नहीं थी।

धूप अभी-अभी निकली थी, लेकिन सूरज की किरणें आँखों को चौंधियाने लगी थीं। एक और सहयात्री से परिचय करने की इच्छा मुझे उस युवती तक ले गई।

'नमस्कार, बहन जी,' मैंने अभिवादन किया।

'आदाबअर्ज़ है, भाईजान,' उसने उर्दू में जवाब दिया। हाथों की मुद्रा से लगा वह मुस्लिम है।

'गोमुख सुबह की धूप में बड़ा सुन्दर लगता है।' मैंने कहा तो उसने कुछ हैरानी से पूछा :

'क्या आप टूरिस्ट हैं?'

'नहीं, तीर्थयात्री हूँ।' मेरे लहज़े में शायद ऐसा कुछ था कि वह परेशान हो उठी :

'अल्लाह मियाँ की दुआ से घर में ख़ैरियत तो है?' उसका अन्दाज़ बुज़ुर्गाना था।

'जी हाँ, और आपके यहाँ?'

'अम्मा अस्पताल में भर्ती हैं।'

'क्या हुआ?'

'कैंसर। मैं गंगा मैया से दुआ करने आई हूँ।' उसके स्वर में कोई दर्द था।

बड़े भाई की तरह मैंने उसके कन्धे पर हाथ रखा और कुछ फ़ालतू सवाल पूछकर उसका बोझ हल्का करने की कोशिश की।

'इतनी सर्दी में आप बहुत कम कपड़े पहने हुए हैं।'

'हाँ, सर्दी तो बहुत है।'

'कहाँ की रहनेवाली हैं?'

'मेरठ की।'

'और आपका नाम?'

'शबनम।'

'अकेले आई हैं?'

'मेरे चाचा लंका तक साथ आए थे। वे वहीं रुक गए। मेरे अब्बा चाहते थे कि यात्रा का आख़िरी हिस्सा मैं अकेले ही तय करूँ।'

'कोई भाई या बहन नहीं है?'

'जी, एक भाई और एक बहन हैं। दोनों मुझसे बड़े हैं।'

'तो आपके भाई क्यों नहीं आए?'

'अरे, यह एक लम्बी दास्तान है! अब्बा को ख़्वाब आया था कि अपनी सबसे छोटी बेटी को गंगोत्री के सफ़र पर भेजें।' उसकी उर्दू में शायराना अन्दाज़ था। अरबी, फ़ारसी और हिन्दी से बनी इस ज़ुबान में इस क़दर सुरीलापन है कि रोज़मर्रा की आम बातचीत भी शायरी जैसा लुत्फ़ देती है। अचानक शबनम ने चुप्पी तोड़ी :

'आप हैरान होंगे कि एक मुसलमान लड़की हिन्दू तीर्थ के सफ़र पर जा रही है।'

'ऐसा ख़याल तो नहीं आया।'

'बात यह है कि अम्मी हिन्दू हैं और अब्बा मुसलमान। अब्बा को ख़्वाब आया था कि हिन्दुओं की देवी गंगा ही अम्मी की तकलीफ़ दूर कर सकती हैं। सो उन्होंने मुझे यहाँ भेज दिया।'

'तुम्हारे अब्बा क्या करते हैं, शबनम?'

‘वे शायर हैं। मेरी अम्मी भी शायरा थीं।’

‘थीं?’

‘इसलिए कि वे बहुत बीमार हैं। कोई ठिकाना नहीं...’

उसका गला रुँध गया और आँखों पर दर्द की एक परत तैर गई। उसके कन्धे पर कपड़े का एक भारी बैग था जिसे मैंने उठाया और हम धीरे-धीरे गंगोत्री की ओर चलने लगे। हिमालय की गहरी कंदराओं में गंगा का जादुई मंत्र-जाप चल रहा था। शबनम चुप और गम्भीर थी। लगता था जैसे हमारे बीच एक मौन का रिश्ता है। शब्द नहीं थे, दो मूक उपस्थितियाँ थीं जिसमें सिर्फ़ हमारे पैरों की आहट आपसी लगाव की इकलौती भाषा थी। मुझे लगा, मैं शबनम को पता नहीं कब से जानता हूँ। साझा दर्द बड़े से बड़े अजनबियों को मिला देता है। ख़ुशी भले ही न बाँटी जा सके, दर्द हमेशा बाँटा जा सकता है।

शबनम ने दबी हुई हँसी के साथ ख़ामोशी तोड़ी : ‘मैं अपने बचपन के बारे में सोच रही थी। अम्मी और अपने बारे में। मैं बताऊँ भाईजान कि हम एक छोटे से घर में रहते थे। मेरठ की एक ग़रीब बस्ती में हमारा दो कमरों का किराए का मकान था। घर में पंखा नहीं था, तो हम रात में सड़क पर खाट बिछा लेते। आप जानते होंगे कि गर्मियों में सब लोग बाहर सोते हैं। सोते वक़्त, अम्मी मुझे रामायण और महाभारत की दास्तानें सुनाती थीं। मुझे दास्तान याद आ रही थी जो उन्होंने मुझे गंगा मैया के बारे में बताई थी। अम्मी इतने दिलचस्प तरीक़े से दास्तानें सुनाती थीं कि वे फ़ौरन याद हो जाती थीं।’

‘अभी कौन सी दास्तान याद आ रही है आपको?’

उसने मुँह बनाते हुए कहा : ‘हमारे पड़ोसी बड़े ख़राब थे! मैं बताऊँ, भाईजान, गली में सोनेवाले सभी मुसलमान थे और उन्हें मेरी अम्मी का हिन्दू देवी-देवताओं की कहानियाँ सुनाना पसन्द नहीं था। उनका ख़याल था कि मुसलमान से शादी के बाद उन्हें अपना हिन्दू होना भूल जाना चाहिए। लेकिन मेरे अब्बा अम्मी के अकीदे की इज़्ज़त करते थे। भाईजान, आपकी अम्मी ने भी कभी आपको गंगा मैया की दास्तान सुनाई होगी।’

‘बिलकुल नहीं। मैं सिर्फ़ इतना जानता हूँ कि गंगा शिव की जटाओं से निकली है।’

'आपका मतलब है, भगवान शिव महाराज?' उसने इस तरह कहा जैसे मुझे देवताओं के बारे में सम्मान से बात करने की याद दिला रही हो।

'हाँ, हाँ। भगवान शिव।'

'लेकिन यह तो एक लम्बी दास्तान का छोटा-सा हिस्सा है। आप गंगाजी के बारे में कुछ नहीं जानते।'

'तो तुम मुझे गंगाजी का मिथक बताओ, शबनम।'

'यह मिथक नहीं है, भाईजान। सच्ची दास्तान है। बहुत पहले की बात है।' यह देखकर ख़ुशी हुई कि शबनम धीरे-धीरे मौत के साये से बाहर आ रही है। उसकी आँखों में एक मासूम यौवन चमकने लगा और वह अपनी दुश्वारियों को परे खिसकाकर बचपन की यादों के पन्ने पलटने लगी। वे यादें मेरी यादों से बहुत अलग नहीं थीं।

'बहुत वक़्त पहले, हिमवत नाम के एक राजा थे। गंगा उनकी सबसे बड़ी बेटी थी। वह जिस चीज़ को भी छूती थी, उसे पाक-साफ़ बना देती थी...एक दिन ब्रह्मा की अगुआई में सभी देवता राजा के पास पहुँचे और उनसे गंगा को धरती पर भेजने के लिए कहा ताकि वह सभी प्राणियों को पाक-साफ़ कर सके। राजा पहले तो कुछ घबराए क्योंकि गंगा कुछ मनमौजी और तुनकमिज़ाज थी और धरती को नुक़सान भी पहुँचा सकती थी। लेकिन गंगा बहुत भला भी करती थी, इसलिए हिमवत राजी हो गए।

'उस वक़्त धरती पर असुर तबाही मचाए हुए थे। राक्षसों ने फ़सलें उखाड़ दी थीं, घर जला दिए थे और छोटे बच्चों को विकलांग बना दिया था। ख़ौफ़नाक मंजर था...किसी को पता नहीं था कि राक्षस कहाँ से आते हैं और कहाँ जाकर छिप जाते हैं। सब लोग हैरान-परेशान। तब देवता भगवान विष्णु के पास गए। उन्होंने बताया कि राक्षस समुद्र के नीचे छिपे हैं और ऋषि अगस्त्य ही उन्हें निकाल बाहर कर सकते हैं...

'कई बरस तक देवता ऋषि अगस्त्य को खोजते रहे। आख़िर में वे एक कुटिया में ध्यान करते हुए मिले। अगस्त्य ने राक्षसों के उत्पात के बारे में सुना तो परेशान हो उठे और बोले कि मैं समन्दर का पानी पीकर उन्हें बाहर निकाल सकता हूँ। उन्होंने सारा पानी पी लिया और तब असुर दिखाई देने लग गए।

'देवता तुरन्त असुरों पर झपट पड़े और उन्हें बेरहमी से ख़त्म कर दिया। अब देवताओं ने ऋषि अगस्त्य से समन्दर को भरने के लिए कहा। ऋषि ने जवाब दिया, 'मैंने तो उसे पी लिया है। अब मैं उसे कैसे भरूँ?'

फिर देवता भगवान ब्रह्मा की शरण में गए। वे भी लाचार थे, लेकिन उन्होंने कहा, 'घबराइए मत। राजा सगर और उनकी संतानें समन्दर को फिर से भर देंगी। देवताओं को राहत महसूस हुई, लेकिन एक ने कहा कि राजा सगर की कोई संतान नहीं है। तो फिर कैसे होगा...'

मैंने बीच में टोकते हुए कहा, 'ओह, शबनम, तुम्हारी कहानी शैतान की आँत की तरह उलझती जा रही है। अब ये सगर कौन हैं?'

'ओह्हो!' वह एक बच्ची की तरह मचल उठी, 'थोड़ा धीरज रखिए, वही बता रही हूँ।'

'थोड़ा संक्षेप में बताओ, लम्बी-चौड़ी दास्तान मुझे समझ में नहीं आती।'

'थोड़ा रुकिए। सब समझ आ जाएगा। हाँ तो, राजा सगर की कोई संतान नहीं थी इसलिए उन्होंने ख़ूब तपस्या की। एक दिन भगवान शिव उनके सामने प्रकट हुए और बोले कि मैं धर्म में तुम्हारे गहरे यक़ीन से बहुत ख़ुश हूँ। तुम्हारी पहली पत्नी से 60,000 वीर पुत्र जन्म लेंगे लेकिन उन सभी की मृत्यु हो जाएगी। फिर दूसरी पत्नी केशिनी एक पुत्र को जन्म देगी जो तुम्हारे वंश को चलानेवाला होगा। राजा सगर प्रसन्न हुए। उनके 60,000 पुत्र बड़े होकर शूरवीर और गुणवान बने।

'सगर का दूसरा पुत्र यानी केशिनी की संतान असमंज बड़ा शैतान था। एक दिन असमंज ने एक बच्चे को पानी में डुबो दिया। लोग नाराज़ हो गए और सगर ने उसे अपने राज्य से निकाल दिया। लेकिन असमंज के पुत्र अंशुमन को लोग बहुत पसन्द करते थे।

'एक सुबह राजा अश्वमेध यज्ञ कर रहे थे। यज्ञ शुरू होनेवाला था कि अचानक देवताओं के राजा इंद्र चुपके से आए और बलि के घोड़े को चुराकर ले गए...घोड़ा चोरी हो गया! अश्वमेध यज्ञ रुक गया! यह तो क़हर था! एक राजा के साथ इससे बुरा क्या हो सकता था! तो सगर ने अपने 60,000 बच्चों को घोड़ा खोजने के लिए भेजा। कई साल तक उन्होंने पूरी धरती को छान डाला लेकिन घोड़े का सुराग नहीं मिला।

तब उन्होंने धरती के नीचे पाताल में जाने के लिए एक गहरी सुरंग खोदी। वहाँ एक विशाल हाथी था जो उन आठ हाथियों में से एक था जिनकी पीठ पर धरती टिकी हुई है। वे घोड़े को जगह-जगह खोजते रहे। कई साल बाद उन्हें घोड़ा कपिल ऋषि के आश्रम में बँधा हुआ मिला। ऋषि तपस्या में लीन थे। घोड़ा पाकर राजकुमार उत्तेजित हो गए और चिल्लाते हुए बोले : 'तुम चोर कहीं के! हमारा घोड़ा लौटाओ, नकली ऋषि!' इस पर क्रुद्ध ऋषि ने एक झटके में 60,000 बच्चों को ख़ाक में बदल दिया...

'राजकुमार लौटकर नहीं आए तो राजा सगर बहुत परेशान हुए, लेकिन एक रात उन्हें भगवान शिव का वरदान याद आया।

'याद है भाईजान, भगवान शिव ने क्या वरदान दिया था?'

'कौन? शिव? भगवान शिव? क्या कहा था उन्होंने?' शबनम ने जैसे मुझे सोते हुए पकड़ लिया था। 'ओह्हो! याद कीजिए, भगवान शिव ने सगर से कहा था कि उनके सभी 60,000 बच्चे मर जाएँगे, लेकिन दूसरी रानी का इकलौता पुत्र उनके वंश को जारी रखेगा। इसलिए सगर ने तुरन्त अंशुमन को अपने चाचाओं को खोजने के लिए भेजा। अंशुमन ने पाताल पहुँचकर देखा कि घोड़ा ध्यान में डूबे ऋषि की बग़ल में बँधा है। उसने ऋषि को प्रणाम किया और अपने चाचाओं के बारे में पूछा। ऋषि ने कहा कि उन्होंने अनुचित व्यवहार के कारण उन सभी को भस्म कर दिया है। अंशुमन फूट-फूट कर रोने लगा। इस पर ऋषि को दया आई और उन्होंने कहा : 'एक ही तरीक़ा है जिससे तुम्हारे चाचा स्वर्ग जा सकते हैं। इसके लिए गंगा को ब्रह्मांड से इस धरती पर लाना होगा। और जब उसका पानी तुम्हारे चाचाओं को स्पर्श करेगा तो वे पवित्र हो जाएँगे।'

'तो क्या इसी वजह से हिन्दू अपने मृतकों की राख को गंगा में विसर्जित करते हैं?'

'हाँ, हाँ। बिलकुल। इतना तो आपको पता ही होगा।' फिर उसने अपनी उँगली से एक छोटी-सी गुफा की ओर इशारा करते हुए कहा :

'आप उस छोटी-सी अँधेरी गुफा को देख रहे हैं?'

'हाँ। वहाँ कोई संत रहते हैं।'

‘कल इसी गुफा ने मेरी जान बचाई।’

‘कैसे?’

‘जब मैं गोमुख जा रही थी तो सचमुच एक तूफ़ान में फँस गई। तब यहीं आकर मैंने शरण ली और कुछ खाने के लिए भी।’

‘और पिछली रात कहाँ बिताई?’

‘लाल बाबा आश्रम में।’

‘लेकिन मैं भी वहीं था! मैंने तुम्हें नहीं देखा।’

‘मैं अन्दर नहीं गई। बाहर गलियारे में ही सो गई।’

‘बेवक़ूफ़ लड़की। तुम अन्दर क्यों नहीं आई? वह तो तीर्थयात्रियों का ही आश्रम है।’

‘मुझे पता है, लेकिन मेरे अब्बा ने कहा था कि मुझे बिना किसी सुविधा के सफ़र करना है। कोई बात नहीं, दास्तान पूरी कर लें...मैं कहाँ पर थी? अरे हाँ! तो अंशुमन से गंगा को स्वर्ग से धरती पर लाने के लिए कहा गया...

‘इस बीच चुराया हुआ घोड़ा लौट आया। अंशुमन भी वापस आ गया और राजा सगर ने अपनी सल्तनत की ख़ैरियत के लिए अश्वमेध यज्ञ पूरा कर लिया। लेकिन सबसे बड़ी दिक़्क़त थी गंगा को कैसे धरती पर उतारा जाए। राजा सगर ने अपने पुत्रों की मुक्ति के लिए तप किया और फिर उनकी मृत्यु हो गई। उनके वंशज अंशुमन की भी मृत्यु हो गई। फिर उनके पुत्र दिलीप दुनियावी सुखों को त्यागकर हिमालय में चले गए जहाँ उन्हें बड़ी मुसीबतों का सामना करना पड़ा। लेकिन वे भी गंगा को नीचे लाने में सफल नहीं हुए। अन्ततः जब उनके पुत्र भगीरथ एक जंगल में ध्यान लगाए बैठे थे, तो भगवान ब्रह्मा प्रकट हुए और उनसे वरदान माँगने के लिए कहा। भगीरथ ने उनसे विनती की, ‘तो फिर मेरे भगवन, गंगा से कहिए कि धरती पर बहो और मेरे पूर्वजों की आत्मा का उद्धार करो।’ ब्रह्मा सोच में पड़ गए : ‘मैं गंगा को नीचे उतरने के लिए कह सकता हूँ, लेकिन धरती उसके पानी की रफ़्तार को झेल नहीं पाएगी। यह काम तो भगवान शिव ही कर सकते हैं...

‘फिर भगीरथ भगवान शिव की तपस्या करने लगे। एक वर्ष तक वे एक पैर पर खड़े रहे और तब तक इबादत करते रहे जब तक कि

साँप धारण करनेवाले शिव आकर गंगा की प्रचंड धारा को अपने सर पर थामने के लिए राजी नहीं हो गए। लेकिन भगवान शिव ने कहा : 'एक शर्त है। आप धरती पर गंगा का रास्ता तय करने में बहुत सावधानी बरतेंगे। उसके मिज़ाज का कोई ठिकाना नहीं है। वह बहुत उत्पात भी मचा सकती है।

'अन्ततः स्वर्ग से गंगा अवतरित हुई। वह शरारती, चंचल और मनमौजी थी। बीच रास्ते में उसने देखा कि भगवान शिव लापरवाह बैठे हुए हैं। उसकी इच्छा हुई कि शिव को भी अपने साथ बहा ले जाए, लेकिन शिव ने उसका इरादा भाँपकर अपनी जटाएँ बिखरा दीं और गंगा को रोक दिया। पाताललोक में भगीरथ के पुरखे अपने उद्धार के लिए भटक रहे थे, लेकिन गंगा बेचारी शिव की जटाओं में क़ैद थी। भगीरथ ने विनती की : 'मेरे पूर्वजों पर दया कीजिए भगवान, और गंगा को मुक्त कर दीजिए। इस तरह गंगा मुक्त हुई और भगीरथ उसे समुद्र और पाताल तक ले आए। उसके पूर्वजों की आत्माएँ पवित्र हो गईं और समुद्र पानी से भर गया। शिव की जटाओं को छूने से गंगा पवित्र हो गई और मनुष्यों के पाप धोनेवाली नदी बन गई...'

शबनम की आँखें चमक उठीं। उसने मुझे देखकर ताली बचाई : 'यह थी भगीरथ की दास्तान। इसीलिए गंगा को भागीरथी और समुद्र को सागर कहा जाता है...'

'सचमुच बड़ी ख़ूबसूरत कहानी है, शबनम।'

'अब आप समझ गए होंगे कि मैं यहाँ क्यों आई! बहुत से हिन्दुओं की तरह, मेरे अब्बा ने भी मुझे वरदान माँगने के लिए यहाँ भेजा है। पता है गोमुख में मैंने गंगा मैया से क्या माँगा? मैंने कहा कि मेरी आधी उम्र मेरी अम्मा को दे दो ताकि वह कुछ दिन और जी सके। लेकिन आपने क्या माँगा?'

'कुछ भी नहीं।'

'कुछ भी नहीं?'

'सचमुच कुछ नहीं, शबनम।'

'लेकिन क्यों? क्या आप कुछ नहीं चाहते हैं? तीर्थों में आने का हमेशा कोई मक़सद होता है।'

'मेरा कोई मक़सद नहीं। मुझे पता ही नहीं कि क्या माँगना है।'

'नहीं भाईजान, आप सच नहीं बोल रहे हैं। बताइए तो सही, गोमुख किस वजह से आए? कोई बीमारी? कोई ख़ास मनौती? बच्चों का भविष्य? कुछ तो होगा!' शबनम को लग रहा था कि मैं झूठ बोल रहा हूँ।

'कुछ नहीं, शबनम। एक दिन मैंने अपना बैग उठाया और गंगा के लिए रवाना हो गया। क्या हर यात्रा के पीछे किसी वजह का होना ज़रूरी है?'

'लेकिन भाईजान, गंगा के उद्गम तक जाना कोई छोटी-मोटी चीज़ नहीं है।' शबनम मेरे जवाब से सन्तुष्ट नहीं थी।

'हाँ, पर वह ख़ुद गंगा का अवतार थी।'

'कौन?'

'वही।'

गंगा नीचे गहरी घाटी में नागिन जैसी लय के साथ बह रही थी और समुद्र की आत्मा के ख़ालीपन को भरने जा रही थी। उसके तटों पर लाखों पत्थर चर्च की भिक्षुणियों की सफ़ेद टोपियों की तरह लगते थे जो जीवन के अनेक प्रश्नों के हल की प्रतीक्षा कर रही थी। शबनम ने मेरे क़रीब आकर प्यार से मेरा हाथ छुआ। वह इससे बेख़बर थी कि उसकी दास्तान ने मेरे भीतर दर्द के एक तार को छेड़ दिया है। एक बार सेन के किनारे जया ने कहा था : 'गंगा अपवित्र और पवित्र, श्रृंगारिक और धार्मिक चीज़ों, सारे पुण्य और पाप को, अच्छाई और बुराई को मिला देती है...मैं एक पापी हूँ, निशान्त, क़ाफ़िर, एक नास्तिक जिसने आस्तिकों के बीच जन्म लिया।' शबनम की इस कहानी के जलते हुए स्पर्श ने मेरे उस अन्दरूनी ख़ालीपन को सुलगा दिया था जिसे हर कोई अपने बचपन के साथ ही भूल जाता है। एक अजीब-सी अस्तित्ववादी शून्यता ने भीतर से मुझे जकड़ लिया। एकबारगी मुझे अपने भीतर क्रूरता, निष्ठुरता और जीवन से उदासीनता महसूस हुई। हम गंगोत्री पहुँचनेवाले थे और शबनम जल्दी ही अपनी तकलीफ़देह राह पर अकेली जानेवाली थी। लेकिन मैं इस मासूम फ़रिश्ते को सिर्फ़ एक नकली सांत्वना के अलावा कुछ नहीं

दे सकता था। उसने जैसे मेरी मन:स्थिति भाँपकर पूछा : 'भाईजान, आप लंका तक मेरे साथ चलेंगे?'

वह मेरा साथ चाहती थी जबकि मैं उससे दूर जाना चाहता था : 'लंका तक?'

'दूर नहीं है, भाईजान।'

'बात यह नहीं है, शबनम। तुम्हारे अब्बा ने तुम्हें अकेले सफ़र करने के लिए कहा है।'

'लेकिन मुझे आपके साथ की ज़रूरत है, भाईजान।' उसने मेरा हाथ पकड़ते हुए कहा।

'तीर्थयात्रा तपस्या है, शबनम। और तपस्या में भावुकता की कोई जगह नहीं।'

'चलिए, चलिए, आइए, भाईजान।'

'नहीं, शबनम, मैं नहीं चल पाऊँगा।'

'आपको क्या हो गया है? आइए।'

'नहीं शबनम।'

'क्यों?'

'तुम्हारी अम्मी ने तुम्हें शान्तनु और गंगा की कहानी तो बताई होगी?' मैंने पूछा।

'कौन-सी कहानी?'

'जब शान्तनु ने गंगा से रुके रहने और उन्हें अकेला न छोड़ने के लिए कहा तो गंगा ने जैसे तरस खाते हुए कहा : 'मैं वापस नहीं आऊँगी।' जब सूरज डूब जाता है तो कोई मूर्ख ही उसे वापस आने के लिए कह सकता है। 'मैं तुम्हारे साथ नहीं चल सकूँगा, शबनम।'

'यह आप क्या कह रहे हैं, भाईजान? मुझे आपकी ज़रूरत है, मैं अकेली हूँ। आप मेरा साथ दीजिए।'

'मुझे माफ़ कर दो, शबनम। तुम अपनी बीमार अम्मी की उम्र लम्बी होने का वरदान माँगने आई हो। मेरी कामना है कि तुम्हारी मनौती पूरी हो। लेकिन मैं कुछ माँगने नहीं आया हूँ। मैं इसलिए यहाँ आया कि मुझे गंगा के अवतार से प्रेम हुआ था और मैं आज इस जगह इसलिए हूँ कि उस प्रेम की पीड़ा को जी सकूँ। एक ऐसा प्रेम, जिसे न सहन

कर सकता हूँ न छोड़ सकता हूँ। जो सूरज डूब चुका है, उसे मैं दुबारा नहीं पा सकता, शबनम। मैं उसका डूबना और उगना देखने के लिए अभिशप्त हूँ।'

हमने विदा ली। दूर से मैंने देखा, शबनम बाँहों में अपना चेहरा छिपाए हुए एक चट्टान पर झुकी है। हवा में उसका संताप व्याप्त था। आँसुओं से लथपथ, निपट अकेली। उसका रोना जैसे जन्म के समय का रोना लगा। वह हर तीर्थयात्रा का अन्तिम और त्रासद निष्कर्ष थी। उसके ठीक नीचे, गंगोत्री मन्दिर पहले की ही तरह अपनी अलौकिक उदासीनता में खड़ा था। तहस-नहस हो चुकी भावनाओं से अछूता और दूर। जब हम देवताओं को गुहार लगाते हैं तो वे कहीं नज़र नहीं आते।

चार

सारी विदाइयाँ

अपने पीछे एक जैसा दर्द छोड़ जाती हैं। वही ख़ालीपन, भीतर वही धीमी बारिश, क्षितिज पर लटका हुआ वही भ्रूण। विदाई या विलगाव अगर मृत्यु होते तो उनसे आसानी से निबटा जा सकता था। क्योंकि मृत्यु स्वयं ही मृत है, उसकी अपनी कोई चेतना नहीं है। मृत्यु को दूसरा जीता है जो इस पर विचार कर सकता है, इसे समझ सकता है। विदाई एक सीमा की झलक दिखाती है, एक मिलन की सीमा, जिसके पार न कुछ है, न कुछ होगा। वह फिर से एहसास दिलाती है कि मनुष्य के जीवन की विभिन्न अवस्थाएँ दरअसल उसी अकेले भ्रूण के बदलते हुए रूप हैं। एक ऐसी दुनिया में जहाँ सब कुछ अस्थायी और क्षणभंगुर है, विदाई यही याद दिलाती है कि लाखों निगाहों के नीचे हम अकेले, निपट अकेले हैं। विदाई और कुछ नहीं, अपने जन्म के आईने के सामने खड़ा इनसान है। और अगर शबनम और मैंने आज विदा लेते हुए दर्द को महसूस किया, तो उसकी वजह यही थी कि हम दोनों ने एक बार फिर से अपने को उस आईने में देख लिया था।

सुबह गंगोत्री रेस्टहाउस के चौकीदार बहादुर ने मुझे गरमागरम चाय के साथ जगाया। बाथरूम में पानी की बाल्टी रखते हुए उसने कहा :

'माफ़ करना सा'ब, कल बाथरूम का शीशा टूट गया। अब आपको शेव ऐसे ही करनी पड़ेगी।' बहुत सारे टूटे हुए आईनों के बीच एक और आईने के टूटने का क्या ग़म!। मैंने कहा, 'पानी तो गर्म है ना, बहादुर? मैं चलने से पहले नहा लेता हूँ।' बहादुर ने पानी को छूते हुए कहा, 'बिलकुल सा'ब, ख़ूब गर्म है। चूल्हे के पास आपके जूते सूख रहे हैं। थोड़ी देर में नाश्ता बन जाएगा। कुली भी आ गया है। मैंने सौ रुपये में उसे लंका तक जाने को राज़ी कर लिया है।'

नये कुली का नाम मोहन सिंह था। नेपाल का एक और बन्दा। पहली नज़र में वह घुन्ना-सा लगा जैसे मेरा मिज़ाज भाँपने की कोशिश कर रहा हो, लेकिन जब उसने देखा कि मुझे भी गपशप पसन्द है तो वह खुल गया। वह उपद्रवी और मुँहफट क़िस्म का था। उसने झटके से मेरा बैग उठाया : 'बस इतना-सा है आपका सामान?'

'मैं किसी एक्सपेडिशन पर थोड़े ही जा रहा हूँ, मोहन।'

'लेकिन यह तो बहुत हल्का है सा'ब।' उसने गुस्ताख़ अन्दाज़ में कहा।

'हे भगवान! मेरी तो इसे ढोते-ढोते आफ़त आ गई!'

'अरे, नहीं सा'ब। पहाड़ी कुली को तो अपने सिर पर कम से कम पचास किलो चाहिए वरना वह हवा में उड़ने लगेगा। ख़ैर सा'ब, मैं आपको पहाड़ियों और उनके खच्चरों के बारे में कई सारे क़िस्से बताता चलूँगा।'

मोहन ने मेरा बैग हवा में उछाला और बहादुरी दिखाते हुए गेंद की तरह लोक लिया। फिर मेरी तरफ़ मुड़कर कहा :

'लेकिन आप टायरेक्कर नहीं हैं तो इतनी सर्दी में इधर क्यों चले आए सा'ब?'

'यों ही चला आया। सर्दियाँ मुझे अच्छी लगती हैं।'

'तो आप तीरथ करने आए हो?'

'अरे, हम सब तीर्थयात्री ही हैं?'

मोहन ने हैरानी से पूछा, 'लेकिन आप जा कहाँ रहे हो सा'ब?'

'लंका।'

'और उसके बाद?'

'फिर हिमालय से नीचे-नीचे?'

'लेकिन इन दिनों बसें तो हैं नहीं, सा'ब।'

'पता है।'

'लंका में मुझे जीप मिल जाएगी। मेरा ड्राइवर लंका में इन्तज़ार कर रहा होगा।'

'और फिर? उसके बाद किधर?'

'पता नहीं। गंगा जहाँ भी ले जाए...'

'लेकिन गंगा तो ऐसी-ऐसी जगहों से गुज़रती है, जहाँ आपकी जीप जा ही नहीं सकती।'

'तो मैं जीप से नहीं जाऊँगा।'

'तो क्या नाव करेंगे, सा'ब? क्या बात है!'

'हाँ शायद।'

'और गंगा के बाद कहाँ जाएँगे, सा'ब?'

'यही पता होता तो...'

मेरी दार्शनिक पहेलियों को सुनकर मोहन कुछ परेशान लगा। फिर अचानक मुड़कर उसने एक जंगली पौधे का पत्ता तोड़ा। 'क्या आपको इस पत्ते के बारे में पता है, सा'ब? कैसी भी पेचिश हो, इसे खाने से रुक जाती है।' मोहन ज़िन्दगी से इस क़दर लबालब था कि उसकी चाल कभी स्थिर नहीं रहती थी। वह पूरे रास्ते लगातार डगमगाता, इधर-उधर देखता हुआ चल रहा था। कभी चिड़िया को देखता, कभी किसी तितली को, पत्तों को तोड़ता और पेड़ों के तने ठकठकाता। इस इलाक़े के जंगली फलों से भी वह ख़ूब परिचित था। उसने मुझे तरह-तरह के फल, फूल और जंगली सब्ज़ियाँ खाने के लिए दीं। एक जगह मुझे रुकने के लिए कहा और नीचे जाकर पारदर्शी काग़ज़ों जैसा एक रोल ले आया। उसे मुझे देते हुए कहा : 'लीजिए सा'ब, गढ़वाल की छोटी-सी भेंट। इसे भोजपत्र कहते हैं। यह पेड़ की छाल है जिस पर पुराने ज़माने में वेद-पुराण लिखे गए थे।' मोहन की बातों का सिलसिला थम नहीं रहा था। कुछ देर बाद वह फिर रुककर बोला।

'ऐसा बैग विदेश से आनेवालों के पास ही होता है। आपके पास कहाँ से आया?'

'अरे, मैं विदेश में ही रहता हूँ।'

'लेकिन आप तो हिन्दी बोल रहे हैं।'

'क्यों नहीं बोलूँगा? यह मेरी मातृभाषा है।'

'अच्छा! सुबह मेरी समझ में नहीं आया था। आपके कपड़े, हाव-भाव सब विदेशी थे, लेकिन आप हिन्दी बोल रहे थे...तो मुझे समझ नहीं आया कि आप कहाँ के रहनेवाले होंगे। अच्छा सा'ब, गोरों के बारे में आप क्या सोचते हैं?'

'अरे, गोरे भी तरह-तरह के होते हैं।'

'मुझे तो सब अजीब ही लगते हैं।'

'तुम कितने विदेशियों को जानते हो?'

'मैं बहुत से टूरिस्टों का कुली रहा हूँ, सा'ब।'

'कहाँ? नेपाल में?'

'नहीं, नहीं, यहीं गढ़वाल में। कितने अजीब लोग होते हैं न, सा'ब।'

'क्यों, कोई तुम्हारे पैसे मारकर भाग गया?'

'नहीं सा'ब, वे मजूरी तो बढ़िया देते हैं। लेकिन होते बड़े ही बेशरम हैं।'

'किसी ने तुम्हें बेइज़्ज़त किया?'

'नहीं, बिलकुल भी नहीं सा'ब। लेकिन मैं उनकी ज़िन्दगी के रंग-ढंग के बारे में सोच रहा था। वे खुलेआम चूमा-चाटी करते हैं। जहाँ मन करे वहीं लग जाते हैं। उनकी औरतों को भी कोई डर-शर्म नहीं।'

'तुमने कहाँ ताका-झाँकी करके यह सब देखा, मोहन?'

'अरे, कई बार, सा'ब। हम कुली लोग जब टूरिस्ट टायरेक्करों के लिए काम करते हैं तो यही सब देखने को मिलता है। एक बार एक जोड़ा ऐसा आया कि बस रात-दिन लगा ही रहता था। औरत पूरी रात टेंट में चिल्लाती-किंकियाती रहती। एक दिन वो जोड़ा बस में ही शुरू हो गया और ड्राइवर को उनको बस से उतारना पड़ा। फिर एक बार एक कुली पर विदेशी लड़की का दिल आ गया और वह रात में उस पर सवार हो गई। कुली तो हक्का-बक्का रह गया।

उसने गिड़गिड़ाकर कहा, 'मैडम, मुझे छोड़ दो, प्लीज़। मैं ग़रीब कुली हूँ। आपका सेवक।' लेकिन वह औरत मानी ही नहीं। बाद में जब लोगों को पता चला तो औरत जा चुकी थी, लेकिन बेचारे नेपाली कुली की नौकरी चली गई। नहीं सा'ब, उन लोगों का चाल-चलन अच्छा नहीं होता।'

'अरे, रहने दो मोहन, ढोंग मत करो। पहाड़ी लोग भी तो खुलेआम लग जाते हैं।'

'लेकिन उनकी तरह नहीं। हमारी औरतें इस तरह चिल्लाती-छटपटाती नहीं। हमारी औरतें बहुत भली होती हैं। वे लोग सा'ब बड़े ही अजीबोग़रीब हैं।' कहकर मोहन कुछ देर सोचता रहा, फिर बोला : 'आपकी शादी हो रखी है, सा'ब?'

'नहीं। और तुम्हारी?'

'हाँ, सा'ब। वह हाल ही में आई है। शादी के पन्द्रह साल बाद।'

मोहन दस साल की उम्र में घर से चला गया था। परिवार में गुज़र-बसर करने के लिए सिर्फ़ एक गाय थी। घर में खाना पूरा नहीं पड़ता था, इसलिए मोहन भी अपने बड़े भाई की तरह खाने-कमाने भारत चला आया। पहले एक चाय की दुकान पर बीस रुपये महीने की नौकरी की। अपनी उम्र के दूसरे बच्चों की तरह उसके भीतर भी कई सपने थे और दुनिया के कठोर नियमों और उबाऊ कामों के प्रति ग़ुस्सा भी। उसने कई नौकरियाँ बदलीं। सामान की ढुलाई, बूट-पॉलिश, पशु चराना, फल तोड़ना, घरेलू नौकरी, सड़क मज़दूरी—यही सब करता रहा, सड़कों और पार्कों में सोया और स्थानीय दादाओं और घूसखोर पुलिसवालों की मार खाई। मोहन की दुनिया एक उत्पीड़ित की दुनिया थी। अब उसका एक ही सपना था कि किसी तरह इतना पैसा बचा ले कि अपनी माँ को देखने नेपाल जा सके।

'मैं जब भी बाज़ार में बच्चों के साथ उनकी माँओं को देखता था, मुझे अपनी माँ को याद करके रोना आता था।'

आठ-दस साल बाद मोहन ने घर जाने का पैसा जोड़ लिया, लेकिन जब वह घर पहुँचा तो पता चला कि माँ गुज़र चुकी है और पचपन साल के पिता बहुत बीमार हैं। मरने से पहले वे मोहन का

विवाह करना चाहते थे। विवाह हो गया और दहेज में एक गाय मिली। लेकिन दो ही दिन बाद भारत से उसके भाई ने तुरन्त वापस आने के लिए सन्देश भेजा क्योंकि उसके लिए एक बेहतर नौकरी के आसार दिख रहे थे। मोहन अपनी पत्नी का चेहरा भी ठीक से नहीं देख पाया था कि उसे भारत आना पड़ा। मोहन के जाने के कुछ ही दिन बाद पिता भी चल बसे...

मोहन को न लिखना आता था और न उसकी पत्नी को पढ़ना। उनके बीच संवाद के नाम पर सिर्फ़ कुछ नीरस कामकाजी क़िस्म के सन्देश थे जिन्हें दूसरे लोगों से लिखवाया जाता था। नेपाल से लौटने पर मोहन को पहले से कुछ बेहतर नौकरी मिल गई और उसने तीन साल के भीतर आठ सौ रुपये बचा लिए। फिर उस पैसे से कारीगर का कोई काम सीखने के बारे में सोचा। एक सुबह अपनी सारी कमाई जेब में रखकर वह हिमालय की वादी में ऋषिकेश के लिए चल पड़ा जहाँ नेपाल के एक पुराने परिचित ने उसे कार की वर्कशॉप में काम सिखाने का वादा किया था। रास्ते में उसे किसी ने पीटकर लूट लिया। वह जस का तस रह गया और ज़िन्दगी फिर से शुरू करनी पड़ी।

'आराम से चलो मोहन, आराम से। मैं तुम्हारी तरह तेज़ नहीं चल सकता।' उसकी रफ़्तार मेरे निकोटिन-ज़दा फेफड़ों पर भारी पड़ रही थी।

'थोड़ी देर सुस्ताना चाहते हैं सा'ब?' उसने पूछा।

'अगर तुम्हें परेशानी न हो तो।'

मैं भारतीय सेना द्वारा बनाए एक छोटे-से पुल पर बैठ गया। मोहन फिर से जंगली पौधों के पत्ते और पंखुड़ियाँ नोचने के अपने पसन्दीदा काम में जुट गया। फिर जैसे किसी भी पत्ते को चबा देने की अपनी आदत से ऊबकर उसने जेब से एक छोटी-सी डिबिया निकाली जिसमें तम्बाकू और चूना था। मेरी ओर देखते हुए उसने कहा : 'आप सिगरेट पीते हैं ? सिगरेट पीनेवालों को तम्बाकू-चूना अच्छा नहीं लगता। लेंगे थोड़ा?'

'अरे, कुछ और तो नहीं है?'

‘और क्या होगा सा’ब?’

‘ज़र्दा, अफ़ीम, कुछ भी हो सकता है। मुझे तुम पर भरोसा नहीं है, मोहन।’ मैंने मज़ाक़ किया।

‘अरे नहीं। मुझमें उस सब की लत नहीं है।’

‘अच्छा है। लाओ आजमाए लेता हूँ।’ मैंने चुटकी-भर तम्बाकू और चूना लेकर मोहन से कहा :

‘तो तुमने ज़िन्दगी में बड़ी मुश्किलें उठाईं हैं?’

‘लेकिन कहानी अभी पूरी नहीं हुई है। शादी के दस-पन्द्रह साल बाद मुझे एक अच्छी नौकरी मिली। मेरे गाँव के एक आदमी ने मुझे जंगलात डिपार्टमेंट में लगा दिया। उसने मुझसे कहा कि अगर मैंने ठीक से काम किया तो जल्दी ही परमानेंट सरकारी कर्मचारी बन जाऊँगा और सरकारी नौकरियाँ तो बढ़िया ही होती हैं। पहली बार सर के ऊपर छत मिली। मेरे साहब ने मुझे अपना सर्वेंट क्वार्टर दे दिया था।’

‘और तुम्हारी बीवी?’

‘हाँ, मैंने अपनी पहली तनख़्वाह उसे भेजी तो वह मेरे साथ रहने के लिए आ गई।’ मोहन ने खिलखिलाकर कहा। ‘फिर पता है क्या हुआ? रेलवे स्टेशन पर हमने एक-दूसरे को पहचाना ही नहीं! बहरहाल जिस आदमी ने मुझे नौकरी दिलाई थी वह ‘चिपको आन्दोलन’ से जुड़ा था।’

‘मतलब, वही ‘चिपको आन्दोलन’ जिसमें पहाड़ के लोगों ने सरकार के ठेकेदारों को पेड़ काटने से रोक दिया था?’

‘हाँ, वही। मैं भी उस आन्दोलन से जुड़ गया। मैं पहाड़ में पला-बढ़ा था सो चिपको से लगाव होना ही था। मुझे उन ठेकेदारों से बड़ी नफ़रत है जो मैदानों से आते हैं, यहाँ पेड़ काटते हैं और हमारी ज़िन्दगी को तबाह कर देते हैं। उनके भीतर पहाड़ों के लिए ज़रा भी इज़्ज़त नहीं है। सिर्फ़ लूट-खसोट जानते हैं। और सा’ब, पेड़ काटने से सिर्फ़ जंगल ही ख़त्म नहीं होते, दूसरी चीज़ों पर भी असर होता है। ठेकेदार हमारी महिलाओं को जलाऊ लकड़ी काटने और पशुओं को चराने भी नहीं देते। जंगल कटने से मिट्टी भी बंजर

हो जाती है। इसी से लैंडस्लाइड आते हैं, लैंडस्लाइड से नदियाँ रुक जाती हैं और बाढ़ें आती हैं। बाढ़ का पानी मलबे से रिसकर आता है तो घरों और जानवरों और गाँवों को बहाकर ले जाता है। हज़ार तरह के नुक़सान हैं सा'ब। और फिर, ठेकेदारों की आदतें भी ख़राब हैं। भ्रष्टाचार, घूस-रिश्वत, झगड़ा-फ़साद। हमारी तो ज़िन्दगी ही बर्बाद है। तो यही सब सोचकर मैं चिपको में शामिल हो गया। धरना-प्रदर्शन, पोस्टर लगाना, मीटिंग में जाना...'

'लेकिन मोहन, तब तक तुम जंगलात डिपार्टमेंट में स्थायी हो गए थे या अस्थायी थे?'

'हाँ, यही तो बात है सा'ब। मैं टेम्परेरी ही था। मेरे साहब को पता चल गया कि मैं चिपको वालों के साथ हूँ। उन्होंने कई बार मुझसे पूछताछ की लेकिन उन्हें कुछ हासिल नहीं हुआ। फिर एक दिन सुबह किसी ने मेरा दरवाज़ा खटखटाया। देखा तो पुलिस...'

'पुलिस? चिपको की वजह से?'

'नहीं, नहीं। उन्होंने कहा कि साहब ने शिकायत की है कि मैंने उनके घर से सोने का हार चुराया है। मुझे चोरी के बारे में कुछ पता ही नहीं था। मैं अपनी बीवी, भगवान, गंगा मैया, किसी की भी क़सम खाकर कह सकता हूँ। मुझे झूठ-मूठ फँसाया गया। वे मुझे पुलिस स्टेशन ले गए। एक महीने तक पिटाई करने के बाद छोड़ा। लौटकर आया तो नौकरी चली गई थी और क्वार्टर भी। उन्होंने मुझे भगा दिया। कुछ राजनीतिक दोस्तों ने कहा कि मुझे लड़ना चाहिए लेकिन मैं नहीं चाहता था। मैं सब कुछ छोड़-छाड़ कर यहाँ पहाड़ों में चला आया। मेरे घर में एक गाय है। बीवी दूध बेचती है और मैं कुली का काम करता हूँ।' कुछ देर ख़ामोश रहने के बाद उसने कहा, 'इसी को करम कहते हैं, सा'ब। आप भगवान को मानते हैं?'

मोहन जिस ठंडे और तटस्थ ढंग से अपनी करुण कथा कह रहा था, उससे लगता था, वह दुनियावी भावुकता के पार जा चुका है, सारे दुःख-दर्द से ऊपर उठ चुका है। उस जैसे लोग इस नियति को स्वीकार कर चुके होते हैं कि बेहद ग़रीब घरों में जन्म लेने की वजह से ही उन्हें ऐसी ज़िन्दगी नसीब हुई है। मैं जिन्हें दर्दनाक घटनाएँ

मानता था, वे मोहन के लिए निरर्थक ब्यौरों से ज़्यादा कुछ नहीं थीं। उसकी सोच जिस तरह बनी थी, उसे न तो पूरी तरह कर्मों का फल माना जा सकता था और न किसी आधुनिक तर्क से समझा जा सकता था। मोहन अच्छी तरह जानता था कि इतिहास के नियम बनानेवाले वही सब धन्नासेठ, नेता और बेईमान लोग हैं और उसकी अपनी बदक़िस्मती का कारण इन्हीं लोगों की चालें थीं। लेकिन वह यह भी जानता था कि इस क्रूर दुनिया से तालमेल बिठाने का एक ही तरीक़ा है कि हम न चाहते हुए भी दैवी शक्ति द्वारा निर्धारित की गई नियति को स्वीकार कर लें। उसकी ज़िन्दगी एक तरफ़ निष्क्रिय क़िस्म के नियतिवाद से बँधी थी तो दूसरी तरफ़ उसमें ऐतिहासिक चेतना भी थी और इस दोहरे दबाव के कारण उस जैसे मज़दूर का दिमाग़ न तो आधुनिकता के तामझाम में पूरी तरह धँसा था और न पुरानी आस्थाओं से पूरी तरह मुक्त हो पाया था। मुझे देखकर मोहन ने दार्शनिक अन्दाज़ में कहा : 'जब ज़िन्दगी मुश्किल हो तो साहब, सपने ही सच लगते हैं।'

लंका पहुँचते-पहुँचते दोपहर हो गई। जीप का ड्राइवर मिहिर सिंह कहीं दिखाई नहीं दिया। चारों ओर सुनसान था। लगता था कुछ दिन पहले की बर्फ़बारी से सभी चिड़ियाँ, जानवर और लोग अपने-अपने घर में बन्द हो गए हैं। मोहन ने एक चोटी पर चढ़कर आवाज़ दी, 'मिहिर, मिहिर सिंह!' उसकी आवाज़ चारों ओर गूँजी लेकिन कोई जवाब नहीं आया। उसने फिर चिल्लाकर कहा : 'क्या अभी तक सोये हुए हो, निठल्ले कहीं के। दिन-भर अपनी बीवियों की गोद में बैठे रहोगे?' जवाब में कुछ सुनाई दिया लेकिन समझ में नहीं आया। फिर हमने पुल पार किया और गाँव में चले गए।

जैसे ही मैं गाँव में पहुँचा, मिहिर सिंह भागता हुआ आया और घबराकर बोला :

'साहब, साहब, जीप जम गई है। बर्फ़ की सिल्ली बनी हुई है।'

'अरे, क्या हुआ? इतनी ठंडी भी नहीं है। ज़रा चोक को देखो।'

'अरे, साहब! डीज़ल, पानी, सब कुछ बर्फ़ बन गया है। मैं सुबह से ही चालू करने में लगा हूँ, लेकिन हो नहीं रही है।'

मिहिर ने मुझे जीप तक ले जाकर उसका हुड खोला। जैसे ही मैं रेडिएटर पर झुका, जलते कोयलों की काँगड़ी दिखाई दी। मैं घबराकर बोला : 'अरे, इससे तो पूरी गाड़ी में आग लग जाएगी।' 'नहीं, नहीं, साहब, कुछ नहीं होगा। कोई बात नहीं है। मैंने आज सुबह भी इंजन के नीचे आग जला रखी थी। सूखी लकड़ियाँ नहीं थीं इसलिए मैंने यह काँगड़ी रख दी।' मुझे इस बात पर यक़ीन नहीं हुआ इसलिए मैंने उससे पहले आग बुझाने के लिए कहा। लेकिन उसने कहा कि कोई ख़तरा नहीं है और उसे थोड़ी लकड़ियाँ चाहिए ताकि जीप जल्दी गर्म हो जाए। उसने मुस्कुराते हुए कहा : 'फ़िक्र मत करो, साहब। आग से कोई नुक़सान नहीं होता, हम तो उसे बहुत पवित्र मानते हैं।'

चूँकि मैं ऑटोमोबाइल तकनीक के बारे में कुछ नहीं जानता था, मैंने मिहिर को जमी हुई जीप का इलाज करने से नहीं रोका। मोहन गाँव में लगभग सभी को जानता था, इसलिए वह कुछ सूखी लकड़ियाँ इकट्ठा करने में कामयाब रहा और मिहिर ने तुरन्त जीप के नीचे दो जगह आग जला दी। उसने गाड़ी को पन्द्रह मिनट तक इस तरह गर्म किया जैसे मुर्गा भून रहा हो। फिर उसने मोहन से कुछ लोगों को बुलाने के लिए कहा जो जीप को धक्का दे सकें। मोहन ने मुँह से सीटी बजाई तो तुरन्त शोरगुल करते हुए कुछ बच्चे आए और उस भुनी हुई महिन्द्रा जीप के इर्द-गिर्द इकट्ठा हो गए। मिहिर ने इलाज रोक दिया और गाड़ी को धक्का देने लगा। आधा घंटे दम लगाकर ठेलने के बाद जीप ने जैसे शरमाते हुए कुछ हरकत की। उसमें ऐंठन हुई, झटके खाए, कुछ उछल-कूद की और पेट के मरीज़ की तरह गैस छोड़ने लगी। उसके इंजन की आवाज़ से लोगों के चेहरों पर ऐसी ख़ुशी की लहर दौड़ी जैसे जीप पहली बार धरती पर आई हो और सब उसे देखकर तालियाँ बजा रहे हों।

दोपहर ढल रही थी। मौसम तेज़ी से ख़राब होने लगा था। हमारा अगला पड़ाव ऋषिकेश था। लंका से गाड़ी में लगातार सात घंटे का सफ़र और जीप भी ऐसी, जो ऑटोमोबाइल के सिद्धान्त पर कम और अपनी सनक पर ज़्यादा चलनेवाली थी। हम जितनी जल्दी हो सके,

रवाना होना चाहते थे। मिहिर और मोहन ने मेरा बैग और अपने बिस्तर जीप में डाले, और चलने को तैयार हो गए। तभी गाँव के कुछ लोगों ने आकर पूछा कि क्या हम लोग टिहरी जा रहे हैं। टिहरी जानेवाली इन दस बूढ़ी सवारियों को देखकर हम थोड़ा परेशान हुए, लेकिन मिहिर के जवाब देने से पहले ही वे एक-एक करके चढ़ गए। मैंने पूरे दस लोग गिने।

मिहिर ने झल्लाकर उन्हें डपटा तो एक बूढ़े ने ग़ुस्से में कहा : 'बकबक मत करो...एक-एक रुपया ज़्यादा ले लेना...'

उत्तरकाशी तक बहुत धीरे-धीरे आना पड़ा। तेरह सवारियों के वज़न से गाड़ी के ब्रेक इतने कमज़ोर हो गए थे कि तीखे मोड़ों और ढलानों पर वह कीड़े की तरह रेंग रही थी। उत्तरकाशी के बाद गाड़ी की चाल थोड़ा ठीक हुई क्योंकि पाँच सवारियाँ उतर गई थीं। बेचारी जीप की हालत पर रहम करने की बजाय उन्हें एक रुपये ज़्यादा देने का मलाल था। उत्तरकाशी के बाद गाड़ी तो हल्की हो गई, लेकिन मौसम पहले से कहीं ज़्यादा बिगड़ गया। भारी बारिश और सर्द हवाओं ने तापमान दस डिग्री तक गिरा दिया और जगह-जगह पहाड़ धसक गए जिससे गाड़ी चलाना मुश्किल और ख़तरनाक हो गया। टिहरी के क़रीब आने पर मैंने अपने सहयात्रियों से पूछा :

'कहीं रुककर एक-एक कप चाय हो जाए?'

'क्या बात है!' पीछे से मोहन चिल्लाया, 'नीचे कुछ मील पर चाय की एक दुकान है।'

'जगह तो साफ़-सुथरी है, मोहन?' मिहिर ने पूछा। वह जानता था कि मुझ जैसे शहराती को देहाती रंग-ढंग पसन्द नहीं हैं।

'यह तो पैसों से तय होता है। ज़्यादा पैसा दोगे तो अच्छी चाय और अच्छा दूध मिलेगा। एक कप का पच्चीस पैसा दोगे तो वे घोड़े का मूत ही पिलाएँगे।'

टिहरी से दस किलोमीटर पहले चाय के कुछ टीन-टप्पर दिखाई दिए। जलते चूल्हों और उनसे उठते धुएँ से हमारे सर्द हो चुके तन-मन को गरमाहट मिली। बहुत सारे लोग मिट्टी के चूल्हे को घेरे हुए बैठे थे और ज़ोर-ज़ोर से बातें कर रहे थे।

चाय की एक दुकान में जाकर मोहन ने तुरन्त छह स्पेशल चाय का ऑर्डर देते हुए कहा कि हर चाय में कम से कम एक छटाँक शुद्ध दूध होना चाहिए। हम चूल्हे के आसपास बैठे ही थे कि एक अनजान आदमी हमारी तरफ़ आया।

'मुझे पता था, मुझे पता था,' वह जैसे अपने से ही बात कर रहा था, 'ज्योतिषी ने बहुत पहले भविष्यवाणी कर दी थी कि हमारा देश बुरे दिनों से गुज़र रहा है। शनि ग्रह देश में बहुत बर्बादी ला सकता है।' फिर अचानक मेरी ओर मुड़ते हुए उसने पूछा :

'क्या कह रहे हैं? कितने लोग मरे?'

'मरे? कहाँ?' मैं हैरान था।

'धमाके में कितने मारे गए?'

'कौन-सा धमाका?'

'ये लोग अभी आए हैं,' चाय की दुकान के मालिक ने व्याख्या की और हमारी ओर देखकर कहा, 'शायद आपको नहीं मालूम कि भारत में एटम बम का धमाका हुआ है।'

'क्या? एटम बम?'

'हाँ जी, एटम बम!'

मेरा दिमाग़ चकरा गया। 'क्या! एटम बम? आप जानते हैं कि एटम बम क्या होता है?'

'छोड़िए साहब, हमको बेवकूफ़ मत समझिए। एटम बम फटा है। उसकी गैस से 5000 लोग मर चुके हैं।'

'कहाँ? ईरान में? इराक में? लेबनान में? आप क्या कह रहे हैं? कहाँ हुआ है?' मैं जैसे पागल की तरह बोल रहा था।

'आपको बताया तो। एटम बम भारत में फटा है। भोपाल में।'

'आपने कहाँ सुना? क्या यहाँ रेडियो है?'

'नहीं, रेडियो नहीं है। एक आदमी ने अभी-अभी बताया। अख़बार में छपा है। हमने ख़ुद देखा है। उसमें एक आदमी का फ़ोटो भी छपा है जो गैस से अन्धा हो गया है।'

'लेकिन यह आप क्या कह रहे हैं?' मैं सही जानकारी पाने के लिए उतावला हो रहा था, 'और विस्फोट कब हुआ?'

‘कल। सुबह ग्यारह बजे।’

‘पक्की बात है कि वह एटम बम ही था?’

‘हाँ, हाँ, साहब, पक्की बात है। मैं आपको बताता हूँ कि क्या हुआ। उस आदमी ने कहा कि भोपाल शहर में एक बम विस्फोट हुआ है। पूरा भोपाल साफ़ हो गया है। गैस से लाखों की जान चली गई है। मवेशी, आदमी, औरतें, बच्चे, जवान, बूढ़े सब...एक दूसरी तस्वीर में लोग इधर-उधर भाग रहे थे।’

‘लेकिन क्या यह पक्की बात है कि एटम बम का विस्फोट हुआ है?’

‘अरे, मैं किसी कॉलेज में तो नहीं पढ़ा हूँ, लेकिन मैंने यही ख़बर देखी है।’

‘आपको ऐसा लगता है या आपने अपनी आँखों से पढ़ा है?’

‘मुझ पर भरोसा नहीं है तो जाने दीजिए।’ उसने ग़ुस्से से कहा, ‘किसी और से पूछ लीजिए।’

मैं सोचने लगा, सचमुच क्या हुआ होगा। लेकिन चाय की दुकान पर एक गम्भीर बहस छिड़ गई थी। वह मेरे जीवन का सबसे रोमांचक दृश्य था। लोग पूरी उत्तेजना और भरोसे के साथ आपस में इस बेबाक़ी से बात कर रहे थे जैसा विज्ञान-कथाओं में होता है।

‘मैं तो कहता हूँ यह सब पाकिस्तान की करतूत है,’ किसी ने कहा।

दूसरे ने कुछ सोचते हुए कहा, ‘हम सुनते आ रहे थे कि पाकिस्तान बहुत दिनों से बम बनाने में लगा है। जैसा चीन ने किया है। चीन के पास तो सदियों पहले से बम है।’

‘सदियों पहले से? बकवास!’ किसी दूसरे ने खंडन किया, ‘एटम बम बने हुए तो दस साल से ज़्यादा नहीं हुए हैं।’

‘हाँ, हाँ, उसने ठीक कहा है। बम चीन का भी हो सकता है। वह हमारे पड़ोस में ही तो है। गोमुख के बाद चीन ही हुआ। लेकिन अजीब बात है। कल कोई हवाई जहाज़ नहीं दिखाई दिया।’

‘कल मैंने एक हेलीकॉप्टर देखा था। लेकिन वह गंगोत्री की तरफ़ जा रहा था।’

'नहीं, भाई।' बहस शुरू करनेवाले आदमी ने कहा, 'इसमें पाकिस्तान का ही हाथ है। जब से हमने इकहत्तर की लड़ाई में उसको धूल चटाई थी, तभी से वह षड्यंत्र करने में लगा है। पक्की बात है कि यह उसी का किया हुआ है। लेकिन यह तो बताओ, एक बम का वज़न कितना होता है?'

'दस हज़ार टन।'

'हरेराम, हरेराम, हरेराम! इतना ज़्यादा वज़न! तब गैस की क्या ज़रूरत है। उसका वज़न ही सारे लोगों को मार देगा!'

तभी एक मरियल-सा पहाड़ी आदमी आया, जिसके कपड़े बारिश से तर-बतर थे। उसने एक कप चाय के लिए कहा। उसे भी तुरन्त इस राष्ट्रीय आपदा की ख़बर दे दी गई।

'ऐ रामलाल, क्या तुमने भी सुना है? भोपाल में एटम बम गिरा है!'

'सिख आतंकवादियों का काम रहा होगा! इन्दिरा गांधी की जान लेने से संतोष नहीं हुआ तो अब दिल्ली पर बम फेंक दिया।'

'लेकिन किसने कहा कि दिल्ली पर बमबारी हुई है।'

'हाँ जी, पहले जहाज़ों ने दिल्ली पर बम गिराया फिर भोपाल पर।'

'सचमुच? दिल्ली पर बम गिरा है?'

'हाँ।'

'ओह भगवान! तब तो राजीव गांधी भी मर गया होगा?'

'फ़िक्र मत करो जवानो!' बूढ़े ने सलाह दी, 'किस बात से परेशान हो रहे हो? जब तक गढ़वाल का कुछ नहीं बिगड़ा है, चैन से जियो!'

नौजवान पहाड़ी अब भी परमाणु विस्फोट की बहस में मशगूल थे। मिहिर ने देखा कि देहरादून से उत्तरकाशी जानेवाली बस आई है। वह बस की तरफ़ लपका और एक आदमी से पूछा जो पढ़ा-लिखा लगता था :

'क्या यह सच है कि दिल्ली में एटम बम का धमाका हुआ है?'

'मैंने तो नहीं सुना।'

'लोग कह रहे हैं कि भोपाल पर भी बम गिरा है?'

‘बम नहीं गिरा है। सुबह अख़बारों में था कि भोपाल में एक भयानक गैस लीक हुई है। हज़ारों लोग मर गए हैं।’

‘और राजीव?’ मिहिर ने पूछा, ‘क्या वे भी मर गए?’

‘नहीं, कौन कहता है?’

‘लोग कह रहे हैं कि राजीव मर गए?’

‘फ़िक्र मत करो! उस परिवार में लोग तब तक नहीं मरते, जब तक कि अगली पीढ़ी गद्दी सँभालने के लायक़ न हो जाए...’

पाँच

ऋषिकेश

गहरी नींद में था। तीर्थयात्री खर्राटे भर रहे थे। पुजारी झपकी ले रहे थे। मन्दिर जैसे अपनी ही चिता का गवाह बना हुआ था। दूर एक पताका धीरे-धीरे फड़फड़ा रही थी। उसकी छाया एक काँपते हुए भिखारी के चेहरे पर पड़ रही थी। रात का समय था। ऐसा समय जिसमें कोई कविता लिखता है, कोई अपराध करता है, कोई रति-क्रीड़ा में लीन रहता है। रात ही ऐसा समय है जब लगता है कि सूर्य, चन्द्रमा और समूची सृष्टि मेरी बुतपरस्त चाहतों की ग़ुलाम हैं।

मैं लक्ष्मण झूले पर बैठा था। रस्सियों और लकड़ी के तख़्तों से बना खिलौने जैसा एक पुल, जिसे राम के भाई लक्ष्मण ने गंगा की उदास नियति को सिलने के लिए बनाया था। ऋषिकेश की रात की हवा में पुल से पैर लटकाए हुए मैं किशोरी गंगा को दैत्याकार हिमालय के पैरों से निकलते हुए देख रहा था। साँप की तरह बल खाती हुई वह रात की शैया से ऐसे जाग रही थी जैसे जया वासना की रात से जागती थी।

वह सुबह जल्दी उठती थी। पौ फटने से पहले, ताकि वह पत्तियों, पक्षियों और आवाज़ों से उठती हुई सुबह देख सके। रात में वह जिस

चाहत के साथ अपनी गुदाज़ देह सौंपती, उसी अन्दाज़ में सुबह का स्वागत भी करती। उसकी हर पेशकश का ढंग अनोखा था। नपी-तुली मुद्रा और चुनिंदा शब्दों से लगता जैसे वह सुबह के नरम उजाले को सहला रही हो। मैं लेटे-लेटे अभी उसकी सुकूनदेह ख़ुशबू में डूबा हुआ होता कि वह स्नान करने के लिए बिस्तर से उठ जाती। नहाते हुए वह अक्सर एक रहस्यमय-सा कन्नड़ गीत गुनगुनाती, जिसकी धुन मेरी सबसे सुन्दर स्मृति है और जिसे मैं नींद से जागी हुई गंगा को अर्पित कर सकता था। वह तब तक नहाती जब तक नल में पानी ठंडा न हो जाए। वह बच्चे जैसी मासूम हँसी के साथ कहती : 'अरे! पानी तो बर्फ़ जैसा ठंडा हो गया है।' साफ़-सुथरे कपड़ों में, खस का इत्र लगाए हुए वह अगरबत्ती जलाती और उसे पूरे घर में घुमाती ताकि कोई कोना अपवित्र न रह जाए। फिर पूजा करने के बाद धूप को दीवारों से उतरते हुए देखती, और मेरे कान में फुसफुसाकर कहती : 'उठो, जानेमन, देखो धूप नारंगी के पेड़ तक आ गई है।'

ऋषिकेश से निकलते हुए मैंने अपने मौसा के घर जाने के बारे में सोचा, जो शहर के बाहरी हिस्से में रहते थे। वहाँ जाने का कोई ख़ास मक़सद नहीं था, सिवा इसके कि मैंने इस यात्रा में लोगों को मुझसे सम्पर्क करने के लिए उनका पता दिया था। जया को गए हुए कई हफ़्ते हो चुके थे और प्रेम की पीड़ा और हताशा जितनी भी गहरी हो, एक हल्की-सी उम्मीद थी कि उसने शायद कोई चिट्ठी भेजी हो। मौसा अपने काम पर निकल रहे थे। उन्होंने दरवाज़े पर जीप में मुझे देखा तो हैरानी से बोले :

'निशान्त! तुम? यहाँ कैसे?'

'मैंने सोचा, आपसे मिलता हुआ जाऊँ।'

'लेकिन इधर किस सिलसिले में आना हुआ?'

'कुछ काम था।'

'क्या काम? अपने अख़बार के लिए फ्रांस के हिप्पियों पर कुछ लिखना है, क्यों?'

'नहीं, नहीं। हिप्पियों को तो लोग बहुत पहले भूल गए हैं। मैं नाव से गंगा की यात्रा करने निकला हूँ।'

'यानी ख़ुद ही हिप्पी हो गए!' उन्होंने मज़ाक़ किया, 'गंगा की यात्रा का क्या मतलब हुआ? पूरी गंगा नापोगे?'

'जी हाँ।'

'और इसे तुम काम कह रहे हो! अजीब है। हिन्दुओं की सबसे पवित्र तीर्थयात्रा को तुम्हारा अख़बार एक रोमांचक यात्रा-विवरण बना देगा? वहाँ के अख़बारों के पास लिखने के लिए क्या और कुछ नहीं रह गया है?'

'छोड़िए, मौसा जी, अख़बार के लिए नहीं लिख रहा हूँ।'

'अब यह मत कहना कि तुम हिन्दू धर्म में विश्वास करने लगे हो!'

'अच्छा बताइए, मेरी कोई मेल तो नहीं आई है?'

'मेल? कैसी मेल? मतलब चिट्ठी।'

'जी।'

'नहीं। शायद नहीं। याद नहीं आ रहा है।'

'कुछ नहीं है? पक्का?'

'मेरे ख़याल से तुम्हारा कोई पैकेट आया था। देखता हूँ। मेज़ पर ही होना चाहिए।'

घंटे-भर तक वे काग़ज़ों का ढेर छानते रहे, और उसे ढूँढ़ने में नाकाम रहने पर कहते रहे : 'उसमें कुछ ख़ास नहीं था। एक पीला-सा लिफ़ाफ़ा था प्रचार सामग्री जैसा। जैसे बाइबल सोसाइटी ऑफ़ इंडिया भेजती रहती है। वह कोई ज़रूरी पैकेट नहीं था। मैंने यों ही कहीं रख दिया होगा।'

आख़िरकार एक लम्बी तलाश के बाद उन्हें पैकेट मिला। उसमें मेरे भाई जुगनू की पांडुलिपि थी, जो मेरे साहित्यिक गाडफादर भी थे। विचित्र बात थी कि उनकी नई पांडुलिपि का नाम 'मेरा ख़त' था। मैंने शुरू के कुछ पन्ने पलटे। अद्भुत थे, लेकिन उनकी पिछली किताबों की तरह उनमें भी भरपूर दु:ख और निराशा थी। मैंने पांडुलिपि बैग में रख ली और जया को ख़त लिखने लगा।

जया

पतझड़ तुम्हारे साथ आया था और तुम्हारे साथ ही चला गया। वह तुममें ही खो गया। तुम हमेशा की तरह उसकी अकेली विश्वासपात्र रहोगी जिस पर वह अपने भेद खोलता रहेगा।

जब से तुम गई हो, बर्फ़, धूप और हवा का मिज़ाज बदल गया है, ऋतुएँ बदल गई हैं और वक़्त ने हमारी दूरियों के बीच एक मेहराब बना दी है, जो एक सचमुच के पतझड़ को एक काल्पनिक वसंत से जोड़ती है। अगर कोई चीज़ अपने पुराने रूप में बची है तो वह है मोंसूरी पार्क में अनार का पेड़, जिसकी हवा में हिलती पत्तियों की तरह तुम्हारे बाल आज इतिहास के पन्नों में शामिल हो गए हैं।

सूरज जैसे रोता हुआ चमक रहा है। पर्दे के किनारे से मुझे बाग़ीचे में तुम्हारा पसन्दीदा पेड़ दिखाई दे रहा है जिसकी ज़र्द पत्तियाँ कुछ महीने पहले की स्मृति की ओर झाँक रही हैं।

तुम्हें याद है वह रात जब हमारे प्यार ने पूरे चमन में आग लगा दी थी?

और वह हवा जो तुम्हारे सपनों की गुफा में गूँज रही थी?

अनुपस्थिति क्या है, जया? बाथरूम गीला होता है तो तुम्हारा ख़याल आता है। बिस्तर पर चाय छलक जाती है तो तुम्हारा ख़याल आता है। किसी बिल्ली को चोट लगती है तो तुम्हारा ख़याल आता है। गंगा मुस्कुराती है तो तुम्हारा ख़याल आता है।

काश, मैं वक़्त की घड़ी पर ख़ुदकुशी कर सकता...

मैं गंगा की यात्रा कर रहा हूँ। उसके उद्गम से सागर तक। अभी ऋषिकेश पहुँचा हूँ जहाँ गंगा एक पौराणिक साँप का रूप ले लेती है, जिसे हिन्दू अनन्तकाल से पूजते आए हैं। जल्दी ही, उसकी लहरों पर मेरी अकेली नाव इस शाश्वत पहेली के साथ अनन्त की ओर चलने लगेगी : मैं कौन हूँ? वह कौन है? वह यहाँ क्यों है और तब भी यहाँ क्यों नहीं है? वह क्यों चली गई

और तब भी क्यों नहीं गई? कहाँ है वह लक्ष्मण झूला, दो चाहतों के बीच का पुल? काश मैं गंगा की तरह अनन्त समुद्र में समा सकता...

कई दिनों से मैंने कुछ नहीं लिखा।

लिखना मन के भूमिगत आघातों को फिर से जीना है।

वह उस सच को महसूस करना है, जो सच से भी ज़्यादा सच है। लिखना अपने भीतर के उन अनजान सीमांतों में उतरना है जहाँ एक संयोग से तुमने मुझे छुआ था। लिखना अकेलेपन से मिलना है, उसी तरह जैसे हम दोनों गीली रेत पर अन्तहीन सुख के एक पल में मिले थे। उस अकेलेपन से ज़्यादा रचनात्मक कुछ भी नहीं है जहाँ दूसरे की, तुम्हारी उपस्थिति दूसरे किसी भी पल से ज़्यादा उपस्थित है।

कल्पना है चाहत से भरपूर
ख़लाओं की दहलीज़ पर
तड़पते शून्य की सीढ़ियों पर
और क़ातिलाना अनुभूतियों के द्वार पर

जया, एक अन्तहीन पतझड़ की मिठास हो तुम
मनुष्य की नियति पर लिखा एक अनोखा मौसम हो तुम
पत्तियों के रंग बदलता चमत्कार हो तुम
एक सम्मोहन अप्सरा का देवअवतार हो तुम

जीवन एक हजूम है, जया, संयोग और वियोग यहाँ सब एक हो जाते हैं...

निशान्त

पोस्ट ऑफ़िस में लम्बी लाइन थी। सबकी ज़बान पर भोपाल गैस हादसा था। ज़्यादातर लोग सरकार को कोस रहे थे, लेकिन कांग्रेस पार्टी का एक समर्थक कह रहा था कि गैस विपक्षी नेताओं ने लीक करवाई है ताकि आनेवाले चुनावों में कांग्रेस को हराया जा सके। पूरे आधा घंटे बाद मेरी बारी आई।

‘इस लिफ़ाफ़े पर लगाने के लिए टिकट होंगे आपके पास?’

‘हाँ, हाँ। बिलकुल। चिट्ठी कहाँ भेजनी है, साहब?’ भारतीय डाक विभाग के लिहाज़ से वह व्यक्ति ख़ासा विनम्र लग रहा था।

‘पाकिस्तान।’

‘कहाँ? पाकिस्तान? आप पाकिस्तान ही कह रहे हैं?’

‘जी, पाकिस्तान।’

उसने मुझे शक्की निगाहों से देखा।

‘लिफ़ाफ़े में है क्या?’ उन्होंने पूछा।

‘बस एक चिट्ठी। क्यों? पाकिस्तान चिट्ठी भेजने पर पाबन्दी है क्या?’

‘नहीं, नहीं, कोई पाबन्दी नहीं। देखिए भैया, आप जहाँ चाहें वहाँ चिट्ठी भेज सकते हैं, लेकिन हमें अपने दुश्मनों से थोड़ा सावधान तो रहना चाहिए। खासकर इन दिनों...फ्रांस के लोग भारत की जासूसी कर रहे हैं, पोलैंड के लोग कर रहे हैं, अमेरिकी कम्पनियाँ गैस लीक करके हमारे लोगों को मार रही हैं। और, अब पाकिस्तान सिख आतंकवादियों को ट्रेनिंग दे रहा है!’

‘प्लीज़...मैं थोड़ा जल्दी में हूँ। पाकिस्तान के लिए कितने के टिकट लगेंगे?’

‘कैसे बताऊँ?’ उसने चुटकी ली। ‘लिफ़ाफ़े का वज़न कितना है?’

‘यह तो पता नहीं है। आपको वज़न करना पड़ेगा।’

‘वज़न कराने के लिए काउंटर नम्बर 5 पर जाइए।’

उसने लिफ़ाफ़े को मेरे हाथ में पकड़ा दिया और कहा, ‘अगला आदमी।’

‘माफ़ करना, भैया। मैं थोड़ा जल्दी में हूँ। आप ही इसका वज़न करा दें। मेहरबानी होगी।’

‘अपने पीछे वाले को आने दीजिए, जनाब। इन दिनों जिसे देखो जल्दी में है। आपके पीछे खड़े लोग भी जल्दी में हैं। चलिए, आगे बढ़िए। हाँ, आप बताइए, प्लीज़।’

काउंटर नम्बर 5 के कर्मचारी तक पहुँचने में मुझे बीस मिनट और लगे।

‘क्या आप इस पत्र को तौल सकते हैं? पाकिस्तान भेजना है।’

‘पाकिस्तान हो या अमेरिका, दुबई हो या सऊदी अरब, होनोलूलू हो या टिंबकटू, मेरा काम वज़न करना है, भैया। कहाँ भेजना है, इससे मुझे क्या मतलब?’ उसने लिफ़ाफ़ा हाथ में लेकर अन्दाज़ लगाया और कहा, ‘दस ग्राम के आसपास होगा। लेकिन मुझे लगता है आपको सही वज़न कराना चाहिए।’

‘जी हाँ, तो कर दीजिए।’

‘माफ़ करना, मेरे पास दस ग्राम का बटखरा नहीं है। तीन दिन से ढूँढ़ने में लगा हूँ, लेकिन मिल नहीं रहा है।’ उसने उदासीन ढंग से अपनी दराज़ टटोली और फिर माफ़ी-सी माँगते हुए कहा :

‘आप एक काम करेंगे, साहब?’

‘जी।’

‘आगे किराने की दुकान है। आप वहाँ जाकर इसका वज़न करा सकते हैं। उसके पास सभी बाट-बटखरे हैं और वह आराम से तौल देगा।’

बिना कुछ कहे मैं पोस्ट ऑफ़िस से निकलकर अगली दुकान में गया। दुकान में दो मालिक पान चबाते हुए पालथी लगाकर बैठे थे। हवा में तरह-तरह के मसालों की गंध फैली थी।

‘मेहरबानी होगी अगर इस लिफ़ाफ़े का वज़न बता दें।’ मैंने निवेदन किया।

‘अरे! अरे! बिलकुल नहीं!’ दुकानदार ग़ुस्से में चिल्लाया। ‘मतलब उस नालायक़ क्लर्क को अभी तक दस ग्राम का बटखरा नहीं मिला!’

‘भगवान ही बचाए इस मुल्क को!’ दूसरे दुकानदार ने कहा। ‘इस मुल्क का क्या होगा! पोस्ट ऑफ़िस वाले ने बटखरे का बक्सा बेच दिया है? हरे राम! सरकार को उसके ही लोग कच्चा चबा रहे हैं!’

लिफ़ाफ़ा अब तक लत्ते जैसा हो गया था। उसका वज़न ग्यारह ग्राम निकला। पोस्ट ऑफ़िस लौटने से पहले मुझे दुकानदार ने हिदायत दी : ‘होशियार रहना, बेटे। अच्छी तरह देख लेना कि टिकटों पर ठीक से मोहर लग गई है। वरना ये सूअर टिकट निकाल देते हैं और दुबारा बेच देते हैं। बड़ी गंदी दुनिया है, भाई, बड़ी गंदी!’

आख़िरकार चिट्ठी पोस्ट हुई और मैं हरिद्वार के लिए चला। भारत में सात सबसे पवित्र माने जानेवाले तीर्थों में से एक। हरिद्वार में हरि की पैड़ी पर विष्णु ने गंगा के तट पर अपने अमिट पदचिह्न छोड़े थे और हरिद्वार ही 'देवताओं का प्रवेश द्वार' है जहाँ मृत आत्माओं की अस्थियाँ स्वर्ग तक ले जाने की गंगा की मिथकीय शक्ति साकार होती है। हर वर्ष लाखों-लाख शोकाकुल तीर्थयात्री अपने मृतकों की अस्थियाँ विसर्जित करने के लिए हरिद्वार आते हैं। उनका विश्वास है कि गंगा उन आत्माओं के पाप धो देती है और उन्हें स्वर्ग पहुँचा देती है। अगर मृतकों को गंगाजल का पुण्य मिलता है, तो शाम को होनेवाली आरती मरे हुओं का शोक मनानेवालों को शान्ति और सांत्वना देती है।

हरिद्वार में मिहिर जीप से उतरकर निरीक्षण बँगले में कमरा बुक करने चला गया। मैं सीधा हरि की पैड़ी पहुँचा जहाँ आरती की तैयारी चल रही थी। लाखों यात्री गंगा मन्दिर की ओर मुँह किए खड़े थे, जो नदी की सतह पर एक सफ़ेद मशरूम जैसा दिखता था। मैं भीड़ के बीच से रास्ता बनाता हुआ जा रहा था कि अचानक सैकड़ों घंटे एक साथ बज उठे और उनकी आवाज़ से पूरा माहौल थरथराने लगा। शहर पर एक सम्मोहन-सा छा गया। लगता था घंटों की आवाज़ से मन्दिर भी काँप रहा है, खिड़कियाँ खड़खड़ा रही हैं और प्रतिमाएँ मुस्कुरा रही हैं। घंटों की ध्वनि में जैसे एक सन्देश, एक लयबद्ध संकेत था कि इस प्यासी धरती पर देवता उतर आए हैं। घंटों की आवाज़ में जैसे हिन्दू धर्म की वह जीवंत शक्ति समाई हुई थी जिसे मेरे जैसे नास्तिक ने बहुत पहले मृतकों के साम्राज्य को सौंप दिया था।

तीर्थयात्रियों ने हज़ारों दीये जल में प्रवाहित किए जिससे गंगा प्रकाश की नदी बन गई। पुजारियों ने चाँदी की मशालें जलाईं और पल-भर में ही सुगंधित धुएँ के गोले और ग्यारह सर्पाकार ज्वालाएँ पाँच मीटर ऊँची उठीं जो यह भ्रम पैदा करती थीं कि मृतात्माएँ स्वर्ग जानेवाली हैं और पृथ्वी पर सभी आस्तिकों के लिए शान्ति और समृद्धि का राज्य उतरनेवाला है। भजन-कीर्तन, सुगंध, हवा और प्रकाश ने सन्दिग्ध आस्थाओं का ऐसा सम्मोहक मेला सजा दिया जैसा मैंने अपने जीवन में कभी नहीं देखा था। सब कुछ जादुई था। हर एक आदमी एक-दूसरे को पवित्र

लगता था। सब कुछ अलौकिक था। बुराई का अन्त हो गया लगता था और कितना विचित्र था कि यही वे तीर्थयात्री थे जिनके कारण धोखों, पाखंडों और अविश्वासों की इस दुनिया का जन्म हुआ।

मेरी शक्की प्रवृत्ति के बावजूद आरती का ऐसा असर हुआ जैसा बीमार के शरीर पर कपूर का होता है। हरिद्वार की आरती मन को एक अनोखी ख़ामोशी से भर देती है और उसमें से हर कोई अपनी सामर्थ्य के अनुसार जो भी ग्रहण कर सकता है, करता है। कुछ लोग शारीरिक सुकून खोजते हैं, कुछ भौतिक समृद्धि। मेरे लिए आरती मौन का वह क्षण था जिसने गंगा का समूचा रहस्य उजागर कर दिया। कुछ देर मेरी पुतलियों पर अन्तरिक्ष और पानी के विस्तार तैरते रहे। मैंने अनन्त लहरों पर एक छोटी-सी नाव को डगमगाते हुए देखा। मैंने देखा, गंगा एक अकेली बुलबुल का गीत है। मैंने देखा, गंगा जया है जो भव्य रेशमी लिबास में लिपटी हुई एक प्यारी-सी रात के सुख के बाद राजसी चाल से चल रही है। गंगा का यह दिवास्वप्न सिर्फ़ एक धोखा नहीं था, क्योंकि मिहिर के आशावादी हिसाब से अगली सुबह मेरी नाव गंगा की लहरों में उतरनेवाली थी।

मैं हरि की पैड़ी से निकला तो मिहिर मुस्कुराता हुआ मिला, 'कमरा बुक हो गया, साहब। ड्यूटी कर्मचारी ने एक आदमी को भेजकर कल के लिए नाव भी बुक करा दी है। उसने सिर्फ़ बीस रुपये लिये, साहब।'

यात्रा एकदम सुबह शुरू करनी थी, सो हम सीधे बँगले की ओर चल दिए। निरीक्षण बँगला ख़ासा बड़ा था जिसमें उपनिवेशवादी दिमाग़ की दुर्लभ झलक थी : भीड़-भरे लंदन से दूर खुली हुई जगहों से प्रेम, हवादार बरामदों पर बैठकर शाम की चाय का स्वाद, गंगा के जादू के क़रीब मुलायम हरी घास पर चहलक़दमी, चिलचिलाती गर्मी से राहत देनेवाली ऊँची छतें और आरामदेह दीवान, जिन पर पसरकर अंग्रेज़ अपने अशान्त उपनिवेश के भविष्य की रणनीतियाँ बनाते थे। आरक्षण करनेवाला आदमी बड़ा भला था और जब मिहिर ने उसकी जेब में दस रुपये का नोट ठूँसा तो वह और भी भला हो गया। उस राजसी सुइट का दरवाज़ा खोलते हुए उसने धीरे-से कहा, 'आइए साहब, आइए, पंडित जवाहरलाल नेहरू इसी कमरे में रुकते थे।' दीवार पर वही मशहूर

पंक्तियाँ लिखी हुई थीं। मैंने पहले भी उन्हें पढ़ा था, लेकिन इस बार पता नहीं क्यों वे मुझे इस क़दर छू गईं कि मैं किसी स्कूली बच्चे की तरह उन्हें अपनी डायरी में उतारने लगा :

गंगा तो विशेषकर भारत की नदी है, जनता की प्रिय है
जिससे लिपटी हुई है भारत की जातीय स्मृतियाँ,
उसकी आशाएँ और उसके भय, उसके विजयगान
उसकी विजय और उसकी पराजय। गंगा तो भारत
की प्राचीन सभ्यता का प्रतीक है, निशानी रही है
सदा बदलती सदा बहती फिर वही गंगा की गंगा।
वह मुझे याद दिलाती है हिमालय की बर्फ से
ढकी चोटियों की, और गहरी घाटियों की जिनसे
मुझको मुहब्बत रही है और उनके नीचे के उपजाऊ
और दूर-दूर तक फैले मैदान जहाँ काम करते मेरी
ज़िन्दगी गुज़री है। मैंने सुबह की रौशनी में गंगा
को मुस्कुराते, कूदते हुए देखा है और देखा है
शाम के साय में उदास, काली-सी चादर ओढ़े
हुए, भेद-भरी जाड़ों में सिमटी-सी आहिस्ते-
आहिस्ते बहती सुन्दरधारा और बरसात में
दहाड़ते गुज़रती हुई समुद्र की तरह चौड़ा
सीना लिए और सागर को बरबाद करने
की शक्ति लिये हुए। यही गंगा मेरे लिए
निशानी है भारत की प्राचीनता की, यादगार
की, जो बहती आई है वर्तमान तक और बहती
चली जा रही है भविष्य के महासागर की ओर।

सुबह जल्दी से एक कप चाय और एक सिगरेट पी और हम नील धारा को चल पड़े, जहाँ गंगा नहर के किनारे कुछ मल्लाहों से मिलना तय हुआ था। कल जब मैं आरती में था, मिहिर ने छिटपुट चीज़ें ख़रीद ली थीं जिनकी ज़रूरत हमें यात्रा में पड़नेवाली थी। कुछ चीज़ें रह गई थीं लेकिन हमने सोचा कि मल्लाहों से बात होने के बाद ही उनकी ख़रीदारी

करेंगे क्योंकि पानी की यात्रा के लिए ज़रूरी चीज़ों के बारे में उनसे ज़्यादा कोई नहीं जान सकता है। हरिद्वार में अभी भोर पूरी तरह नहीं हुई थी और तीर्थयात्री गंगा में पहली डुबकी लेने की तैयारी कर रहे थे। जब हम नील धारा पहुँचे, कुछ उजाला हो गया और मिहिर ने जीप पुल के पास खड़ी कर दी। वह बुदबुदाया, 'कल मैं यहीं कहीं उन लोगों से मिला था।' मैं पास ही कुछ झोंपड़ियों की तरफ़ बढ़ा जो शायद मल्लाहों के घर थे। नीम की दातुन चबाते हुए दो लोग एक नाव के किनारे बैठे थे। एक और आदमी, जिसने मुझे देख लिया था, अभी तक शौच कर रहा था। मुझे देखकर उसने तेज़ी से अपनी अधनंगी पीठ मेरी तरफ़ की और पवित्र जल से अपने चूतड़ धोने लगा। पल-भर मैंने सोचा, कौन किसे शुद्ध कर रहा है : गंगा मैया उसे शुद्ध कर रही है या वह गंगा मैया को...

'जै राम जी की,' मैंने नमस्ते की।

'जै गंगे, जै गंगे, जै गंगे। हम आप ही का इन्तज़ार कर रहे थे। क्या आप नाव लेना चाहते हैं?'

'हाँ-हाँ। आज ठंड कुछ ज़्यादा ही है।'

'सर्दी, गर्मी, बरसात, हवा, तूफ़ान सब गंगाजी का प्रताप है।'

दूसरे मल्लाह ने कहा : 'यह सब सहने की ताक़त भी गंगाजी ही देती हैं। कैसा भी मौसम हो, हमें कोई परेशानी नहीं होती। हम इसी पवित्र जल में पैदा हुए हैं और इसी में पले हैं। गंगाजी हमारी माँ हैं!'

'उस आदमी ने आपको मेरी यात्रा के बारे में कुछ बताया?'

'हाँ जी। कल रात आपका आदमी आया था। उसने कहा कि एक साहब नाव किराए पर लेने आएँगे। हम तो तैयार हैं। आदेश दें।'

'क्या आपने अपना सामान वग़ैरह रख लिया है? यात्रा लम्बी है।'

'अरे! हमारी चिन्ता मत करो, साहब। हम तो रोज़ ऐसी यात्रा करते हैं। आप नाव कितनी देर के लिए लेना चाहते हैं?'

'नहीं पता। कितना समय लगेगा?'

'साहब, मेरे जैसा ग़रीब आदमी आपको कैसे बता सकता है कि कितना समय लगेगा? हम आपकी सेवा के लिए हैं। आप मालिक हो। घंटे, दो घंटे, तीन, चार, पूरे दिन। आप जब तक चाहें, साहब।' जवाब सुनकर मैं चौंक गया।

‘लेकिन उस आदमी ने यह नहीं बताया कि मुझे गंगासागर जाना है?’

‘अरे, यही गंगासागर है।’

‘नहीं, वह गंगासागर, जहाँ गंगा समुद्र में मिलती है।’ मेरी बात से दोनों मल्लाहों को हैरानी हुई। फिर एक साथ बोले :

‘हरे गंगे, हरे गंगे...’

‘क्या हुआ? क्या उस आदमी ने तुम्हें पूरी बात नहीं बताई?’

‘लेकिन, साहब, आप जिस गंगासागर की बात कर रहे हैं, वह कलकत्ते से भी आगे है।’

‘हाँ, इसीलिए मैंने कहा कि यात्रा लम्बी है।’

‘तब तो साहब, आप रेलवे स्टेशन जाइए और सहारनपुर या देहरादून की ट्रेन लीजिए। वहाँ से सीधे कलकत्ता। कलकत्ता में शायद आपको गंगासागर तक जाने के लिए कोई नाव मिल जाए।’

मैंने समझाने की कोशिश की, ‘अरे भैया, मुझे हरिद्वार से गंगासागर तक नाव से यात्रा करनी है। क्या उसने आपको ठीक से नहीं बताया?’ सुनते ही वे खिलखिलाकर हँस पड़े।

मैं उन्हें समझाने की जितनी भी कोशिश की, उन्हें उतना ही मज़ाक़ सूझता रहा। मैं उनके रवैये से हताश था। वे मुझे कोई सिरफिरा समझ रहे थे।

‘मुझे एक बात सूझी है।’ एक मल्लाह ने इस अन्दाज़ में कहा जैसे मुझे खिझाना अभी बाक़ी हो, ‘एक अनोखी बात। दो सुल्फे ले लीजिए और गंगा की गंगा आप सागर पहुँच जाएँगे।’ वे मुझे ड्रग्स का नशेड़ी समझे बैठे थे।

‘मैं मज़ाक़ नहीं कर रहा हूँ, भैया।’ मैंने कहा।

‘हम भी मज़ाक़ नहीं कर रहे, साहब। बस दो सुल्फी में आप गंगासागर पहुँच जाएँगे।’

मैंने कहा, ‘अरे, जाने दीजिए। लगता है आप लोग नौसिखिये हैं। मुझे एक ऐसे जोड़े के बारे में पता है जो नाव से गंगासागर तक गया था।’

‘अच्छा, तो उन्होंने चार ले ली होंगी। दो आदमी ने, दो औरत ने! ऋषिकेश के आश्रमों में ऐसे विदेशियों की कमी नहीं है। कुछ लोग गंगा में चले जाते हैं, कुछ चन्द्रमा पर पहुँच जाते हैं!’

मैं नाव वालों से उकता गया। तभी एक बूढ़ा मल्लाह पास की झोंपड़ी से निकलकर हमारी बातचीत में शामिल हो गया। उसने जवान मल्लाहों को एक अजनबी से बुरे बर्ताव के लिए फटकारा और कहा :

'साहब, हमें लगा कि आप किसी फ़िल्म की शूटिंग के लिए नाव लेना चाहते हैं। पहले कई बार ऐसा हुआ है। लेकिन गंगासागर तक नाव से कैसे जा सकते हैं? पहले कभी ऐसी बात सुनने में नहीं आई।'

'माफ़ कीजिए, ताऊ जी।' मैंने पूरे सम्मान से कहा, 'मैंने सुना है कुछ जोड़ों ने ऐसी यात्रा की है। मुझे पता है कि ऐसा बहुत कम हुआ है लेकिन...'

'ऐसा कैसे हो सकता है? गंगा में इतना पानी ही नहीं है। बारह में से आठ महीने गंगा में एक छोटी-सी नाव के लिए भी पानी नहीं होता। हाँ, बारिश के दिनों में होता है, पर तब गंगाजी में बहुत ज़्यादा करंट होता है। अभी एक दिन एक नौजवान भँवर में फँसकर मर गया। तो ऐसा है...'

'गंगा में पानी क्यों नहीं है?'

'इंजीनियरों से पूछो। उन्होंने सारा पानी तो पी लिया है। सुना है वे इससे बिजली बनाते हैं, लेकिन भगवान ही जानता है कि वह बिजली है कहाँ। हमारी झोंपड़ियों में तो अभी तक नहीं आई। और आपको एक और बात बता दूँ, गंगाजी में लम्बी यात्रा कभी मत कीजिए। बहुत हादसे होते हैं। आए दिन हत्याओं और डकैतियों के बारे में सुनने को मिलता है। मल्लाहों को दस रुपये की छोटी रकम के लिए भी मार देते हैं। इसलिए भैया जी, अपना वक़्त बर्बाद मत कीजिए, आप यह यात्रा नहीं कर सकते। न तो पानी है और न मल्लाह हैं। हाँ, आप छोटी यात्रा करना चाहते हों, तो हम हाज़िर हैं।'

निराश होकर हम निरीक्षण बँगले में लौट आए। उम्मीद थी कि शायद यहाँ कोई अच्छा इंजीनियर मिलेगा जो बता सके कि गंगा में कहाँ-कहाँ पर यात्रा करना सम्भव है। पूरे तीन दिन तक मैं इंजीनियरों को ढूँढ़ता रहा। एक्जीक्यूटिव इंजीनियर श्रीवास्तव जी अपने दफ़्तर में नहीं थे। उनके सहायक अपनी बेटी के शहर गए हुए थे। सब-डिविजनल

आफ़िसर मित्तल को जुकाम था और वे किसी से नहीं मिल रहे थे। उनके सहकर्मी निगम जी तीन हफ़्ते के लिए तिरुपति की यात्रा पर गए हुए थे। एकमात्र इंजीनियर अग्रवाल थे, लेकिन कहीं नज़र नहीं आ रहे थे। उनके चपरासी ने कहा : 'वे आसपास ही होंगे। उनका कोट कुर्सी पर टँगा है और ब्रीफ़केस खुला है।' आश्चर्य नहीं कि तीन दिन कोट टँगा हुआ और ब्रीफ़केस खुला हुआ रहा, लेकिन उनके मालिक कहीं खोजे नहीं मिले। भारतीय नौकरशाही से इस बीहड़ साक्षात्कार के बाद आख़िरकार मैं एक वरिष्ठ इंजीनियर से मिलने में सफल रहा जो चालू और भ्रष्ट लगते थे और इस तरह बात कर रहे थे जैसे अपने दफ़्तर में नौकरी के लिए मेरा इंटरव्यू ले रहे हो :

'आपने कॉटले के बारे में तो सुना होगा?' उन्होंने पूछा।

'कॉटले? कॉटले कौन हैं?'

'बड़े आश्चर्य की बात है। आप कॉटले को नहीं जानते?' उन्होंने व्यंग्य से कहा।

'कौन-से कॉटले?'

'कॉटले एक ही हैं।'

'कौन हैं मिस्टर कॉटले?'

'मिस्टर कॉटले नहीं, वे कर्नल कॉटले हैं। ब्रिटिश राज में एक किंवदंती थे। और आप कर्नल कॉटले को नहीं जानते, और तब भी कह रहे हैं कि आप गंगा के बारे में लिख रहे हैं!' मैंने देखा कि जब भी उनकी हँसी फूटती, उनका पेट फूलता-सिकुड़ता रहता। घड़ी देखते हुए उन्होंने अपने आप से कहा : 'अरे, दिन इतनी जल्दी बीत गया!'

'आपको किसी और से भी मिलना है?'

'नहीं-नहीं। लंच का समय हो गया है।' उन्हें देखकर लगता था कि वे आराम से एक महीने भूखे रह सकते हैं। 'हाँ, कर्नल कॉटले ऐसा आदमी था जिसने सबसे पहले गंगा से नहर निकालने के बारे में सोचा। आज अगर हमारे पास बिजली है, तो उसी के कारण है। और अगर नदी में पानी नहीं है, तो उसका कारण यह है कि हम नदी से पानी निकालकर अपनी मातृभूमि के लिए बिजली बना रहे हैं। मैंने सुना है कि आप गंगा की यात्रा पर जाना चाहते हैं।'

इतने में चपरासी ने दरवाज़े पर दस्तक दी और कहा : 'साहब, अत्तारी साहब मिलने आए हैं।' लंच से पहले एक और मुलाक़ाती के आने से मिस्टर अग्रवाल प्रसन्न नहीं हुए। उन्होंने चपरासी से कहा : 'उनसे कहो, किसी और दिन आएँ। साहब किसी ज़रूरी काम से बाहर जा रहे हैं, समझे।' कहकर उन्होंने मेरी ओर देखा और अपना प्रवचन जारी रखा :

'संक्षेप में बात यह है कि आप गंगा के इतने पानी में नाव से नहीं जा सकते। पहले तो ऐसा सोचना ही व्यर्थ है लेकिन अगर आपके सिर पर शैतान सवार हो तो आपको शेरपुर जाना चाहिए, जहाँ नहर का पानी फिर से गंगाजी में जाता है...हाँ-हाँ, नोट कर लीजिए, शेरपुर। वहाँ हनुमानजी का मन्दिर भी है...'

चपरासी ने फिर से दस्तक दी और उसके कुछ कहने से पहले ही इंजीनियर साहब पूरे ज़ोर से उस पर बरसे : 'कितनी बार कहा है, मुझे ज़रूरी मीटिंग के बीच डिस्टर्ब मत किया करो। सब लोगों को बाहर बिठाओ। क्या तमाशा है! तरह-तरह के बेवकूफ़ और जोकर चले आते हैं मिलने।' चपरासी डर के मारे आधा रह गया। दयनीय नज़रों से उनको देखता हुआ बोला : 'नहीं साहब, छोटे साहब आए हैं।' तय था कि छोटे साहब इंजीनियर के बेटे हैं। चपरासी की बात पूरी होने से पहले ही एक रंगीनमिज़ाज नौजवान अन्दर आया जो लाल और सफ़ेद धारियों वाली पतलून पहने था। उसने एक मसखरे की तरह नमस्कार किया।

'गुड आफ्टरनून, पापा। गुड आफ्टरनून, सर!' कुर्सी खींचते हुए उसने मेरी तरफ़ मुस्कुराते, आँख मारते और कनखियों से देखते हुए कहा :

'सुना है आप बाहर के पत्रकार हैं?'

'आपको किसने बताया?'

'मेरी माँ ने बताया था कि एक विदेशी पत्रकार पापा से मिलने आ रहे हैं। आप पत्रकार हैं?'

'कुछ ऐसा ही लगता है।'

'अरे! तो आप ही हैं। क्या ख़ूब! मैं भी पत्रकार हूँ। हमारे बहुत से विचार मिलते-जुलते होंगे?' उसने फिर से आँख मारी।

अचानक इंजीनियर ने कहा, 'आप दोनों यहीं बैठिए, मैं लंच करके आता हूँ।'

'सर, मैं 'द्रोण वसुंधरा' का पत्रकार हूँ। इसे मैं अकेले ही निकालता हूँ। मैं ही लिखता हूँ, उसका सम्पादन करता हूँ, प्रकाशन करता हूँ। और वितरण भी करता हूँ। अकेले ही।'

'कितनी अच्छी बात है, बशर्ते आप उसके अकेले पाठक न हों।'

'उस पर बाद में बात करूँगा। अभी तो मैं अपनी कुछ खोजों के बारे में बात करना चाहता हूँ। मुझे एक मिनट दीजिए और उम्मीद है कि आप जैसे बुद्धिमान व्यक्ति मेरे काम को पसन्द करेंगे। देखिए, ज्ञान के संसार में प्रवेश करने के नौ द्वार होते हैं : दो आँखें, दो नथुने, एक मुँह, दो कान, एक लिंगद्वार—आपके गुप्तांग पर छोटा-सा छेद—और फिर, एक गुदाद्वार। दसवाँ द्वार बन्द होता है और सभी जानते हैं कि...'

'लेकिन आप इन द्वारों से क्या बताना चाह रहे हैं?' उसकी गोल, उभरी हुई आँखों और काँपते हाथों से लगता था कि नौजवान बिलकुल पगलेट है।

'थोड़ा रुकिए तो। ज्ञान के संसार में प्रवेश करने के लिए कुछ ऊर्जा, श्रम और समय की ज़रूरत होती है। तो दसवाँ द्वार है हमारी नाभि, जो जन्म के समय बन्द रहती है। इसे केवल योगी ही खोल सकता है। लेकिन सच्चाई यह है कि ज्ञान के संसार में जाने के पन्द्रह द्वार हैं। नौ मैंने बता दिए हैं और फिर दो अंडकोष...'

'छेद किसके अंडकोष में होता है?' मैंने पूछा।

'अरे अंडकोष में भी छेद होता है, लेकिन उसे कोई योगी ही देख सकता है। तो फिर से गिनते हैं। दो अंडकोष, दो स्तन, जो सिर्फ़ औरतों में खुले होते हैं, और एक मस्तिष्क जो सिर्फ़ पुरुषों में खुला होता है—और पन्द्रहवाँ द्वार है वह तीसरी आँख, जो सिर्फ़ शिवशंकर के पास होती है...'

'लेक्किन माफ़ करना, भैया, मुझे...'

'आप बात तो सुनिए। धैर्य रखिए, बड़े भाई।' कहकर उसने अपनी हथेली चौड़ी की और मेरी आँखों पर चिपका दी। 'अब ज़रा देखिए,

एक, दो, तीन, चार...एक हाथ के पन्द्रह भाग होते हैं। लेकिन इन पन्द्रह भागों को सोलहवाँ भाग ही आपस में जोड़ता है : और वह एक वृत्त है। अब, आदमी के पास सोलह अधिकतम सोलह गुण होते हैं। भगवान राम इन सोलह कलाओं से परिपूर्ण थे। ये सोलह कलाएँ बत्तीस भागों से बनती हैं। मैं आपको दिखाता हूँ। ज़रा अपना मुँह खोलिए...'

'क्या?'

'हाँ, हाँ, प्लीज़। खोलिए तो सही। चिन्ता मत कीजिए, कोई दिक़्क़त नहीं होगी।'

उसने मुझे भाँपने की कोशिश की। जब उसने देखा कि मैं नहीं मान रहा हूँ तो अपना ही मुँह चौड़ा करते हुए कहा : 'अब देखिए, ये बत्तीस दाँत ही बत्तीस भाग हैं, जिनमें छेद हैं। पहले मैंने दस बताए थे, फिर नाखूनों और त्वचा के बीच की जगह पर दस और पहले के गिने हुए पाँच और फिर तीसरी आँख और सिर में एक दूसरा छेद, जहाँ से गंगाजी निकली थीं। इस तरह चवालीस हो गए। मुझे जीवविज्ञान में दो चीज़ें मिली हैं। मैं देहरादून विश्वविद्यालय से प्रथम श्रेणी में प्रथम हूँ। पुरुष के पास X + 44 गुणसूत्र होते हैं और महिला के पास X + 44, क्षमा कीजिए, Y + 44। मुझे पता है कि उनका समीकरण बनाने पर उनके सोलहवें गुण एक-दूसरे को रद्द कर देते हैं। और यही कारण है कि जब जीवन के कोई भी दो रूप एक-दूसरे को क्रॉस करते हैं, तो वे जीवन के सोलह रूप बन जाते हैं। पुरुष और स्त्री का मिलन जीवन के सोलह रूपों को जन्म देता है। हमारे बड़े-बड़े कृषि वैज्ञानिकों ने दो तरह के बीज मिलाकर सोलह तरह के पौधे पैदा किए हैं। सोलह की धारणा को समझने के लिए...'

'लेकिन आप इस कमबख़्त सोलह का क्या करने जा रहे हैं?'

'अरे! रुकिए तो! मैं प्रमाण देता हूँ। देखिए, सोलह इस बात का प्रतीक है कि तमाम तत्त्व सौर विखंडन से उत्पन्न हुए हैं। सूर्य भी सोलह तत्त्वों से मिलकर...'

मैंने अपना बैग उठाया, एक अध-पागल इंजीनियर के पूर्ण पागल बेटे को धन्यवाद दिया, और पीछा छुड़ाया। मैं जाने लगा तो उसने पीछे से चिल्लाकर कहा : 'अफ़सोस, आपने पूरी बात ही नहीं सुनी। मैंने

सिद्ध कर दिया है कि क्रिसमस हिन्दू त्योहार है और वेस्टमिंस्टर एब्बे शिव मन्दिर है!'

मैंने मिहिर सिंह से कहा, हमारा अगला पड़ाव शेरपुर होगा। गंगा के भूगोल में जाने का अकेला द्वार, जिसकी जानकारी मुझे दो घंटे की बैठक के बाद हुई। मुझे ऋषिकेश के मौसा याद आए जो ख़ुद इंजीनियर थे। शायद वे उन लोगों को जानते हों जो यात्रा के लिए नाव किराए पर लेने में मेरी मदद कर सकें। हम वापस ऋषिकेश पहुँचे। उनसे भी कोई ख़ास सलाह नहीं मिली, लेकिन उन्होंने मुझे एक ख़त थमाया जो उसी सुबह आया था। वह जया का ख़त था।

मेरे प्यार,

तुम्हारी चिट्ठी मिली, और मैं इस तरह तुम्हारी हो गई जैसी पहले कभी नहीं थी। तुम्हारी चिट्ठी एक जादुई लालटेन थी जिसे मैं इस अँधेरे में खोज रही थी। हाल ही में दीवाली के लिए मेरी माँ ने मुझे लिफ़ाफ़े में प्रसाद भेजा था। जब तुम्हारी चिट्ठी मिली तो ऐसा लगा जैसे मुझे माँ के आशीर्वाद का फल मिल गया हो। हम क्या और कौन थे, निशान्त? कविता जैसे आवेग से भरे तुम्हारे शब्दों को पढ़कर मुझे क्यों रुलाई या हँसी आती है? मैं छवियों और शब्दों को कहाँ से खोजकर लाऊँ? हाँ, यह कर सकती हूँ कि आँखों के सामने एक पर्दा बिछाऊँ, जिस पर एक बार, दो बार और हमेशा स्लो-मोशन में उन छवियों को चला सकूँ जो हमारे अतीत के पतझड़ की स्मृतियाँ हैं...मुझे उम्मीद नहीं थी कि तुम मुझे पत्र लिखोगे, और वह भी इतने मार्मिक ढंग से कि मेरा सारा संयम किसी उजाड़ समुद्र तट पर रेत के क़िले की तरह ढह जाएगा। तुम्हारे शब्द मेरे सन्नाटे में गूँजते हैं। जब भी मैं मोंसूरी पार्क में हमारी आख़िरी चहलक़दमी के बारे में सोचती हूँ, बहुत से बीहड़ और पथराए हुए बिम्ब मन में उभरते हैं। एक उन्मत्त वासना में नाचते हुए शिव, श्मशान में उनका तांडव, पत्थरों के घेरे में उनका नृत्य जहाँ मैंने तुम्हारी फ़ोटो ली थी। याद है, वह विनाश का और सृष्टि की रचना का नृत्य था...

क्या तुम जानते थे कि पार्क मोंसूरी एक विशाल क़ब्रिस्तान है?

मेरे प्यार, मेरे सदाबहार प्यार, तुम्हारा पत्र इतनी सुन्दर प्रेम कविता है जैसी मैंने पहले कभी नहीं पढ़ी। वह 'द सर्पेंट एंड द रोप' से आगे का हिस्सा है। भ्रम और यथार्थ के बीच एक चमकती हुई जगह, जहाँ कभी एक युवा राजकुमार, एक मार्क्सवादी बाउल राजकुमार की मुलाक़ात सिंडरेला से हुई थी जो शीशे की चप्पलें तो नहीं पहन सकी, लेकिन लबादे में ज़रूर घुस गई। लेकिन फिर क्या हुआ, क्यों हुआ? वे ख़ुशियाँ वहीं की वहीं रह गईं। फिर कोई ज़िन्दगी भर ख़ुश रह सकता है क्या?

मेरी छोटी प्यारी बिल्ली नाजा ही मेरी अकेली साथी है। उसकी आँखें तुम्हारे जैसी हैं और मैं उन्हें वैसे ही देखती रहती हूँ। उसकी पुतलियाँ भी धीरे-धीरे फैलती हैं चन्द्रग्रहण की तरह और फिर जल्दी से सिकुड़कर दरार जैसी बन जाती हैं। अब वही मेरी साथी है।

यह सुबह का वक़्त है। रात ढल चुकी है और भोर का उजास अनिद्रा के पंखों पर उड़कर आ रहा है। मैंने तुम्हें कहाँ नहीं खोजा? नाजा के फ्रांसीसी पन्नों में खोजा, 'लामूर फू' में खोजा, 'ला रिवोल्यूश्यूं सर्रिअलिस्त' में खोजा।

मैं घास को उगते हुए देखती हूँ, सप्ताह के अन्त में समुद्र तट पर जाती हूँ, समय की रेत पर तुम्हारा नाम लिखती हूँ और उदास आँखों से देखती हूँ कि पानी की लहरें कैसे तुम्हारे नाम को मिटा रही हैं...

मेरी ज़िन्दगी का हाल यह है कि शुरू में कई रातों तक मेरी आँखों से धारासार बारिश होती रही, मैं बिस्तर पर अपनी बग़ल में तुम्हें देखती रही, तुम्हें पुकारती रही। वह कैसा पागलपन था, मेरे प्यार, कैसा जुनून।

निशान्त, मैं जैसी हूँ, वैसी ही मुझे स्वीकार करो। मैं तुम्हें रुकने के लिए नहीं कह सकती, मुझे यह कहने का अधिकार नहीं है कि मुझसे प्यार करो। प्रेम तो सिर्फ़ 'होता' है और एक दिन

वह उसी तरह बेआवाज़ चला जाएगा जैसे आया था। मैं अपनी सारी पवित्रता और सारे पाप के साथ ख़ुद को तुम पर न्योछावर करती हूँ, अपने चमकते हुए स्वप्न तुम पर न्योछावर करती हूँ। मैं सूर्यास्त की वासना और अनार के फूलों का रंग तुम पर न्योछावर करती हूँ। मैं कुछ भी नहीं, बस तुम्हारी अनारकली हूँ। मैं तुम्हें कभी भी आने, जाने, रुकने की छूट देती हूँ, मैं वह सब तुम्हें देती हूँ जो हमारी तक़दीर में लिखा है...

जया

छह

नाव

लंगर डाले हुए है। गंगा एक लय के साथ उसके किनारों पर छपछप कर रही है। ठंडी हवा का झोंका आता है तो लहरें तेज़ी से उछलती हैं। मेरी डायरी के पन्ने फड़फड़ाते हुए भीग रहे हैं। वातावरण में इतनी हलचल है कि कुछ भी लिखना मुश्किल है। पीर सिंह ने किसी तरह लालटेन जला ली है। जब उसकी पीली लौ नदी के उतार-चढ़ाव पर लहराती है तो हवा में केरोसिन की गंध उठती है। मैं गंगा की लहरों को देखता हूँ, वह मुस्कुरा उठती है; मैं उसकी कमर को छूता हूँ, वह मेरा हाथ अपने हाथ में ले लेती है। गंगा एक नटखट लड़की है जिसे इतिहास ने मिथक बना दिया है। दूर एक कोयल उदास स्वर में गा रही है। जब हवा तेज़ होती है तो वह आकर मेरे कन्धे पर बैठ जाती है, और जब हवा धीमी होती है तो वह जैसे अनन्त आसमान की आवाज़ बन जाती है। नदी के पिछले किनारे पर बैठे दोनों मल्लाह पीर सिंह और राम चिलम में गाँजा भरकर पी रहे हैं, हँस रहे हैं, बतिया रहे हैं।

इन तमाम दिनों में कुछ भी लिखना सम्भव नहीं हुआ। इस बीच बहुत कुछ हुआ और वह भी अक्सर इतनी तेज़ी से कि अपना होश ही नहीं रहा। जिस दिन से मुझे जया की चिट्ठी मिली, गंगा ने मेरे दिमाग़

को एक जादुई सम्मोहन में जकड़ लिया। उसने मुझे इतना कुछ दिया कि उसकी उदारता पर मुझे कभी रुलाई आई, कभी हँसी आई, कभी पछतावा हुआ, और इतनी भी गुंज़ाइश नहीं बची कि मैं तटस्थ ढंग से ख़ुद को देख सकूँ। जया की तरह गंगा ने भी मुझे भरपूर सुख और साथ ही यह ज्ञान भी दिया कि अगर तुम सपनों में खोए हुए हो तो दुनियादारी के दरवाज़े बन्द कर देना ही बेहतर है। उसी ने बताया कि कवि और उसकी कविता के बीच हल्का-सा फ़ासला होता है। अगर तुम कविता हो तो उसे जियो। और अगर तुम कवि हो तो उसे लिखो। कवि और कविता का अस्तित्व समय के एक ही बिन्दु पर नहीं होता। ठीक उसी तरह जैसे प्रेम और प्रेमी समय के एक ही बिन्दु पर नहीं होते। कवि के भीतर कविता इसलिए होती है कि कवि कविता नहीं बन सकता। कविता बनने का अर्थ है गंगा बनना, जया बनना। गंगा ही है जो मनुष्यता को 'नियति से भेंट' का वरदान देती है। नदियाँ बहुत-सी हैं, गंगा सिर्फ़ एक है...

हमारी यात्रा को पाँच दिन से ज़्यादा हो गए हैं। शुरुआत उतनी आसान नहीं थी जैसी मैंने सोची थी। रवाना होने से पहले पूरे तीन दिन मैं गंगा किनारे बसे गाँव शेरपुर और ज़िला मुख्यालय बुलंदशहर के बीच पागलों की तरह भटकता और दो ऐसे मल्लाहों को ढूँढ़ता रहा जो मुझे लम्बी यात्रा पर ले जा सकें। जितने भी मल्लाह मिले, मेरी बात सुनते ही डर गए। कुछ को डर था कि रास्ते में कहीं मार दिए जाएँगे। कुछ को लुटने का डर था और एक इसलिए घबराया हुआ था कि उसे घर से इतनी दूर रहना पड़ेगा। एक दूसरे मल्लाह को गंगा की ख़तरनाक धाराओं के बारे में कोई जानकारी नहीं थी। आख़िरकार इलाक़े के तहसीलदार ने दो मल्लाहों को कुछ लालच देकर गंगा में लगभग सौ किलोमीटर तक मुझे नाव में ले जाने के लिए राज़ी कर लिया। तीन दिन में दो हज़ार रुपये की कमाई के आश्वासन के बावजूद राम हिचकता रहा, लेकिन पैसे के लालच में तैयार हो गया। उसने तहसीलदार से कहा : 'साहब, आपका हुक्म है तो मैं चल सकता हूँ। आप मालिक हैं, लेकिन साहब, अगर मुझे कुछ हो गया तो मेरे बीवी-बच्चों की देखभाल आपको करनी पड़ेगी।' कहकर

उसने तहसीलदार के पैर छुए। तहसीलदार ने ढिठाई से हँसते हुए कहा : 'अरे, छोड़ो, बेवकूफ़ कहीं के! गंगाजी की छत्रच्छाया में किसी का कुछ बिगड़ सकता है भला...'

अगली सुबह मैं जल्दी उठ गया। अभी सूर्योदय नहीं हुआ था। सारी रात मुझे ऊँची और सुन्दर चट्टानों और क्षितिज पर फैली हुई पारदर्शी नीले पानी की झीलों का दृश्य बेचैन किए रहा। ऐसे दृश्य का सपना मैंने पहली बार तब देखा था जब मैं पेलोपोनिशियन तट पर छुट्टियाँ बिता रहा था। मैंने उस घड़ी के आने का लम्बा इन्तज़ार किया था जब मेरी छोटी-सी नाव गंगा की लहरों पर उतराएगी और यह सोचकर मेरी आँखों में आँसू आ गए कि आज मेरा सपना साकार होने जा रहा है। तहसीलदार के ड्राइवर ने मुझे गाड़ी से नदी के तट पर छोड़ दिया, जहाँ राम और पीर सिंह नीम की दातुन चबाते हुए मेरा इन्तज़ार कर रहे थे। मुझे देखकर उनका आलस दूर हो गया : 'जै राम जी की साहब, जै राम ज़ी की।'

'जै राम जी की। सारी तैयारी हो गई है?'

'हाँ जी, साहब। ज़रूरत की सभी चीज़ें ख़रीद ली हैं।'

'कम तो नहीं पड़ेंगी? मैं नहीं चाहता कि आप लोग भूखे पेट नाव चलाओ।'

'नहीं साहब। दस किलो आटा, तीन किलो अरहर की दाल, कुछ दूसरी दालें, प्याज़, लहसुन, मसाले, नमक। चार लीटर मिट्टी का तेल, चार बैटरी की टार्च, एक लालटेन। हमें लगा आपको सब्ज़ी की ज़रूरत भी होगी, तो बारह किलो आलू भी रख लिया है।'

'क्या! बारह किलो आलू!' मैंने हैरान होकर कहा।

'हाँ साहब, बारह किलो। एक आदमी के लिए चार किलो।'

'लेकिन कल तो हमें एक जगह रुकना ही है, क्यों?'

'हाँ जी, साहब, पानी में भूख ज़्यादा लगती है। अपने लिए पाँच बंडल बीड़ी और आपके लिए दो पैकेट सिगरेट भी रख लिये हैं।' उसने दो क़िस्म की सिगरेट मेरी तरफ़ बढ़ाई, रेड लैम्प और रेड एंड व्हाइट।

मैंने पूछा, 'और बर्तन वग़ैरह?'

'हाँ, हाँ, पूरे हैं।'

'पानी! पानी का बर्तन भी रख लिया है?'

'पानी?'

'पीने का पानी।'

'लेकिन साहब, चारों तरफ़ पानी ही पानी है। हम अगर यहाँ कोई दूसरा पानी पिएँगे तो उसे गंगा मैया का अपमान समझा जाता है। यह तो सबसे पवित्र जल है : 'पयस्विनी व्रतिनी मृत्युधारा। गंगा का जल तो साहब दूध जैसा शुद्ध और मक्खन जैसा सेहतमन्द होता है। वह सभी आत्माओं को स्वर्ग पहुँचाने की शक्ति रखता है। साहब, आपने तो सुना ही होगा कि गंगाजी ऐसी-ऐसी बीमारियों को ठीक कर देती हैं जिन्हें आज के डाक्टर भी नहीं कर पाते। मलेरिया, हैजा, प्लेग—गंगाजल सभी रोगों की दवा है। हम तो इसी का पानी पीते हैं। इसीलिए बीमार नहीं पड़ते।' उनकी आस्था में इतना भोलापन था कि मैं चुपचाप सुनता रहा, हालाँकि मुझे पता था कि गंगा के किनारे लगनेवाले मेलों से हर साल पेट और कई तरह की बीमारियाँ-महामारियाँ फैलती हैं।

हवा में एक ख़ास उत्तेजना थी। मैं सुबह की ओस की बूँदों से भीगे हुए लकड़ी के तख़्त पर कम्बल बिछा रहा था कि राम ने धीरे से नाव के पिछले हिस्से में भगवान शिव की तस्वीर रख दी। तभी एकदम अविश्वसनीय ढंग से हवा में उड़ता हुआ एक ख़ूबसूरत सारस आया और शिव के सिर पर बैठ गया। उसने फ्रेम पर तीन बार चोंच मारी और फिर उड़ गया। उसकी काली-सफ़ेद उड़ान सुबह के आसमान में कुछ देर झिलमिलाती रही। हम लोग निकलने ही वाले थे कि एक स्त्री पाँच बच्चों के साथ हाथ में पूजा की थाली लिये हुए तट पर आई। उसका चेहरा धूपबत्ती के धुएँ में लिपटा था और वह धीरे-धीरे सिसक रही थी। वे राम के बीवी-बच्चे थे। राम नाव से बाहर आकर उनके पास पहुँचा तो सिसकियाँ चीख़ों में बदल गईं। पीर सिंह की राजपूती शान को यह जनाना भावुकता बर्दाश्त नहीं हुई। वह मेरी ओर देखते हुए फुसफुसाया : 'देखिए, देखिए तो, कैसे बूढ़ी अम्मा की तरह रो रहा है! साहब, राम बनिया है, व्यापारी का बेटा, बनिया ज़िन्दगी-भर बनिया ही रहता है। औरतों की तरह रो रहा है! हट्ट!'

लेकिन राम पर कोई फ़र्क़ नहीं पड़ा। उसने गहरी श्रद्धा के साथ आँखें बन्द किए हुए और सिर झुकाए हुए नाव के हर कोने में धूप का धुआँ दिया। फिर नृत्य जैसी अदा के साथ एक-एक कर गेंदे की पीली पंखुड़ियाँ नदी में विसर्जित कीं। जैसे ही पंखुड़ियाँ सतह पर पहुँचीं, गंगा की उमड़ती हुई लहरों ने उन्हें अपने में समा लिया। पंखुड़ियाँ जैसे हमें राह दिखाने लगीं। मल्लाहों ने चप्पू पानी में डाले और एक सपने को सच करती हुई हमारी यात्रा शुरू हो गई।

चप्पुओं की लय पर नाव तेज़ी से चल रही थी। पीर सिंह चप्पू चला रहा था और राम आगे बैठकर नदी का रास्ता बता रहा था और देख रहा था कि नदी में कहाँ-कहाँ रेत के टीले हो सकते हैं। गंगा में अभी-अभी नहर का पानी छोड़ा गया था इसलिए पानी काफ़ी था और गहराई भी इतनी थी कि नाव आराम से चल सके। कोई बाधा न देखकर राम ने भी चप्पू सँभाल लिया। मैंने देखा कि नदी और मल्लाहों के बीच एक अद्‌भुत संवाद चलता रहता है : जब सफ़र आसान होता तो वे गाते-गुनगुनाते रहते, लेकिन जहाँ पानी का स्तर ज़रा भी कम होता, उनके चेहरों पर चिन्ता की लकीरें खिंच जातीं। पीर ने कहा, 'मल्लाह नदी का ग़ुलाम होता है साहब।'

सूर्य उग आया था। उसकी किरणों ने सर्दियों की धुन्ध में जैसे उजाले के बड़े-बड़े छेद कर दिए। हज़ारों चिड़ियाँ निकल आईं और आसमान में सितारों की तरह चमकने लगीं। सारस, मुर्गाबी और गौरैया गाती हुईं गंगा मैया को नींद से जगा रही थीं और खेतों में तीतर और गौरैया एक नये दिन के आगमन की सूचना दे रही थीं।

कुछ ही देर में धूप से वातावरण हल्का हो गया और पछुवा हवा तेज़ हो गई। चप्पुओं पर हवा का रुख़ देखकर मल्लाहों ने आपस में कहा : 'हइशा, हइशा, दम लगा के, हइशा। चलो चिड़िया की चाल।' फिर वे 'काबुलीवाला' फ़िल्म का गाना गाने लगे।

सहसा नाव पर एक अजीब-सी ठोकर लगी तो मल्लाह चिल्लाए : 'अरे, अरे, हरे राम...' शायद नाव किसी बालुई चट्टान से टकराई थी, लेकिन पीर सिंह को ज़्यादा चिन्ता इस बात की थी कि नाव को कितना नुक़सान हुआ है। उसने पाजामा उतारा और नदी में कूद पड़ा। फिर

उसने कहा : 'भगवान का शुक्र है, हल्की-सी खरोंच लगी है। ज़्यादा कुछ नहीं हुआ।' हमारी यात्रा फिर शुरू हो गई, लेकिन नदी में पानी कम हो गया था और हमें लगातार नाव चलाने लायक़ जगहें खोजनी पड़ रही थीं। हमने जल्दी से नाव के रास्ते की योजना बनाई। पीर सिंह चप्पू राम के ज़िम्मे छोड़कर पिछले हिस्से में खड़ा हो गया। आँखों को धूप से बचाने के लिए एक हाथ माथे पर रखकर वह गंगा की मनमौजी धाराओं पर नाव का रास्ता बताने में लग गया। मैंने राम की मदद के लिए चप्पुओं पर हाथ आजमाया, लेकिन मैं अनाड़ी ही साबित हुआ। उन्होंने मुझसे आराम से बैठने और बैठे-बैठे प्याज़ छीलने के लिए कहा।

जल्दी ही नदी मल्लाहों के लिए समस्या बन गई। नाव की रफ़्तार शून्य हो गई थी और कई बार वह पीछे भी जाने लगी क्योंकि धारा बार-बार उलटी बहने लगती थी। और भी बड़ी दिक़्क़त यह थी कि जब पानी का स्तर घटकर कुछ सेंटीमीटर रह जाता, हमें नाव को खींचकर ऐसी जगह लाना पड़ता जहाँ उसे फिर से चलाया जा सके। इस तरह टेढ़े-मेढ़े रास्तों, सुनहरी रेत और उस पर उग रहे पौधों से होते हुए हम नाव को गढ़मुक्तेश्वर के पुल तक ले आए और फिर धीरे-धीरे किसी अज्ञात जगह की ओर चल पड़े।

बालू की चट्टानें दिखने में बहुत सुन्दर थीं। वे छोटे-छोटे गाढ़े रंग के ठोस स्तनों की तरह पानी की पीली-हरी सतह पर उभरी हुई थीं। और इसका संकेत थीं कि दुनिया में गंगा से भारी और कोई नदी नहीं है। उन्नीसवीं सदी में एक विक्टोरियाई इंजीनियर सर चार्ल्स लेयल ने अनुमान लगाया था कि गाजीपुर आते-आते गंगा में 350,000,000 टन बालू जमा हो जाता है जो छह ग्रेट पिरामिडों के बराबर है। अपने उद्गम क्षेत्र में तो गंगा में इससे भी अधिक रेत जमा हो जाती है जिससे सामान्य यातायात असम्भव हो जाता है। यहाँ तक कि उन्नीसवीं शताब्दी के शुरू में जब ऐसे अभियानों की शुरुआत हुई तो प्रिंसियप ने कलकत्ते में स्थित ब्रिटेन की स्टीमर कम्पनियों के लिए रिपोर्ट तैयार करते हुए लिखा था कि इस क्षेत्र में सिर्फ़ गढ़मुक्तेश्वर तक नाव चलाई जा सकती है। चट्टानें इस क़दर ख़तरनाक थीं कि ब्रिटिश कम्पनियों को मज़दूरों के विशेष दस्ते बनाकर गंगा के ऊपरी इलाक़ों में तैनात करने पड़े ताकि

ईस्ट इंडिया कम्पनी के जल यातायात के लिए ख़तरनाक जगहों की पहचान की जा सके।

मल्लाह थक चुके थे, लेकिन चट्टानों के मिलने की आशंका से खाना पकाना मुश्किल था। मैंने उन्हें अमूल चीज़ के साथ ब्रेड के स्लाइस खाने को दिए। राम ने मुझे खाते देखकर पनीर का टुकड़ा सूँघा और पूछा :

'यह क्या है, साहब? साबुन जैसा लग रहा है।' कहकर उसने चीज़ मुँह में डाला, लेकिन फिर पीठ मेरी तरफ़ करके उसे थूककर कुल्ला कर दिया...

परोरा और हरिहर बाबा के मन्दिर पर नहाते हुए तीर्थयात्रियों को पार करने के बाद हमारी यात्रा कुछ आसान हुई। पीर सिंह और राम बारी-बारी से चप्पू चलाते रहे। शाम को पछुआ हवा के चलते नाव ने ऐसी रफ़्तार पकड़ ली जैसी हम चाहते थे। हमारा अन्दाज़ा था कि आज टीकादेवी के मन्दिर पहुँच जाएँगे जहाँ गंगा तट पर एक मशहूर बाबा कई वर्ष से तपस्या में लीन थे। हमें भरोसा था कि अगर गंगाजी ने धोखा नहीं दिया तो हम अपने गंतव्य तक ज़रूर पहुँच जाएँगे। हम तेज़ी से बढ़ते रहे।

धूप कुछ नरम पड़ गई थी। रोशनी धुँधलाने लगी थी। हट्टा-कट्टा राजपूत और दुबला-पतला बनिया, दोनों पर थकान तारी हो रही थी। कोई नहीं जानता था कि अभी कितनी दूर तक चलना होगा। रात होने से पहले एक सुरक्षित जगह पहुँचने की फ़िक्र में हमने एक नाव वाले की तरफ़ अपनी नाव मोड़ी और उससे पूछा :

'भैया, टीकादेवी मन्दिर कितनी दूर होगा?'

'बहुत दूर नहीं है। गढ़ से मन्दिर तक सीधी बस जाती है।'

'नहीं, नहीं, गंगा की धारा में कितनी दूर है?'

'लेकिन यहाँ मछलियाँ तो मिलेंगी नहीं।'

'अरे, रात में मछली पकड़ने को थोड़े निकले हैं? मन्दिर कितनी दूर है?' पीर ने हड़बड़ाते हुए पूछा।

उसने कहा, 'यह तो गंगाजी से ही पूछो। मैं कभी गया नहीं।'

'आगे कौन सा गाँव पड़ेगा...?'

'बौनरा, शेरपुर...'

'लेकिन ये गाँव तो पीछे छूट गए हैं!' पीर सिंह ने कहा।

'अरे! आप लोग नीचे जा रहे हैं? रुकिए सोचकर बताता हूँ।' पाँच मिनट तक वह अपनी उँगलियों पर गिनती करता रहा और फिर बोला : 'पता नहीं। मैं यहाँ का रहनेवाला नहीं हूँ। यहाँ मेरी ससुराल है। लगता है आप लोग लम्बे निकले हैं। जल्दी कीजिए, चिड़ियाँ घर लौट रही हैं।'

गंगा की धाराओं में वक़्त का पता करने का एकमात्र ज़रिया चिड़ियाँ ही होती हैं। समय का बोध उनकी चेतना में बहुत बारीक़ी से काम करता है और गंगा के यात्री को समयहीन राहों पर चलाता रहता है। चिड़ियाँ ही सूरज को जगाती हैं, लोगों को जगाती हैं और जब सूरज डूबता है तो वे नाविकों से अपने जाल समेटने के लिए कहती हैं। चिड़ियों के बिना गंगा की कल्पना करना असम्भव है।

कुछ ही पल में सूरज ने नदी को नारंगी रंग के ग़लीचे में बदल दिया। आसमान में हज़ारों-हज़ार चिड़ियाँ छा गईं जैसे वे किसी दूसरी दुनिया से आई हों। उनकी लाखों वृत्ताकार छवियों से आसमान किसी बच्चे की बड़ी कॉपी जैसा हो गया जिस पर ज्यामिट्री का उलझा हुआ पाठ लिखा हो।

सारस, मुर्गाबियाँ और गौरैयाँ नीचे तक आकर और पानी को छूकर विदा लेने लगीं। सारसों ने अपने सींकिया पैर टीलों पर टिका दिए। नीली पोशाक पहने हुए साँझ उतर रही थी। सारस टीलों पर पुतलों की तरह टहल रहे थे। चिड़ियों की दुनिया का रोमियो और जूलियट जैसा प्रेमी जोड़ा चकवा और चकवी कहीं दूर अपने अमर प्रेम का गीत गा रहा था। चिड़ियों के नीले, हरे, लाल और सफ़ेद रंगों और उनकी मुद्राओं और आवाज़ों ने एक भव्य ऑपेरा जैसा रच दिया था। लगता था, नीले आसमान के नीचे उड़ती हुईं मुर्गाबियाँ इस धरती के आख़िरी रोमांटिक प्राणी हैं...

चिड़ियाँ चुप हुईं तो रात घिर आई। अब तक हमने काफ़ी दूरी तय कर ली थी। अनूपशहर के पंटून पुल और धुँधली बत्तियों को पार करने के बाद हम टीकादेवी मन्दिर पहुँच रहे थे जो गंगा के दाएँ तट पर था। दूर मन्दिर के आँगन में एक लैम्प जल रहा था। इसके अलावा जीवन

का कोई चिह्न नहीं था। थके हुए मल्लाहों के लिए यही काफ़ी था कि हम गंतव्य तक पहुँचनेवाले हैं। राम ने चैन की साँस लेकर चप्पुओं को नाव पर रख दिया और कहा : 'अब गंगाजी की धारा ही हमें मन्दिर तक ले जाएगी। मैं बचपन से मल्लाही कर रहा हूँ लेकिन इतनी थकावट कभी नहीं हुई!' पीर सिंह चौकन्ना और न थकनेवाला आदमी था। उसने ताना मारा : 'अरे बनिये, औरतों की तरह बिसूरना बन्द करो, आगे की सोचो, साहब के लिए खाना-वाना बनाओ।' पीर सिंह की बातों से साफ़ झलकता था कि हिन्दुस्तान के देहातों में जाति की जड़ें कितनी गहरी हैं।

'साहब, हम नाव को किनारे पर ले जाएँगे, वहीं खाना बनाकर खाएँगे। और फिर बीच धारा में लंगर डालकर सो जाएँगे।'

'नदी में सोएँगे? नाव तो बहुत छोटी है। सोने के लिए नदी का तट ठीक रहेगा।' मैंने कहा।

'नहीं, नहीं, साहब। बहुत बुरा वक़्त है। आए दिन लूटपाट और अपराध होते रहते हैं। बीच धारा में ही ठीक रहेगा।' राम ने आगाह किया।

मुझे लगा, राम कुछ ज़्यादा ही घबराया हुआ है, लेकिन पीर सिंह ने भी उसके सुर में सुर मिलाया : 'नहीं, साहब, नदी के किनारे ख़तरा हो सकता है। नाव वालों को पाँच रुपये के लिए भी लूट लेते हैं। मल्लाह जात के अन्दर भी बहुत से चोर चक्कू वाले हैं। हमें नदी में ही रात काटनी चाहिए।'

'नदी की धारा में सोने से क्या होगा? लूटनेवाले तो वहाँ भी आ सकते हैं।'

'पानी में किसी को पकड़ना आसान नहीं होता, साहब। उससे हमें तैयारी करने का वक़्त मिल जाता है।' पूरा मसला पेचीदा होने लगा था।

'लेकिन लुटेरों के पास हथियार हों तो?' मैं माहौल को हल्का बनाने के लिए हँसा।

'इतना आसान नहीं है, साहब। हम भी तैयारी के साथ आए हैं। हमने पूरा प्रबन्ध कर रखा है...' पीर सिंह नाव के पिछले हिस्से में गया और शिव की तस्वीर के पीछे रखे हुए कपड़े के थैले से तीन गोले निकालकर लाया।

'यह क्या है?'

पीर सिंह ने मज़ाक़ करते हुए कहा, 'लड्डू हैं, साहब!'

'अरे बताओ तो सही, है क्या?'

'देसी बम हैं! पूरी नाव बर्बाद कर सकते हैं। हमें अपना ख़याल रखना पड़ता है साहब, वरना इस धन्धे में जीना मुश्किल हो जाएगा।' उसने सावधानी से बमों को वापस थैले में रखा और जैसे ख़ुद से कहा : 'गीले तो नहीं ही हुए होंगे ये बेचारे लड्डू।'

मैंने ठंडे पानी से हाथ-मुँह धोया। राम और पीर सिंह लँगोट पहने हुए थकान दूर करने के लिए नदी में कुछ दूर तक गए। जब वे लौटे तो अँधेरा हो चुका था। उनके शरीर पर गेंदे की पंखुड़ियाँ लगी थीं। पीर सिंह ने जल्दी से आग जलाई और राम प्याज़, लहसुन, हरी मिर्च और आलू छीलने में लग गया। राम ने पूछा, 'खाने में मिर्च तो चलेगी साहब?'

'बिलकुल। बहुत पसन्द है।' मैं अपना मसाला-प्रेम पूरा भी नहीं बता पाया था कि राम ने फ्राइंग पैन में मुट्ठी-भर हरी मिर्चें डाल दीं। पीर सिंह ने चिलम भरी और मैंने अपना स्लीपिंग बैग खोलकर तट पर बिछा दिया।

अचानक मैंने मन्दिर की तरफ़ देखा जो कुछ ही देर पहले तक बिलकुल उजाड़ था। मन्दिर की दीवाल से सटी चट्टान पर किसी की परछाईं दिखाई दी। वह बालों के तेल के विज्ञापन जैसी लगती थी। फिर परछाईं हिली। फिर लगा वह एक खम्भे के सहारे टिक गई है और हाथों को पैरों तक ले जाने के लिए झुक रही है। वह फिर से हरकत में आई और अपने बालों को पीछे की ओर झटकने लगी। मैंने देखा, उसके बाल लम्बे थे। लम्बी जटाओं वाला साधु? या कोई स्त्री? एक स्लाइड-शो जैसा था जिसमें दृश्य बार-बार बदल रहा था। छाया फिर से हिली। उठ खड़ी हुई और पर्दे से बाहर चली गई। कुछ ही देर में पर्दा भी ग़ायब हो गया क्योंकि शायद लैम्प हटा दिया गया था या किसी कपड़े से ढक दिया गया था। मन्दिर के स्याह ढाँचे पर एक अर्धपारदर्शी धुँधलका छा गया।

इसका रहस्य जानने के लिए मैं चट्टान पर चढ़ने लगा। तभी वह छाया पूरी तरह उजागर हुई। कोई स्त्री थी, उसके हाथ में एक दीया था और वह नदी के किनारे चट्टान तक पहुँच गई थी। एथेना की तरह

सीधी, आज़ाद और आत्मविश्वास से भरी हुई। वह गंगा की गहराई में झाँक रही थी। अजीब दृश्य था। गंगा के तट पर एक देवी? एक रहस्यमय नदी, एक अलौकिक अनुभव...

उसने दीया चट्टान पर रखा और बैठ गई। टाँगें आधी मुड़ी हुईं, ठुड्डी घुटनों पर, क्षितिज पर टकटकी लगाए हुए।

'कौन है वह?' मैंने पीर सिंह से पूछा।

'मालूम नहीं।' पीर फुसफुसाया, 'हमें अपने काम से मतलब है।'

'अजीब बात है, कौन होगी?' मैंने कहा।

'छोड़िए, साहब। बताइए, खाने में सलाद लेंगे?' साफ़ था कि पीर सिंह उस स्त्री से मेरा ध्यान हटाने की कोशिश कर रहा था।

'पीर, रुको ज़रा, मैं आता हूँ।'

पीर ने बात काटते हुए कहा, 'क्या कर रहे हैं साहब। इन दिनों किसी पर भरोसा नहीं कर सकते। यह कोई चाल भी हो सकती है। आइए, खाना खाते हैं और सोने के लिए कोई अच्छी जगह देखते हैं। वक़्त बहुत ख़राब है, साहब। इस इलाक़े में लुटेरे और डाकू भी हैं।'

'अरे, छोड़ो, पीर सिंह। वह महिला ऐसी नहीं लगती है। शायद उसके घर में कोई परेशानी हो, क्या मालूम!'

'हो सकता है। पर कौन जानता है असल बात क्या है! बताइए, खाने में सलाद लेंगे?'

तभी हमने उस स्त्री को एक मशहूर ग़ज़ल की पहली पंक्ति गुनगुनाते हुए सुना। राम और पीर सिंह ने एक-दूसरे की तरफ़ देखा, जैसे कोई साज़िश सूँघ रहे हों। वह बहुत अच्छा गा रही थी।

मैंने उनसे कहा, 'मैं उससे मिलकर आता हूँ।'

'नहीं, साहब बिलकुल नहीं।' मल्लाहों ने सख़्ती से कहा।

'मुसीबत मोल लेने का क्या फ़ायदा? राम जाने, कौन है। कोई पागल है? किसी की घरवाली है? कुछ भी हो सकता है। और सच्ची बात यह है साहब, इस इलाक़े में हाल ही में बहुत से क़त्ल हुए हैं। हम इन चीज़ों को हल्के-फुल्के ढंग से नहीं ले सकते। बस आप वहाँ मत जाइए।' पीर सिंह इतना परेशान लग रहा था कि उसकी राजपूती शान ही ग़ायब हो गई।

मुझे ख़तरे की कोई चिन्ता नहीं थी। मैंने सिगरेट का पैकेट उठाया और चट्टान पर चढ़ गया। वह स्त्री चुस्त सलवार-कमीज़ पहने थी। उसका सफ़ेद झीना दुपट्टा हवा में धीमे-धीमे लहरा रहा था। वह पतली और सुडौल थी। उसके लम्बे काले बाल आवारा हवा के झोंकों से बाएँ कन्धे पर झूल रहे थे। मेरी हालत ऐसी हो गई कि न वहाँ रुक सकता था और न वहाँ से जा सकता था। घबराकर मैं धीरे-से उसके पास पहुँचा। वह एक स्वाभाविक अदा के साथ मेरी तरफ़ मुड़ी। उसका रंग गेहुँआ था, आँखें बादामी और गाल उभरे हुए। चेहरे पर जवानी की चमक थी। मैं कुछ कहता, इससे पहले उसने अपना चेहरा नदी की तरफ़ कर लिया। नीचे मल्लाहों की फुसफुसाहट जारी थी।

'आदाब अर्ज़ है।' उसने आसमान की तरफ़ देखते हुए नफ़ीस उर्दू में कहा।

'आदाब।' मैंने जवाब दिया और घबराया हुआ-सा थोड़ी दूर बैठ गया।

'शायद आपको दूर रहना बेहतर लगता है।' उसकी बात ने मुझे लाजवाब कर दिया। वह क्या कहना चाहती है?

'आपकी तारीफ़?' उसने पूछा।

'निशान्त। मैं नाव से गंगा की यात्रा कर रहा हूँ।'

'गंगा?'

'हाँ, गंगाजी।'

'आप तीर्थयात्री हैं?'

'हाँ, यही समझ लीजिए।'

'नीचे की तरफ़ सफ़र कर रहे हैं?'

'मैं लेखक हूँ। लेकिन आप की तारीफ़? आप...?'

'ज़हरा।' उसने एक शब्द में जवाब दिया।

'आप यहीं रहती हैं?' मैंने माहौल को हल्का करने की कोशिश की।

'अरे नहीं, बिलकुल नहीं। हम यहाँ मेले में आए थे। दो दिन पहले यहाँ एक मेला था। फिर हम रुक गए। गंगा-किनारे।'

मैंने पूछा, 'तो आप भी पाप धोने आई हैं।'

'यह भी कह सकते हैं।' उसने अपना चेहरा घुमाया और फिर से रात की गहराई में देखने लगी। फिर बुदबुदाते हुए कहा : 'हाँ, कुछ पापों

को धोने और कुछ नये पाप जोड़ने के लिए।' अचानक वह खिलखिला उठी। उसकी हँसी, उसके शायराना जवाब ने मुझे अवाक् कर दिया। कौन है वह? कोई माया? कोई हक़ीक़त? जादूगरनी? संन्यासिनी? गंगा?

'तो आप कहाँ रहती हैं?' मैंने फिर पूछा।

'मेरठ। क्या आप मेरठ जानते हैं?'

'जी हाँ, थोड़ा-बहुत। आपके माता-पिता क्या करते हैं?'

'कुछ नहीं। लेकिन मैं काम करती हूँ।'

'हमारे देश में वैसे तो महिलाएँ कम ही काम करती हैं।'

'यह तो हालात पर मुनहसर है। कुछ अपनी पसन्द से करते हैं कुछ अपनी मजबूरी से।'

'आप कौन-सा काम करती हैं?'

'मोहब्बत।' उसने मेरी आँखों में झाँका और खिलखिलाने लगी। मल्लाह फिर से खुसुर-फुसुर करने लगे थे।

'आप तो शायर दिखती हैं,' उसके पोर-पोर से शायरी झलक रही थी।

'शायरी शायर लोग करते हैं, मुझे तो लिखना भी नहीं आता। कभी स्कूल भी नहीं गई।'

'लेकिन ऐसे शायर होते हैं जो कभी स्कूल नहीं गए।'

'वह ख़्वाबों में जीनेवाले लोग हैं, शायर नहीं।'

'तो फिर आपका पेशा है क्या? मोहब्बत तो शायरों का पेशा होता है।'

'शायर शेर से मोहब्बत करते हैं, हम शायरों से। शायर ख़्वाब से मोहब्बत करते हैं, हम उनकी रूह से। एक नामालूम-सा फ़र्क़ है न दोनों चीज़ों में। जी हाँ, मेरा काम हुस्न से आँख-मिचौनी खेलना और नाचती-गाती मोहब्बत का सौदा करना है।' वह नज़ाकत से हँसी, जैसे ख़ुद से ही मोहब्बत कर रही हो। फिर उसने दहकती आँखों से मुझे इस तरह देखा कि मेरा रहा-सहा संयम पिघल गया। वह इशारों की भाषा में बात कर रही थी। उसकी नपी-तुली निगाह से शायरी टपक रही थी। उसकी ख़ामोशी मुझे उसके शब्दों का दीवाना बना रही थी। उसकी बातें, उसकी आँखें, उसकी कलाइयाँ, उसके होंठों की फुरकन—हर चीज़ जैसे बेजोड़ शायरी से भरपूर थी। मुझे लगा, अगर दुनिया उसे एक गिरी हुई वेश्या मानती हो तो काश दुनिया की सभी औरतें ऐसी ही

हों। अगर दुनिया उसे बदचलन मानती हो तो काश वह एक देवी का ही रूप हो। ज़हरा एक नायाब तोहफ़ा थी जिसे गंगा ने अपनी नियति को खोजनेवाले इस यात्री को सौंपा था। मैंने अपने को पूरी तरह किसी अज्ञात के हाथों में छोड़ दिया। मैंने गहरी रात में झाँका और सितारों को सुनाते हुए कहा : तुम कुछ भी चाहो, आज की रात मेरे नाम है।

'आपको ख़ामोशी पसन्द है, क्यों?' उसने मुझे छेड़ते हुए कहा।

'ऐसा तो नहीं। ख़ामोशी मेरे लिए संगीत है।' दरअसल मैं इसलिए ख़ामोश था कि ज़हरा के लच्छेदार और लुभावने शब्दों को सुनते रहना चाहता था। उर्दू एक शानदार ज़बान है और उसकी लय में ऐसी गहराई है कि संगीत ख़ुद-ब-ख़ुद ज़बान का हिस्सा बन जाता है। उर्दू में संगीत समाया हुआ है। एक सिम्फ़नी की तरह उसकी आवाज़ बेशुमार लहरों में उठती है और एक ऐसी समरस लय रचती है जिसमें हर तरह का बिखराव भी ख़ूबसूरत लगता है। उर्दू अगर संगीत जैसी थी तो ज़हरा उसकी सबसे कमसिन और मारक अदाकारा।

'क़रीब आइए, आप इतनी दूर क्यों बैठे हैं?' उसने मुस्कुराते हुए कहा और फिर हंस जैसी अपनी गर्दन उठाकर सितारों से भरी रात को देखा। 'रात कितनी ख़ूबसूरत है! सितारे जैसे किसी आसमानी जुलूस में शामिल हैं! बुरा न मानें तो हम कुछ दूर तक टहलने चलते हैं...'

मैंने नीचे झाँका। राम और पीर सिंह एक साथ एक बड़ा-सा काला कम्बल ओढ़े हुए थे। मैंने जाकर उनसे कहा कि मुझे आने में देर हो जाएगी। वे यह सुनकर हैरान रह गए कि मैं उस स्त्री के साथ टहलने जा रहा हूँ। पीर सिंह अपने राजपूत जात-भाई की इस हरकत पर इतना शर्मिंदा था कि उसने कहा : 'साहब, आप ऊँचे ख़ानदान के हैं। आपको ऐसी पतुरियों का संग-साथ शोभा नहीं देता। और भगवान न करें साहब, अगर कोई अनहोनी हो गई तो तहसीलदार हम लोगों को सीधे अन्दर कर देंगे।' मैंने सिगरेट का एक और पैकेट उठाया और चल दिया। पीछे से मल्लाह कहते रहे : 'साहब, साहब, सुनिए तो साहब...'

उस स्त्री ने दीया उठाया और मन्दिर के आले पर रख दिया, जहाँ शायद वह पहले रखा हुआ था। 'चलिए।' वह फुसफुसाई और चल पड़ी। मैं उसके पीछे-पीछे चलने लगा। रात काफ़ी हो गई थी और चाँदी

जैसा चाँद चमक रहा था, जैसे हमें राह दिखा रहा हो। दाईं तरफ़ एक गाँव गहरी नींद में था। कुत्ते, पशु, चिड़ियाँ जैसे हमारी यात्रा के मूक गवाह थे। आवाज़ के नाम पर सिर्फ़ मछलियों की हलचल थी जो नदी से दूर जाने पर धीरे-धीरे कम होती गई। हमने पहले गाँव को और फिर आम के बाग़ीचे को पार किया। ज़हरा मेरे कान में फुसफुसाई, 'बस, पक्के रास्तों पर मत जाइए और मेरे पीछे चलते रहिए।' ज़हरा ऐसे आत्मविश्वास के साथ चल रही थी जैसे वह जंगल की पेशेवर गाइड हो। उसने अपना सफ़ेद दुपट्टा सिर पर रख लिया था। दुपट्टा लज्जा, संकोच और दूसरों से दूरी का आवरण होता है। दुपट्टा एक सांस्कृतिक प्रतीक है, महिलाओं की गरिमा और सम्मान का सूचक।

आसपास जंगली झाड़ियाँ ओस से भीगी हुई थीं। मेरी जींस गीली हो गई थी और पैरों में ठंड लग रही थी। ज़हरा बेख़बर थी। कई बाड़ों और मेड़ों को फलाँगते हुए हम काफ़ी दूर चले आए। लगता था, घुमावदार रास्ता हमें गंगा से बहुत दूर ले जा रहा है, लेकिन मेरे आश्चर्य का ठिकाना नहीं रहा जब हम एक चट्टान के ऊपरी सिरे तक पहुँचे जहाँ से गंगा का विस्तार दिखाई देने लगा। मैंने देखा, चाँद की रोशनी में नदी कितनी बदल जाती है। उसके पानी में एक असामान्य उथल-पुथल थी। हम दोनों बैठ गए।

ज़हरा ने खिलखिलाते हुए कहा, 'इसे भूतों का घाट कहते हैं। यह भूतों के नहाने की जगह है।' उसकी हँसी में एक अजीब खनक थी। जब मैं गंगा को देख रहा था, वह मेरी तरफ़ मुड़ी और बोली : 'भूत, भूत।' उसने अपना मुँह और आँखें गोल-गोल घुमाई और हाथों से चेहरे के इर्द-गिर्द मेहराब जैसी बनाई। फिर हँसने लगी :

'क्या आपको भूतों से डर लगता है?'

'डर भी तो एक भूत है।' मैंने कहा।

'क्या?'

'चाँद भूत है।'

'सितारा भूत है।'

'आसमान भूत है।'

'आम का पेड़ भूत है।'

‘पुजारी भूत है।’
‘मन्दिर भूत है।’
‘गंगामैया भूत है।’
‘माँ भूत है।’
‘शाम भूत है।’
‘राजीव भूत है।’
‘इन्दिरा गांधी भूत है।’
‘नाव भूत है।’
‘धोखा भूत है।’
‘तुम्हारा दलाल भूत है।’
‘तुम्हारा मल्लाह भूत है।’
‘तुम्हारी आवाज़ भूत है।’
‘तुम्हारी आँखें भूत हैं।’
‘प्यार भूत है।’
‘रात भूत है।’
‘याददाश्त भूत है।’
‘आदमी भूत हैं।’
‘जया तुम्हारी भूत है।’
‘कौन?’
‘जया ज़हरा का भूत है।’
‘क्या?’
‘तुम्हारी आँखें भूत हैं।’
‘तुम्हारा मुँह भूत है।’
‘बेकेट भूत है।’
‘कौन?’
‘गोदो भूत है।’
‘कौन?’
‘तुम्हारे होंठ भूत हैं।’
‘तुम्हारी आँखें भूत हैं।’
‘तुम्हारे होंठ भूत हैं।’

उसने मेरे होंठ छुए और गंगा मुस्कुरा उठी। वह मुड़ी, भागी और एक झटके से नदी में कूद गई। उसके पीछे मैं भी कूद पड़ा। पानी ठंडा, बर्फ़ानी ठंडा था। ज़हरा गर्म थी, एक रेशमी लपट की तरह गर्म। जीवन का कोई बिन्दु ऐसा होता है जहाँ न कुछ गर्म होता है न सर्द, सब विरोधाभास ख़त्म हो जाते हैं। जुनून का बीज उसी पल में पैदा होता है।

उसकी निगाह में प्रेम सबसे पवित्र चीज़ था। एक पूजा। आत्म का विसर्जन। एक अन्तहीन तलाश। एक संन्यासिनी की तरह उसने अपने को पूरी तरह से छोड़ दिया। वह रोती और हँसती रही, खरोचती और छेड़खानी करती रही। वह जिस्म के कौर की भूखी थी। उसने मुझे बेतरह काटकर नीला कर दिया। 'अल्लाह मियाँ, तुमने यह मोहब्बत क्यों बनाई, क्यों बनाई!' मैं जब उसके भीतर की गहराइयों में था, वह एक पत्ते की तरह काँप रही थी। 'तुमने मुझे इतनी दूर तक चाहा है, यही निर्वाण है, यही मोक्ष है, यही माया है।' उसकी आवाज़ में एक जादुई गूँज थी। वह उसके भीतर की गहराई से, उसके दिल के गूँजते हुए खँडहरों से आ रही थी और आसमानी ऊँचाइयों को भेद रही थी। वह आवाज़ ऐसी थी जैसे किसी चिड़िया को शिकारी का तीर लगा हो। एक समूचे अस्तित्व की आवाज़। अनन्तता और आत्मा की आवाज़। वह ओम की ध्वनि थी। 'मैंने बरसों से दुनिया को मोहब्बत दी है, आज पहली मर्तबा किसी अजनबी ने मेरा उधार चुकाया है।' कहते हुए उसने अपने नाखून मेरी छाती में गहरे गड़ा दिए और देवताओं को भी हिला देनेवाली आवाज़ में कहा : 'अल्लाह! ये मेरी नन्ही-सी मोहब्बत को न छीन।'

'आप बड़ी देर से ख़ामोश हैं।' उसकी बात सुनकर एहसास हुआ कि मुझे नींद आ गई थी। आसमान में भोर का उजास फैल रहा था। ज़हरा चाहती थी कि मैं अपने बारे में कुछ बताऊँ। बताने के लिए कुछ ख़ास नहीं था। मेरे लिए ज़हरा एक अकल्पनीय फ़रेब थी—एक पहेली और एक सच साथ-साथ। दो साल पहले 26 अक्तूबर, 1983

को एत्रेतात में अटलांटिक महासागर की चट्टानों पर मैं ऐसी स्त्री से इसी तरह और ऐसे ही पलों में मिला था। उसका नाम जया था। ज़हरा, दुःख का पहला नाम है मिलन।

'अब भी ख़ामोश हैं। अरे, कुछ कहिए।' ज़हरा ने कहा।

'कुछ सोच रहा था।'

'क्या?'

'मुझे पता ही नहीं चला कि नींद आ गई है।'

'बताइए, क्या सोच रहे थे?' उसने मुझे कोहनी मारी।

'एक सपने के बारे में। मैंने सपने में तुम्हें देखा। अजीब सपना था।'

'क्या?'

'काफ़ी परेशान करनेवाला था। मैंने देखा कि तुम एक जंगल में हो। शायद गंगा के क़रीब कोई जंगल। बाल बिखरे हुए हैं, कपड़े फटे हुए हैं, तुम्हारी बाँहों में एक बच्चा है जिससे ख़ून बह रहा है। तुम पागलों की तरह दौड़ रही हो तो जैसे भागने की कोशिश कर रही हो। फिर एक राजा आता है। शायद शान्तनु नाम था उसका...'

'क्या आप शान्तनु कह रहे हैं?'

'हाँ, शान्तनु। राजा तुम्हें पकड़ने की कोशिश कर रहा था। उसके हज़ारों सैनिक तुम्हें पकड़ने के लिए चारों ओर दौड़ रहे थे। कुछ देर यही चलता रहा। मुझे तुम्हारा चेहरा अच्छी तरह याद है। जैसा किसी हत्यारे का चेहरा होता है। राजा तुम्हारे पास पहुँचता है लेकिन तुम नदी के तट पर आ गई हो। वह तुम्हारे सामने झुकता है और गिड़गिड़ाते हुए कहता है, तुमने मेरे छह बच्चों को मार डाला है। तुमने उन्हें एक-एक कर गंगा में फेंक दिया। ज़हरा, ज़हरा, मेरी प्रार्थना है कि इतनी क्रूर मत बनो और मेरे बच्चे को छोड़ दो ताकि वह मेरी गद्‌दी सँभाल सके। शान्तनु बहुत गिड़गिड़ाता है लेकिन तुम अपनी क्रुद्ध लाल आँखों से घूरती हो और कहती हो, 'तुमने अपना वचन तोड़ा है। इस विश्वासघात की क़ीमत यही हो सकती है कि इस बच्चे का भी वही हश्र हो जो दूसरे बच्चों का हुआ। तुम चीख़कर बच्चे को गंगा में फेंक देती हो। बाप रे, कैसा भयानक सपना था।'

'पक्की बात है कि राजा का नाम शान्तनु था?'

'हाँ, शान्तनु।'

'अजीब बात है,' उसने एक सन्तुष्ट मुस्कान के साथ कहा, जैसे वह राजा को जानती हो, 'कितना अजीब है, वह राजा शान्तनु था।'

'क्यों? क्यों?'

'आप महाभारत के बारे में जानते हैं?'

'महाकाव्य?'

'हाँ। अच्छी तरह जानते हैं?'

'अरे, कौन नहीं जानता। लेकिन तुम क्या कहना चाह रही हो?'

'महाभारत की शुरुआत इसी सपने से होती है। हू-ब-हू। गंगा और राजा शान्तनु की वह मशहूर मुलाक़ात।'

'तो इसका मतलब? कि मेरे सपने की ज़हरा दरअसल गंगा थी?'

'जी हाँ, और कौन? और आप राजा शान्तनु!' ज़हरा ने हँसकर मेरा हाथ पकड़ लिया।

उस छोटी-सी रात में दो-एक जैसी अन्धी चाहतों का मिलन हुआ। ज़हरा ने मुझे अपने शहर मेरठ आने के लिए कहा। टीकादेवी से मेरठ के लिए कोई सीधी बस नहीं थी, तो हमने तय किया कि कानपुर-आगरा पुल तक नाव से जाएँगे और फिर उसके शहर तक जाने का रास्ता तय करेंगे, जहाँ 1857 में इतिहास-प्रसिद्ध 'सिपाही विद्रोह' हुआ था।

मैं बेतरह थका हुआ था। लेकिन आँखों में नींद नहीं थी। नाव पर लौटकर मैंने देखा कि एक दिन पहले का दोस्ताना माहौल अचानक बदल गया है। नाव पर जैसे मुर्दनी छाई थी। राम और पीर सिंह की आँखों में सदमा और ग़ुस्सा था जैसे उनकी बेइज़्ज़ती हो गई हो। मैंने उनकी नैतिकता और स्वाभिमान को ऐसे ठुकरा दिया था जैसा उन्होंने सपने में भी नहीं सोचा था। मुझे नाव पर आए हुए पाँच मिनट हो गए थे लेकिन किसी ने पहले जैसी गर्मजोशी नहीं दिखाई। ऐसी भारी ख़ामोशी थी जैसे कोई मर गया हो। हाँ, ज़रूर कुछ था जो मर गया था : मुझ पर उनका विश्वास।

कुछ ही देर में सामाजिक पूर्वग्रहों का संसार उस नदी की सतह पर छा गया, जिसका पानी सदियों से मनुष्य की समानता का सन्देश देता हुआ बह रहा था। मल्लाहों की निगाह में ज़हरा एक दुष्चरित्र औरत

थी। वह न सिर्फ़ एक वेश्या थी, बल्कि फ़िलहाल उनके दौलतमन्द मालिक की रखैल भी थी और उन्हें उसे उतनी ही इज़्ज़त देनी पड़ रही थी जितनी किसी मालिक की रखैल को दी जाती है। ज़हरा ने जब मुझसे नफ़ीस उर्दू में बात की तो मल्लाहों को पता चला कि वह मुस्लिम भी है। इससे मामला और बिगड़ गया। रंडी, गिरी हुई, अछूत और वह भी मुसलमान। मल्लाहों के लिए इससे ज़्यादा अपमानजनक और क्या हो सकता था।

'चाय रखी है, साहब। आप पिएँगे क्या?' राम ने कहा। पीर सिंह व्यस्त दिखने की कोशिश करता रहा।

'और तुम लोग? तुम लोगों ने चाय पी ली?'

'हाँ, पी ली।'

'अच्छा, तो दो गिलासों में दो।'

'एक ही गिलास है आपके लिए, साहब।' पीर सिंह ने थोड़ा झल्लाकर कहा और कनखियों से ज़हरा को देखा।

'तो हम साझा कर लेंगे,' मैंने सख़्ती से कहा। पीर ने आँखें झुका लीं।

मालिक के रुआब के सामने मल्लाहों के पास इसके सिवा कोई चारा नहीं था कि वे गंगा में अगले पड़ाव तक नाव खेते हुए चलें। एक शायर-वेश्या और दो कट्टर हिन्दुओं के बीच तनाव ने यात्रा का मज़ा किरकिरा कर दिया। तट पर चिड़ियाँ चहचहा रही थीं और खेल रही थीं, धूप नाज़ुक लहरों पर रोशनी की परत बिछा रही थी और गंगा का विस्तार एक आईने की तरह चमक रहा था, लेकिन तनाव ने मेरे चैन को नष्ट कर दिया। आधे घंटे के बाद हमारी नाव उसी घाट पर पहुँची, जहाँ ज़हरा और मैंने रात बिताई थी। घाट देखकर ज़हरा ने मेरी ओर खिसकते हुए कहा : 'देखिए! भूतों का घाट! क्या अब भी भूतों से डर लगता है?' फिर उसने उठकर शिव के पास रखी थाली से एक फूल उठाया और धीरे से घाट की ओर फेंक दिया। मैं गम्भीर और परेशान था। ज़हरा मुझे कोहनी मारकर फुसफुसाई :

'आपको क्या हो गया है? अपने लोगों से काहे नाराज़ हैं? मैं तो ऐसे लोगों से रोज़ ही निपटती हूँ। यही लोग रात में मेरे जिस्म के लिए गिड़गिड़ाते और चिरौरी करते हैं। वे अपनी बीवियों को भला-बुरा

कहते हैं, अपनी आपबीती सुनाते हैं और सुबह होने पर मेरा चेहरा भी नहीं देखना चाहते। तो सुनिए मेरी जान, ज़हरा का सिर्फ़ एक चेहरा है। इन लोगों को दो चेहरों की ज़रूरत है। अरे! देखिए, देखिए, झाड़ी में सफ़ेद ख़रगोश!'

हम सही समय पर पुल तक पहुँच गए। दोपहर हो गई थी। मैंने पीर सिंह से नाव पर तट पर बाँधने के लिए कहा। 'पीर, मैं दो दिन के लिए मेरठ जा रहा हूँ। परसों लौटूँगा। उसके बाद हम लोग नरौरा के लिए चल देंगे।'

पीर सिंह हक्का-बक्का रह गया।

मैंने फिर कहा, 'मुझे मेरठ में कुछ काम है, परसों आऊँगा।'

'मतलब कि आप यहाँ उतर रहे हैं!'

'हाँ, फिर मैं वापस भी तो आऊँगा।'

'लेकिन ऐसा तो सौदा नहीं हुआ था, साहब। हमें आपको नरौरा तक छोड़ने के लिए कहा गया था। तहसीलदार साहब से एक रात ज़्यादा रुकने की कोई बात ही नहीं हुई। माफ़ कीजिए, यह तो नहीं होगा, साहब।' पीर सिंह ने पहली बार रुखाई से कहा :

'देखो, भैया, मैं नाव पर मज़ा करने नहीं आया हूँ। मैं अपने काम से आया हूँ। अगर तुम चाहो तो हम पैसे के बारे में फिर से बात कर सकते हैं। तुम लोग रात में रुकने का कितना पैसा लोगे?'

'नहीं साहब। आपकी मेहरबानी है, लेकिन हम चाहते हैं कि आप हमारा हिसाब कर दें। फिर हमारी ज़िम्मेदारी ख़त्म हो जाएगी। हम अपने घर लौट जाएँगे।'

'माफ़ करना, अभी तो मैं भुगतान नहीं कर सकता।' मैंने सख़्त रवैया अपनाया। और फिर तालमेल बिठाने की ग़रज़ से पूछा :

'क्या तुम लोग मुझसे नाराज़ हो?'

'नहीं साहब, लेकिन...'

'लेकिन क्या?'

'नहीं साहब, आप नहीं समझेंगे लेकिन...'

'यह पकड़ो! रात रुकने के लिए दो सौ रुपये लो। नाव पर भी खाने के लिए बहुत कुछ पड़ा है।'

पीर सिंह पैसा लेते हुए कुछ भुनभुनाया, लेकिन राम इस प्रस्ताव से काफ़ी ख़ुश दिखाई दिया। सौ रुपये के नोट को अँगूठे और तर्जनी के बीच मसलते हुए उसने कहा, 'ठीक है, साहब। परसों मिलते हैं। यहीं लंगर डाले रहेंगे।'

बस में भीड़ थी। इसलिए भी कि यह हिन्दुओं में शादी का महीना था और फिर आम चुनाव भी आनेवाले थे। ज़हरा और मैं किसी तरह बस के अगले दरवाज़े से घुसे। बस में बैठने की तो दूर, खड़े होने की भी जगह नहीं थी। हम गलियारे में खड़े हो गए। कंडक्टर लगातार लोगों को आगे बढ़ने के लिए कहता रहा। ज़हरा आगे बढ़ी तो बहुत-सी निगाहें उसे घूरने लगीं। कॉलेज में पढ़नेवाला एक किशोर अपनी सीट से उठा और ज़हरा की ओर इशारा करके मुझे बोला : 'आप इन्हें यहाँ बिठा दीजिए।' ज़हरा ने तुरन्त दुपट्टे से सिर ढका और सीट पर बैठ गई। घूँघट का फ़ायदा यह हुआ कि बग़ल में बैठे, माथे पर लाल टीका लगाए हुए एक दकियानूस से आदमी को लगा कि हमारी नई-नई शादी हुई है और उसने मुझे अपनी सीट दे दी। ज़हरा उसकी तरफ़ देखकर मुस्कुराई तो उसने कहा : 'जीती रहो, बेटी, जीती रहो।' उस बेचारे को अगर पता होता कि ज़हरा कौन है तो वह गंगा नहाने चल पड़ता।

हमारे इर्द-गिर्द लोग आनेवाले आम चुनाव पर चर्चा कर रहे थे, उनके लहज़े, उनकी सफ़ेद धोतियों और पगड़ियों से पता चलता था कि वे जाट हैं। वे सब ज़ोर-शोर से कांग्रेस की आलोचना करने में लगे थे। हाथ में छड़ी लिये हुए एक बुज़ुर्ग जाट ने गर्दन घुमाई और अपने पीछे वाले यात्री से कहा : 'लिखकर ले लो, यह लौंडा तो जीता ही हुआ है। चुनाव की क्या ज़रूरत है?'

'बिलकुल सच बात है, ताऊ जी। अपना वोटर तो मूर्ख है! अगर मेरी माँ की हत्या हो जाए तो मुझे भी गद्दी पर बिठा देगा।'

एक नौजवान ने गला खखारते हुए कहा : 'प्रधानमंत्री की कुर्सी तो नेहरू ख़ानदान की जागीर है। पहले नेहरू, फिर इन्दिरा, अब राजीव और क्या पता, कल को वह मर जाए तो उसका आठ साल का बेटा भी हमारे पे राज करेगा। हमारे सब मर्द साले चूड़ियाँ पहने हैं...' सवारियाँ ठहाके लगाने लगीं।

'क्या औरतों की तरह खी-खी कर रहे हो, बेवकूफ़ कहीं के।' एक बूढ़े ताऊ ने खाँसते हुए खिल्ली उड़ाई। 'तुम लोग बेशर्म हो। मूर्ख, सबके सब मूर्ख, तुम्हारे बीच कोई एकता ही नहीं है। सब निकम्मे हो। वरना बहादुरों के इस मुल्क पर डरपोक ब्राह्मणों का राज होता?' एक दूसरे यात्री ने भी हाँ में हाँ मिलाते हुए इस मर्दाना बहस में कुछ और मिर्च-मसाला झोंक दिया।

'पता नहीं, यह लौंडा जीतेगा या हारेगा, लेकिन तुमने उसे रेडियो पर कभी बोलते हुए सुना है? छोरी लगे है छोरी! उसकी माँ उससे कहीं ज़्यादा मर्दाना लगे थी।' पूरी बस हँसने लगी।

मुझे उनकी गप्पों में मज़ा आ रहा था, लेकिन ज़हरा खिड़की से बाहर देखते हुए अपनी सोच में डूबी हुई थी। उसने मेरी बाँह पर चिकोटी काटी और फुसफुसाई :

'सुनिए।'

'क्या?'

'उफ़! ज़रा नीचे झुकिए, अब क्या पूरी बस में ऐलान करना पड़ेगा?' मैंने अपना चेहरा नीचे किया। ज़हरा शरारत के मूड में लग रही थी। उसने आँखों से एक आदमी की ओर इशारा किया :

'उन हज़रत को देख रहे हैं?'

'जो ड्राइवर के बग़ल में है?'

'नहीं, टाई वाले साहब।'

'पगड़ी वाला सिख?'

'उफ़ नहीं! दूसरा आदमी, भूरे रंग के कोट वाला।'

'वह कौन है?'

'मेरठ का बड़ा साहब।'

'कैसा बड़ा साहब?'

'नहीं पता,' ज़हरा ने कहा, 'उसका बहुत बड़ा घर है, बहुत सारे नौकर हैं, दो-दो टेलीफ़ोन हैं।'

'तो? मैं समझा नहीं...'

'मैं उसे जानती हूँ। बस।' ज़हरा ने ज़ोर से कहा।

'धीरे बोलो, धीरे। वे हमारी बात सुन रहे होंगे।'

'पता है, क्या हुआ? उसने एक रात मुझे पाँच सौ रुपये पर घर बुलाया। बूढ़ा वाकई मस्ती में रहता है।' उसने कहा कि वह मर्दाना ताक़त की गोलियाँ खाकर यह सब करता है।

'ऐसा? चलो, जाकर उसे हैलो कहो।' मैंने मज़ाक़ किया।

'बेकार बात मत कीजिए! क्या वह मुझे यहाँ पहचानेगा?'

'चलो, अरे, उसे बेवकूफ़ बनाते हैं।'

'बचपना बन्द कीजिए। वह मुझे जेल में डाल देगा। लेकिन है यह आदमी काफ़ी मज़ेदार चीज़।'

'क्यों? ऐसा क्या किया उसने?'

ज़हरा ने हँसकर कहा, 'पता है, क्या हुआ? सिर नीचे कीजिए। एक दिन उसने मुझसे घर आने के लिए कहा। उसके बीवी-बच्चे बाहर गए हुए थे तो वह मज़ा करने के मूड में था। जब मज़ा पूरा हो गया, तो उसने मुझे गाने के लिए कहा। मैंने उसे मिर्ज़ा ग़ालिब की एक ग़ज़ल सुनाई और फिर उसे छेड़ते हुए कहा कि अब आप सुनाइए। अन्दाज़ा लगाइए, क्या सुनाया होगा उसने?'

'क्या? वह संकोच से गड़ गया!'

'नहीं। उसने कहा कि गाने से पहले गरारा करेगा। जाकर गरारा किया और फिर जानते हैं, क्या गाया?'

'क्या?'

'अन्दाज़ा लगाइए?'

'कोई फ़िल्मी गाना?'

'नहीं। फिर लगाइए।'

'लोक गीत।'

'नहीं। एक अन्दाज़ा और।'

'कोई प्रार्थना।'

'रहने दीजिए! उसने राष्ट्रगान गाया! इतनी संजीदगी से जैसे गणतंत्र दिवस की परेड में गा रहा हो!' ज़हरा ने तरस खाकर उसकी ओर देखा और कहा : 'बेचारा, बुढ़ऊ।'

'ऐसा क्यों कह रही हो?'

'अरे, आपको क्या पता! वह हमेशा बिस्तरबाज़ी की फ़िराक़ में रहता है, लेकिन लाचार है। कभी कहता है कि उसे बुख़ार है। कभी

कहता है उसका ब्लडप्रेशर बढ़ा हुआ है!' ज़हरा बेसाख़्ता खिलखिलाने लगी। उसकी उत्तेजना थम नहीं रही थी। मैंने इधर-उधर देखा। बस में सभी लोग हमें शक़ की नज़रों से देख रहे थे। क़िस्मत से, तभी ड्राइवर ने मेरठ बस अड्डे के भीतर बस रोक दी। हमने बैग उठाए और जो भी रिक्शा मिला उसमें डालकर चल दिए...

रात हो रही थी। मेरठ के बाज़ार में दुकानें बन्द होने लगी थीं। शहर की सँकरी और भीड़-भरी गलियों में मसालों और जड़ी-बूटियों की गंध फैली हुई थी। एक दुकान में लाल मिर्च का एक बोरा खुल गया था और आसपास लोग खाँस रहे थे। गंगा के शान्त धुँधलके के बाद मेरठ के बाज़ार की चहल-पहल नसों पर भारी पड़ रही थी। गलियों की भीड़ से मुझे कुछ परेशान देखकर, ज़हरा ने रिक्शेवाले से किसी शान्त रास्ते से चलने के लिए कहा, और हम सर्राफ़ा बाज़ार और कूचा नील से होते हुए घंटाघर पहुँच गए। ज़हरा ने उसे रोककर जल्दी से दो रुपये का नोट पकड़ाया, फिर मुझसे कहा : 'चलिए, जल्दी।' मैं उसके पीछे चल दिया। एक दुकान के पास खड़ी नेपाली लड़की मुझे देखकर मुस्कुराई। मैं जान गया कि मैं ज़हरा की दुनिया में आ गया हूँ।

'ऊपर चलिए, जल्दी।' मैं उसके पीछे एक गेट में घुसा जो दीवार में एक छेद की तरह था। मुझे नहीं पता था कि जाना कहाँ है। घुप्प अँधेरा था। 'आइए, आइए।'

'तुम हो कहाँ? मुझे कुछ नहीं दिखाई दे रहा है।'

'मेरी फ़िक्र मत कीजिए, बस चलिए।'

'ओ ज़हरा, मेरा हाथ पकड़ो।'

'यहाँ पर नहीं, बेवकूफ़ी की बात कर रहे हैं आप। अन्दाज़े से सीढ़ियों पर चढ़ो।'

मैं सीढ़ियों पर रखे हुए ख़ाली डिब्बों से टकराता हुआ ऊपर चढ़ता रहा। कुछ सीढ़ियों के बाद मेरे कान में चाकू जैसी तीखी आवाज़ पड़ी : 'तुम कौन हो?' ज़हरा ने उसे समझाया कि मैं उसका दोस्त हूँ। मैंने अन्दाज़ा लगाया कि मेरी पहचान पूछनेवाला वह बेचेहरा आदमी कोई पहरेदार दलाल रहा होगा।

ज़हरा आत्मविश्वास से भरी हुई थी। वह आज़ाद पंछी की तरह घूम रही थी। उसकी आवाज़ में रोब था। उसने मुझसे चाय के लिए पूछा और तुरन्त एक लड़की से दो कप चाय लाने के लिए कहा। माहौल को हल्का-फुल्का बनाने के लिए उसने ट्रांजिस्टर खोला और कमरा हिन्दी फ़िल्मी गाने की चिल्लाहट से भर गया।

'ज़हरा, क्या तुम इस जगह की मालिक हो?'

'नहीं, बिलकुल नहीं। चलो, तुम्हें आंटी से मिलवाती हूँ। वही इसे चलाती हैं।'

हम एक और सँकरे, बदरंग गलियारे में आए। आंटी एक लम्बी-चौड़ी औरत थी और लगता था भगवान ने उसे हर चीज़ के बदले सिर्फ़ मांस का ढेर ही दिया है। वह मांस का भंडार थी। उसके गालों, गर्दन, स्तनों, कमर और बाँहों से मांस के पिंड झूल रहे थे। वह अगर लम्बी नहीं होती तो गोश्त का बड़ा-सा गोला लगती।

आंटी ने एक चौड़ी मुस्कुराहट के साथ मेरा स्वागत किया। बोलते हुए उसके मुँह से चबाए हुए पान की पीक निकलकर फ़र्श पर गिर रही थी। उसने सहज ढंग से अपने अँगूठे से पीक पोंछी, जिससे फ़र्श पर एक किरमिज़ी रंग का धब्बा पड़ गया जिसका रंग उसके मुँह के रंग से मिलता था।

कोठा पिछली सदी की एक पुरानी जर्जर हवेली में था। वह किसी भूलभुलैया से कम नहीं था, जो कई टेढ़े-मेढ़े गलियारों के ज़रिये आपस में जुड़ा हुआ था। पेरिस की कुछ पुरानी इमारतों की तरह, जिनमें एक छोटा-सा दरवाज़ा छिपी हुई सीढ़ियों तक जाता है जिसके पीछे कुछ दूसरी सीढ़ियाँ और अहाते होते हैं, मेरठ के इस कोठे का द्वार भी एक स्याह छेद की तरह था जो देह-व्यापार की लम्बी-चौड़ी दुनिया में ले जाता था। कई जगह दीवारें गिराकर कपड़े के पार्टीशन बना दिए गए थे जो रात में आशिकों की कोठरियों का काम करते थे। गीले टाट, नम मैल, घुटन-भरी धूल, तेल की गंध, सस्ता मेकअप का सामान और खिसियाहट और हँसी ही इस कोठे की नियति थी। लगता था मनुष्यता के निर्मम स्खलन पर पतन और मृत्यु की बदबू फैली हुई है।

ज़हरा मुझे कोठा दिखाने लगी। मैं सतर्क होकर उसके पीछे इस तरह चलता रहा, जैसे वह कोई मुर्दाघर हो। कोठे में ज़ोरों की हलचल थी। हर कोठरी से तेज़ आवाज़ें उठ रही थीं। वेश्याएँ अश्लील और फूहड़ ज़बान में बोल रही थीं, लेकिन मर्द उनसे भी दो क़दम आगे थे। एक आदमी अपनी उत्तेजना के चरम पर कह रहा था, 'दस रुपये में तुम कम से कम अपनी कमीज़ तो उतार सकती हो, कमीनी!' औरत ने उसे झिड़कते हुए कहा : 'अगर मुझसे मारपीट की तो मैं तुम्हारा यह हथियार काट दूँगी और पैक करके तुम्हारी बीवी को रजिस्ट्री पार्सल कर दूँगी।' हम दूसरे गलियारे में पहुँचे जहाँ एक दूसरी औरत एक हट्टे-कट्टे अधेड़ आदमी की पकड़ से छूटने की कोशिश कर रही थी : 'बहुत हो गया, बहुत हो गया, कुछ मसाला अपनी बीवी के लिए भी छोड़ दो वरना वह तुम्हारे पड़ोसी के साथ भाग जाएगी।' उसकी बात पूरी भी नहीं हुई थी कि बग़ल की कोठरी में एक और ग्राहक परम सुख की घड़ी में चिल्लाया : 'उह! उह! उह! अपने मुँह में लो, मुँह में लो! हटाओ मत, बस ऐसे ही करती रहो। उह! उह! मुँह में लो!' ज़हरा मेरी तरफ़ देखकर हँस पड़ी।

हाँ, इसमें शक़ नहीं कि कोठा एक साथ हँसने और रोने की जगह थी। हँसी का कारण था वह 'आज़ादी,' जो शिकारी और कुछ हद तक शिकार को मिली थी। मर्द की आज़ादी यह थी कि वह यहाँ किसी भावुकता के चक्कर में नहीं पड़ता था। वह सारी वर्जनाओं से मुक्त एक आदिम मस्ती में था क्योंकि उसने यौन-सुख के लिए पैसा खर्च किया था। प्रेम हमेशा प्रतिदान चाहता है, लेकिन ख़रीदा हुआ सेक्स मुफ़्त का माल होता है। पैसा एक विकृत आज़ादी को ख़रीदता है, एक ऐसी भावना को कि वह चीज़ या वह औरत पूरी तरह से तुम्हारी है। अगर कोठे पर आदमी उसे ख़रीदकर अपने को आज़ाद महसूस करता था तो रात की बुलबुल वेश्या इसलिए कभी-कभी आज़ाद महसूस करती थी कि वह पहले से ही मर चुकी थी। वेश्या की आज़ादी उसके आत्म के अस्वीकार से, उसके अस्तित्व के विनाश से उपजी हुई थी। मर्द उसे दाँव लगाने और हँसी-ख़ुशी खेलने के लिए मजबूर करता था। कोठा औरत और आदमी दोनों के भ्रम की दुनिया थी और इसी भ्रम के बीच

उन्हें एक भुतहा आज़ादी महसूस होती थी। 'वहाँ मुस्कुराहटें हैं, जहाँ कभी झुर्रियाँ थीं।' क्या यही कहा था मार्क ट्वेन ने?

अचानक कहीं से झगड़े की आवाज़ आई। एक आदमी चीख़ रहा था : 'चोर, चोर, तुम सब चोरों का गिरोह हो। नीच रंडियो!' ज़हरा तेज़ी से मुड़ी और मुख्य दरवाज़े की ओर चल दी। मैं उसके पीछे था। एक नौजवान जो इस जगह के लिहाज़ से काफ़ी इज़्ज़तदार लग रहा था, ग़ुस्से में कमर पर हाथ रखे गरज रहा था। उसकी बग़ल में एक पुलिसवाला था। नौजवान पब्लिक स्कूली अंग्रेज़ी बोल रहा था और ढीला-ढाला पुलिसवाला गणेश छाप बीड़ी के कश ले रहा था। उसके लम्बे हाथ मुसलमान शासक अलाउद्दीन खिलजी की तरह घुटनों से नीचे तक लटक रहे थे। नौजवान चिल्ला रहा था : 'चोर कहीं की। नीच रंडियो, मैं तुम सबको अरेस्ट करा दूँगा।'

मुझे देखकर नौजवान ने 'हाय' कहा। उसमें मेरा अभिवादन करने से ज़्यादा यह भाव था कि वह ऐसे आदमी से मनोवैज्ञानिक समर्थन पाना चाहता था जो उसी की तरह लेवाइस की जींस पहने हुए था।

'हाय! कोई मसला?'

'हाँ, देखिए, ये कुतियाँ सब की सब चोर हैं!'

'क्यों? बात क्या हुई?'

'अरे! कुछ नहीं। कुछ आपस की ही बात है।' वह रेडलाइट एरिया में नज़र आने पर कुछ शर्मिंदा लगा।

'पुलिसवाला तंग कर रहा है, क्यों?'

'नहीं, नहीं। ये रंडियाँ अपनी औकात भूल गई हैं! ज़रा रुकिए और देखिए, मैं इन सबको...'

'लेकिन हुआ क्या है? तुम किस बात से उत्तेजित हो?'

'मैं इन रंडियों को देख लूँगा।' फिर वह पान चबाती आंटी की ओर बढ़ा और धमकाते हुए बोला : 'मेरा पैसा वापस करो, वरना मैं तुम्हें पुलिस से अरेस्ट करा दूँगा।' धमकियों से उदासीन लम्बी-चौड़ी आंटी ने जवाब में सिर्फ़ ख़ाली आँखों से नौजवान की लाल आँखों में झाँका और फिर एक नशीली मुस्कान के साथ हवलदार से कहा : 'अरे, हवलदार साहिब, आप उस कोने में क्या कर रहे हैं? आइए, आइए,

बैठिए, क्या लेंगे आप? चाय या कुछ ठंडा?' पुलिसवाला तेज़ी से आकर एक गद्देदार कुर्सी पर बैठ गया जो कुछ कम गंदी थी। उसने एक ठंडा कैम्पाकोला लाने के लिए कहा। 'और सुनो,' उसने कोठे की एक लड़की से कहा। 'बर्फ़ मत लाना। आजकल बर्फ़ लेना ठीक नहीं है। अभी बर्फ़ की सिल्ली में दबी हुई छिपकली मिली है।'

जब नौजवान ने देखा कि बात पुलिस में शिकायत करने की बजाय भारत में बर्फ़ के इस्तेमाल पर आ गई है तो उसने कहा, 'ठीक है, हवलदार साहिब। यह मेरा पैसा वापस नहीं कर रही है। अब कोई और तरीक़ा नहीं है। आप शिकायत दर्ज़ कीजिए।'

'जैसा आप चाहें,' पुलिसवाले ने जम्हुआई लेते हुए कहा, 'क्या यह पक्का है कि आप इसे मिल-जुल कर नहीं सुलझा सकते?'

'नहीं, मैं बाक़ायदा शिकायत दर्ज़ करना चाहता हूँ। इन कुतियों को पता चलना चाहिए कि देश में क़ानून नाम की भी कोई चीज़ है।'

'ठीक है,' पुलिसवाले ने अपने प्लास्टिक के ब्रीफ़केस से कुछ भूरे रंग के काग़ज़ निकाले। 'तो आपका नाम क्या है?'

'राजेश।'

'आगे?'

'राजेश कुमार।'

'कहाँ के रहनेवाले हैं?'

'मेरठ।'

'मेरठ के? आपके बोलने के अन्दाज़ से तो नहीं लगता कि आप मेरठ के हैं।' वह फ़ैशनेबल नौजवान किसी क़स्बे की नहीं बल्कि शहर की पैदावार लगता था।

पुलिसवाले ने कुछ सन्देह से उसकी तरफ़ देखा और फिर सख़्ती से पूछा :

'पक्की बात है कि आप यहाँ के हैं?'

'वैसे मैं दिल्ली का हूँ।' नौजवान ने धीरे से कहा तो आंटी उसे खिझाते हुए बोली :

'तुम पढ़ते हो?'

'हाँ।'

'दिल्ली में कहाँ? किस कॉलेज में?'

'जाने दीजिए। मेरे कॉलेज का नाम क्यों जानना चाहते हैं?'

कैम्पाकोला पीते हुए पुलिसवाले ने रुखाई से पूछा : 'देखो नौजवान, एक बात अच्छी तरह जान लो, अगर तुम पुलिस के पास शिकायत दर्ज़ करा रहे हो तो तुम्हें भारतीय दंड संहिता के क़ायदे-क़ानूनों का पालन करना होगा। तुम्हें अपना पता, पेशा और दूसरी चीज़ें बतानी होंगी। हम भूतों की शिकायत दर्ज़ नहीं करते? बताओ, अब भी चाहते हो?'

'हाँ।'

'किस कॉलेज से हो?'

'सेंट स्टीफेंस कॉलेज।' लड़के ने मेरी तरफ़ देखा और शर्म से लाल हो गया। उसने ठीक ही सोचा था कि जींस के अलावा हमारी और भी कई चीज़ें एक जैसी हैं।

'और, तुम्हारे पिता का नाम?'

'क्या?'

'पिता का नाम? हाँ, सभी चीज़ें बतानी होंगी।'

'यह तो नहीं बता सकता।'

'तो ठीक है, मैं तुम्हारी शिकायत भी दर्ज़ नहीं कर सकता।' पुलिसवाले ने झटके से फ़ाइल बन्द कर दी और आंटी भी भुनभुनाती हुई कमरे से बाहर चली गई। पुलिसवाले ने एक और बीड़ी जलाई और लड़के से पूछा :

'सचमुच हुआ क्या था?'

'अरे, मैं एक छोकरी के साथ गया हुआ था। जब बाहर निकला तो देखा कि मेरा बटुआ ग़ायब है। पक्की बात है कि दूसरी छोकरी आई होगी और मेरी पैंट से बटुआ निकालकर ले गई। ये सब चोर हैं।'

'देखो भई, यह पक्के तौर पर कैसे कहा जा सकता है कि किसी लड़की ने चुराया है?' पुलिसवाले ने कहा, जो अब भारतीय पुलिस का प्रतिनिधि कम और कोठे का मैनेजर ज़्यादा लगने लगा था। 'पढ़े-लिखे आदमी होने के नाते तुम बिना किसी ठोस सबूत के किसी पर कैसे दोष लगा सकते हो? आख़िर हम लोकतंत्र में रह रहे हैं। फिर भी तुम चाहो तो मैं शिकायत दर्ज़ कर सकता हूँ लेकिन तुम्हें तमाम ब्योरे देने पड़ेंगे। वैसे, बटुए में कितना पैसा था?'

'आठ सौ रुपये।'

'हे भगवान! इतना सारा पैसा! तुम इतना पैसा लेकर क्यों चल रहे थे?'

'क्यों पूछ रहे हैं? आप मेरा पैसा वापस करवा दीजिए, बस।'

'अच्छा। मैं इतना कर सकता हूँ कि तुम्हारे पिता का नाम मिस्टर कुमार लिख दूँ। हम उनका पूरा नाम नहीं लिखेंगे। वैसे वे क्या करते हैं?'

'यह नहीं बता सकता।'

'भगवान, यह तो मुश्किल लग रहा है। और उनका पता क्या है?'

'छोड़िए हवलदार साहिब, एक मामूली शिकायत के लिए आप इतना सब पूछ रहे हैं।'

'तो फिर, साफ़ बात है कि मैं भी तुम्हारी शिकायत दर्ज़ नहीं कर सकता।' पुलिसवाले ने नाराज़गी से कहा और ब्रीफ़केस उठाकर आंटी की तरफ़ चल दिया। नौजवान परेशान होकर मेरी तरफ़ मुड़ा।

'क्या ख़याल है आपका? क्या करना चाहिए?'

'कहना मुश्किल है। तुम अपने पिता का नाम क्यों नहीं बताते? वे इतनी मामूली शिकायत के लिए उनसे सम्पर्क थोड़े ही करेंगे।'

'अरे, कुछ नहीं कह सकते। मैं इस घटिया मामले के लिए उन्हें मुसीबत में नहीं डाल सकता।'

'वे क्या करते हैं? कुछ गोपनीय है?' मैंने प्रेम से पूछा।

'वे साउथ एशिया के एक देश में भारत के राजदूत हैं।'

'शिट! अब इस मामले को छोड़ ही दो, यार।'

वह नौजवान शिकायत की बात ही भूल गया और पूरी ताक़त से चिल्लाने लगा। 'साली वेश्याएँ! रंडियाँ! कुतिया कहीं की! तुम्हारा तो रेप करना चाहिए...' ज़हरा मुझे खींचकर ले गई : 'चलो, हम अपना काम करें। आंटी पुलिसवाले के साथ सुलट लेगी। ये यहाँ रोज़मर्रा के मामले हैं।'

बहुत रात हो चुकी थी। कोठे से गुज़रते हुए हमने देखा कि धन्धा मन्दा हो गया है। शाम को यहाँ ख़ासी धूम-धाम थी, लेकिन अब लम्बे-गंदे गलियारे में बारह से बीस साल के बीच की जवान लड़कियाँ इधर-उधर डोल रही थीं। मैं कोठे की देखी-सुनी बातों के बारे में सोच ही रहा था कि एक जवान लड़की की ऊँची कराहें और चीख़ें सुनाई

दीं। 'यह क्या है ज़हरा?' ज़हरा बिना कुछ कहे मुझे सीढ़ियों से ऊपर ले गई और बोली, 'चलो, कमरे में बैठते हैं।'

'लेकिन ज़हरा तुमने सुना नहीं? मेरे ख़याल से कोई उस लड़की से रेप कर रहा है।'

'आप समझते नहीं हैं।'

'लेकिन, ज़हरा, रेप हो रहा है तो इसमें समझने की क्या बात है। तुम जाकर उसकी मदद नहीं कर सकतीं?'

'नहीं, रेप नहीं हो रहा है। वह कोठे में नई-नई आई है।'

'क्या मतलब?'

'बाद में बताऊँगी। बस कमरे में चलते हैं।'

कमरा मध्यवर्गीय रुचि के हिसाब से उम्दा था—दीवारों पर हीरो-हीरोइन के पोस्टर, प्लास्टिक के फूल, ठंडे पानी का एक जग, एक कुर्सी, चमकीले कपड़ों से भरी एक आलमारी और एक सिंगल बिस्तर। ज़हरा ने सैंडल उतारे और बिस्तर पर बैठ गई।

'वह लड़की कौन थी?' उसकी चीख़ें अब भी मेरे दिमाग़ में बज रही थीं।

'वह हाल ही में आई है। लड़कियाँ यहाँ इसी तरह लाई जाती हैं। आंटी के पास नौजवान लड़कों का एक गिरोह है। गोरखपुर, बहराइच, बलिया जैसे छोटे शहरों के ग़रीब इलाक़ों में उनका जाल बिछा हुआ है। वे जवान लड़कियों को शादी का वादा करके फुसलाते हैं। कई बार लड़कियाँ ख़ुद ही घर से भाग जाती हैं या उनके माँ-बाप ही उन्हें भेज देते हैं क्योंकि उनके पास खाने के लाले पड़े रहते हैं। कुछ लड़कियाँ यह सोचकर चल देती हैं कि उनकी शादी किसी अच्छे घर में हो जाएगी। बस। फिर उन्हें यहाँ पटक दिया जाता है। पहली रात उन्हें लानेवाले दलाल ही लगातार उनका रेप करते हैं। यहाँ की ज़बान में इसे शादी की रात कहा जाता है। जल्दी ही उन्हें पता चल जाता है कि वे कहाँ तशरीफ़ ले आई हैं। तुमने जो सुना, वह यही था!'

'लेकिन वह भाग नहीं सकती?'

'भागेगी कैसे? आंटी के पास अपनी फ़ौज है और उसके लोग मीलों दूर से वेश्या को सूँघ सकते हैं। उनके शिकंजे से छूटना नामुमकिन है।

जो लड़की अभी चीख़ रही थी, वह कल से कोठे की किसी भी दूसरी लड़की की तरह ग्राहकों की सेवा करने लगेगी। कुछ वक़्त बीतने पर वह मान लेगी कि यही उसकी तक़दीर में लिखा है। अगर वह यहाँ से भागना भी चाहे तो जाएगी कहाँ? घर जा नहीं सकती, क्योंकि इस पेशे में आने के बाद लोग उसे रखेंगे नहीं। वह कहीं नहीं जा सकती। उसे कोई काम नहीं मिल सकता। किसी दूसरे शहर में भी उसे कोई किराए पर कमरा तक नहीं देगा। वह शादी नहीं कर सकती। कौन उससे शादी करेगा। तो, ज़िन्दगी ऐसी ही है।'

ज़हरा ने उठकर अन्दर से दरवाज़ा बन्द कर लिया। और फिर लाइट बुझाते हुए एक मोमबत्ती जलाई और मुझसे बग़ल में बैठने को कहा। वह थकी हुई लग रही थी। उसकी आँखों की चमक धुँधला गई थी और मेरठ पहुँचने के बाद पहली बार मुझे महसूस हुआ कि उसकी बातों में चुस्ती और चुटीलापन मन्द पड़ गया। उसने कहा, 'तुम मायूस नज़र आ रहे हो।' हाँ, यह सच था। उस जवान लड़की से पतिनुमा दलाल का बलात्कार मुझे अब भी परेशान किए हुए था, लेकिन उससे भी बदतर एहसास यह था कि कई गुंडे और पुलिसवाले आंटी की जेब में हैं और उस बेईमान औरत के चंगुल से छूटने का उस जवान लड़की के लिए कोई उपाय नहीं है।

ज़हरा को नींद आ रही थी, लेकिन मैंने पूछा :

'ज़हरा, क्या तुम्हारी ज़िन्दगी इसी तरह शुरू हुई थी?'

'बेकार की बात मत करो।'

'क्यों? यहाँ सभी की ज़िन्दगी इसी तरह शुरू नहीं हुई?'

'हाँ, लेकिन मैं वेश्या नहीं हूँ, मैं एक तवायफ़ हूँ। दोनों का फ़र्क़ जानते हो?'

'हाँ, वे मुग़ल दरबारों में रहती थीं।'

'बिलकुल। हम उन्हीं के ख़ानदान की हैं। उनमें से अब भी कुछ बची हुई हैं। मैं उन्हीं में से हूँ। मेरी अम्मा अपनी जवानी में सबसे ख़ूबसूरत तवायफ़ रहीं। उनके रूप-रंग, नाचने और गाने का कोई सानी नहीं था। लोग कहते हैं कि उन्हें सिर्फ़ एक शाम घर बुलाने के लिए अंग्रेज़ अफ़सरों और नवाबों में होड़ लगी रहती थी। अब उन्हें उम्र और

बीमारियों ने घेर लिया है। कभी भी गुज़र सकती हैं।' ज़हरा मेरे घुटनों पर सर रखकर सो गई। कोठे में पहली बार मुझे उसके नाज़ुक खर्राटों में इनसानी आवाज़ सुनाई दी।

अगली सुबह जब हम बाहर निकले, तो शहर पूरी तरह जाग चुका था। कूड़ेवालियों ने सड़कों पर झाड़ू लगा दिया था और धूल के कण सुबह की धूप में चमक रहे थे। दूधवाले अपनी साइकिलों के दोनों तरफ़ स्टील के बड़े-बड़े बर्तन लटकाए जा रहे थे।

घंटाघर पर वही पुलिसवाला दिखाई दिया जो पिछली रात मिला था। ज़हरा ने बताया कि इस धन्धे का एक अलिखित नियम यह है कि जो कोठे पर आते हैं उन्हें कोठे से बाहर की दुनिया में नहीं पहचानना चाहिए। हम एक ख़ाली रिक्शे को देखकर बैठ गए। ज़हरा ने तुरन्त उसे घर चलने के लिए कहा।

'तो देख लिया कि कोठा कैसा होता है?'

'हाँ।'

'धक्का तो नहीं लगा?'

'अरे, अभी तक किताबों में ही पढ़ा था यह सब। लेकिन सच्चाई तो और भी भयानक है।'

'मेरी वजह से ही तुम यह सब देख पाए। ऐसी जगह पर कोई मामूली आदमी नहीं जा सकता।' उसने शेखी बघारते हुए कहा।

'और तुम? आंटी तुम्हें आने-जाने की छूट दिए रहती है?'

'क्यों नहीं देंगी? यह जगह मेरी वजह से चलती है। मैं इस इलाक़े की सबसे खुलूसदार गायिका और नर्तकी हूँ। मशहूर तवायफ़ होने से ख़ासी इज़्ज़त हासिल होती है और फिर मैं तो एक ख़ानदानी तवायफ़ हूँ।' ज़हरा ने मुझे कोहनी मारी और बच्चों जैसे चुलबुले ढंग से कहा : 'तो समझ गए न, तुम मेरठ की मलिका के साथ हो।' हमारी बात रिक्शेवाले के कान में पड़ रही थी क्योंकि वह बीच-बीच में पीछे मुड़कर दबी-दबी हँसी हँसता था। ज़हरा फुसफुसाई : 'श्‍श्‍श! मुझे इतनी ज़ोर से नहीं बोलना चाहिए। लोग मुझे पहचानते हैं...'

ज़हरा का घर मामूली था। हल्की रोशनी और नमी थी और दीवारों से पलस्तर निकल रहा था। लगता था पूरी इमारत इतिहास और वक़्त

के बोझ से ढह रही है। जब हम सीढ़ियों पर चढ़ रहे थे तो मैंगूज़ जैसा एक मोटा-तगड़ा चूहा सख़्ती से हमें घूर रहा था। ज़हरा ने पूछा : 'चूहों से डर लगता है?'

'नहीं।' न चूहों से न भूतों से!

ज़हरा धीरे-से हँसी और मेरा हाथ पकड़कर सीढ़ियों से ऊपर ले गई। उसने मुझे आगाह किया कि उसकी माँ बहुत बीमार हैं, मैं उनसे ज़्यादा बात न करूँ।

हम परछत्ती पर पहुँचे जो इमारत के भीतरी अहाते में एक चौकोर बालकनी जैसी थी। ये बालकनियाँ राजपूतों और मुस्लिमों ने बनवाई थीं और वहाँ से बाहर की दुनिया नज़र नहीं आती थी। कई मायनों में वे परदों का काम करती थीं। जैसे औरतों को सार्वजनिक जगहों पर मर्दों को देखने का अधिकार नहीं था, वैसे ही ये परछत्तियाँ इसलिए बनाई गई थीं कि औरतें निजी जगहों में भी मर्दों से न मिल सकें। ज़हरा और उसकी माँ इस इमारत में अपनी इच्छा से नहीं रहती थीं, बल्कि पैसे की मजबूरी से रहती थीं। उन्हें इससे सस्ती कोई और जगह नहीं मिल सकती थी।

'अम्मा? माँ!' ज़हरा ने अपनी माँ के कमरे में जाकर कहा : 'आदाब, माँ। मेरे एक दोस्त से मिलो। यह लेखक हैं।'

'आदाब अर्ज है, बेटा। आराम से बैठो। तो तुम लिखते हो। कितनी अच्छी बात है। मेरे शौहर भी शायर हैं।' ज़हरा की ओर देखते हुए उन्होंने कहा : 'टीकादेवी का मेला कैसा रहा? तुमने बहुत दिन लगा दिए। बहरहाल, अपने अब्बा को बुलाओ।'

'क्या लोगे? गर्म या ठंडा?' उन्होंने मुझसे पूछा।

'आप बैठी रहिए, अम्मा,' मैंने ज़हरा की माँ से कहा। 'ज़हरा ने मुझे बताया कि आपकी तबीयत ठीक नहीं है।'

'हाँ, यही बात है। डॉक्टर कहते हैं कि कोई उम्मीद नहीं है।'

'अरे नहीं! आप जल्दी ही अच्छी हो जाएँगी।'

'नहीं बेटे, ऐसा मत कहो।' उन्होंने कहा, 'अब यही दुआ करो कि जल्दी ही दुनिया से उठ जाएँ। यह सब बहुत तकलीफ़देह है। बस यही सोचकर बैठे हैं कि कब अल्लाह का हुक्म आता है...'

ज़हरा के अब्बा ने आकर मुग़लिया नफ़ासत के साथ सलाम किया। उनकी उर्दू से शायरी झर रही थी। उनका अन्दाज़े-बयाँ, लफ़्ज़ों का चुनाव और उनकी लय से पता चलता था कि वे एक नफ़ीस इनसान हैं। मुझे एक दूसरे कमरे में ले जाते हुए उन्होंने कहा : 'तो आप पेरिस से तशरीफ़ लाए हैं। ज़हरा ने मुझे बताया। क्या शानदार शहर है! रांबो, बोदलेयर, सार्त्र, कैमू! लाजवाब तहज़ीब!'

'क्या आपने उन्हें अंग्रेज़ी में पढ़ा है?'

'जी हाँ, मगर मेरी अंग्रेज़ी बहुत अच्छी नहीं है। मैंने उनके कुछ उर्दू में तर्जुमे पढ़े हैं। रांबो के तो चन्द-एक शेर पढ़ने से ही पता लग जाता है कि कितना अज़ीम शायर है। यह कितनी बदक़िस्मती की बात है कि आप ग़लत मौक़े पर तशरीफ़ लाए हैं। मैं तो आपको तब बुलाना पसन्द करता जब यहाँ कोई मुशायरा होता...'

'जी हाँ, मुझे पता है, माँ की तबीयत ठीक नहीं है।'

'ख़ैर, वह तवारीख़ की एक और शिकार बनने जा रही है। कट्टरता के हाथों एक और शहीद।'

'कट्टरता? मुझे लगा था कि वे बीमार हैं?'

'जी नहीं। उसकी दास्तान अब यहाँ किसी से छुपी हुई नहीं है। बहुत साल पहले हम लोग मुरादाबाद में रहते थे। एक फ़िरक़ावाराना दंगे के दौरान उसे एक कट्टर मुसलमान ने छुरा घोंप दिया। बात यह है कि वह पैदाइशी हिन्दू है और मैं एक मुसलमान। हमारे इर्द-गिर्द के लोगों को यह हक़ीक़त पची नहीं कि हमने शादी की है। तो जब कट्टरता ने शहर में आग भड़काई तो हमारे ही एक भतीजे ने उसे छुरा मार दिया। उसके बाद से वह कभी अस्पताल में है तो कभी अस्पताल से बाहर।'

'लेकिन दरअसल क्या...'

'अब इस मसले को छोड़ दें तो मेहरबानी। यह मनहूस क़िस्सा ख़त्म हुआ ही चाहता है।'

पर्दे के पीछे से ज़हरा आई। मौत के साये से भरे हुए इस घर में वह ख़्वाहमख़्वाह ख़ुश नज़र आ रही थी। ज़हरा के पीछे पर्दे में एक और लड़की थी, जिसके छोटे-छोटे पैर और नीले रंग की चप्पलें नीचे से झाँक रही थीं।

'निशान्त, मेरी बहन से मिलिए,' ज़हरा ने अपनी बहन की ओर मुड़ते हुए कहा : 'आओ आपा, शरमाओ नहीं, अन्दर आओ।' ज़हरा ने पर्दा हटाया तो वह लड़की सामने आई।

'मेरी छोटी बहन शबनम है।' ज़हरा ने कुछ गर्व से कहा।

'अरे! शबनम?'

'अरे! भाईजान? गंगोत्री!...' वह मन ही मन पहचानते हुए बुदबुदाई।

सात

जया, स्मिता, ज़हरा

स्मिता, ज़हरा, जया। ज़हरा, जया, स्मिता। सब एक-दूसरे में घुल-मिल जाती हैं। जया ख़ुद को आईने में देखती है तो आईने में ज़हरा नज़र आती है। स्मिता ख़ुद को आईने में देखती है तो आईने में जया दिखाई देती है। जया की साँसों की महक ज़हरा की विदाई के ख़ामोश आँसुओं में सिसकती है। ज़हरा आती है यही याद दिलाने के लिए कि जया कैसे विदा हुई थी। वह आती है लेकिन आने के साथ ही वह जा भी रही है और जाने के बाद वह फिर एक दूसरे दरवाज़े को खटखटाती है। सच तो यह है कि दुनिया में कोई न आता है न जाता है। गंगा यही बताती है कि जीवन अनुपस्थिति और उपस्थिति के बीच एक अन्तहीन गलियारा है। वह उपस्थिति और अनुपस्थिति के छोटे-छोटे आईनों का एक घेरा है जिसे गंगा ने इनसान की अकेली आत्मा के चारों ओर बिछा रखा है। गंगा कहती है, आओ, मेरे तीर्थयात्री, मैं तुम्हें दिखाती हूँ कि संयोग और वियोग की गाथा एक ऐसी आसमानी किताब में लिखी है जो पढ़ी नहीं जा सकती। आओ, मेरे खोजी, मैं तुम्हें वह पढ़ने की क़ाबिलियत देती हूँ जो पढ़ा नहीं जा सकता। आओ, मेरे आराधक, मैं तुम्हें अपनी आँखों का बादामी रंग सौंपती हूँ। आओ, मेरे पीछे चलो, मेरे पीछे अनन्त की राह पर चलो और अपने भीतर झाँको, जहाँ मैं तुम्हारी आत्मा में अविरल बह रही हूँ।

इतना कहकर वह दाईं तरफ़ मुड़ गई और चुपचाप हरे पेड़ों के झुरमुट में अदृश्य हो गई जहाँ संन्यासी लोग हिरनों की संगत में उस दृश्य की रचना करते हैं जब इतिहास शुरू हुआ था।

गंगा ने अगर ज़हरा के रूप में मुझे संयोग और वियोग की भेंट दी तो उसी ने यह शक्ति भी दी कि प्रेम के उस नीले घाव को कैसे भरा जाए। गंगा एक चमत्कारी और अचूक मरहम है। कोई नहीं जानता कि वह कौन-से घाव को भरती है और कोई नहीं जानता कि कैसे भरती है। वह अपनी आँखों का अमृत पिलाती है और घाव भरने लगता है। हम उसे जितना पीते हैं, उतना ही दुनियावी दर्द से दूर होते जाते हैं। गंगा ने मुझे कहा, तुम्हारे घाव नश्वर हैं और मेरा स्पर्श अनश्वर। यही हक़ीक़त है कि वह अनश्वर है और अनश्वर रहेगी...

गंगा साधक के घाव तभी भरती है जब दोनों एक-दूसरे में लीन हो गए हों। उसका शान्त जल घाव भरने का काम नहीं करता, न उसका संगीत करता है और न ही उसकी भीतरी ख़ामोशी। इसलिए कि घाव भरना सिर्फ़ कोई जादू नहीं है, बल्कि एक जादुई इलाज का तरीक़ा है। वह अपने यात्री के चारों ओर एक पवित्र घेरा खींचती है, उसे अपनी पारदर्शी दिव्यता का एहसास कराती है और इसे महसूस करने के लिए साधक को एक तपस्या करनी पड़ती है। उसका अनन्त आकाश, डॉल्फ़िन मछलियों की छप-छप, गौरैयों की चह-चह, उसके ऊँचे-नीचे मंजर, उसकी तरल आँखों का संगीत, उसकी चट्टानें, उसकी रेत, उसका रंग जिस पवित्र दृश्य की रचना करते हैं, उससे आपके भीतर एक ऐसी ख़ामोशी और ऐसा प्रकाश उत्पन्न होता है जो दुनियावी नश्वरता से दूर ले जाता है। इसीलिए गंगा-स्नान सिर्फ़ घावों को भरने या अपने पापों को धोने का कोई जादुई ज़रिया नहीं है, बल्कि चेतना की लम्बी यात्रा का केवल एक पड़ाव है जो घाव भरने और मोक्ष देने की शक्ति रखता है। गंगा एक नीला दर्पण है जिसे हम जितने शुद्ध मन से देखेंगे, वह उसे उतना ही अधिक प्रतिबिम्बित करेगा और अशुद्ध मन से देखेंगे तो वह हमारी छवि को उतना ही विरूप कर देगा। 'मेरा दर्पण चूर-चूर हो गया—हँसी के विस्फोट की तरह।' गंगा तट पर जया के साथ घूमते हुए अपोलिनेयर ने शायद यही कहा था।

मेरठ से लौटने के बाद हमने पूरी सुबह नाव पर बिताई। नाव मज़े से चल रही थी। नदी में हवा धीरे-धीरे तेज़ हुई और चप्पुओं की आवाज़ से लगा कि पानी इतना गहरा है कि हम निश्चिन्त रह सकते हैं। पता नहीं किस वजह से राम और पीर सिंह ने मेरी इश्किया कारस्तानी को माफ़ कर दिया। शिकवा दोस्ती में बदल गया था और दोनों का मूड इतना अच्छा हो गया कि वे मुझे साहब की बजाय भैया कहने लगे।

हमारी नाव में एक नई सवारी आ गई थी। चश्मा लगाए हुए और चेचक के दाग़ वाला एक नौजवान जिनका नाम गोविंद नारायण चतुर्वेदी था। मल्लाहों ने बताया कि वे भी नरौरा गाँव जा रहे हैं जो हमारा आज का पड़ाव भी था। चतुर्वेदी ख़ुद को कॉमरेड कहते थे और भारी पढ़ाकू क़िस्म के लगते थे। हम दो घंटे नाव में रहे, लेकिन हमारे बीच कोई बातचीत नहीं हुई। लेनिन की किताब 'व्हाट इज़ टु बी डन?' के हिन्दी अनुवाद में हमारे कॉमरेड इस क़दर खोए हुए थे जैसे गंगा के दूसरे किनारे पर क्रान्ति उनका इन्तज़ार कर रही हो।

'भैया, भैया।' राम ने कहा, 'ज़रा उधर देखिए।' सफ़ेद कपड़े में लिपटी एक लाश पानी में उतरा रही थी। वह धीरे-धीरे बह रही थी जैसे धूप सेंक रही हो। यात्रा की शुरुआत से ही हमें बहुत-सी सड़ी-गली और फूली हुई लाशें तैरती दिखाई दी थीं। गंगा के आसपास रहनेवाले लोग जानते हैं कि गाँवों के ग़रीब अक्सर अपने मृतकों को गंगा की गोद में सौंप देते हैं। गंगा के मैदानों में रहनेवाले ग़रीबों के पास गुज़र-बसर के साधन इतने कम होते हैं कि वे अपने मृतकों का अन्तिम संस्कार भी अच्छी तरह नहीं कर पाते। लेकिन इस लाश को देखना कुछ ज़्यादा ही रहस्यमय और डरावना था। कफ़न बिलकुल नया था और लाश भी ताज़ा और जवान लगती थी। लगता था, उसे हाल ही में एक भारी पत्थर बाँधकर फेंका गया है। पत्थर निकल गए थे और शव सतह पर उतराने लगा था। उसका कफ़न भी पूरी तरह भीगा नहीं था।

दो कुत्ते नदी में कूदे और तेज़ी से शव की ओर जाने लगे। पुलिसिया कुत्तों जैसे अचूक ढंग से उन्होंने शव को दोनों तरफ़ से पकड़ा और धीरे से तट पर खींच लाए। तट पर आकर वे घबरा गए और कुछ

दूर जाकर भौंकने लगे। वे फिर शव की ओर गए, फिर पीछे हटे और भौंकने लगे। वे बेचैनी के साथ लाश के इर्द-गिर्द चक्कर लगाने लगे। कहीं लाश ज़िन्दा तो नहीं है? कहीं हम कुछ ग़लत तो नहीं कर रहे हैं? कहीं वह भूत तो नहीं है? फिर एक कुत्ता हिम्मत करके लाश के पास गया, उसने पंजे से कफ़न हटाया और फिर पीछे हट गया। इसके बाद दूसरे कुत्ते ने आकर अपने दाँतों से कपड़ा उठाया और एकदम पीछे हटा। उनकी जाँच पूरी हो गई थी। लाश ने कोई हरकत नहीं की। कुत्ते लाश पर टूट पड़े।

फिर गिद्ध आ गए। 'हमारे ख़ानदानी साम्राज्य में कुत्तों का क्या काम है?' पल भर में ही पाँच गिद्ध मँडराने लगे। कुत्ते उन पर भौंके। 'हमारे शिकार को मत छूना!' गिद्धों ने भी जैसे पलटकर जवाब दिया, 'ख़बरदार, अगर हमारे शिकार को छुआ!' कुत्तों के भौंकने और गिद्धों के पंख फड़फड़ाने का युद्ध चल ही रहा था कि दस और गिद्ध उतर आए। दोनों टीमें बराबरी पर थीं। खेल शुरू हो गया। कुत्ते गिद्धों से लड़ रहे थे और गिद्ध कुत्तों से। पहला दौर...! दूसरा दौर...! लाश चुपचाप पड़ी थी। शायद उसके होंठों पर एक ही प्रश्न था : क्या गंगा मुझे मुक्ति देगी? गंगा ने कोई जवाब नहीं दिया और जल्दी ही गिद्ध और कुत्तों के बीच समझौता हो गया।

दोनों ने मिलकर उस बेजान इनसानी गोश्त को चीरना और चीथना शुरू कर दिया। पन्द्रह मिनट के भीतर यह शाश्वत पहेली हल हो गई कि मनुष्य की देह कैसे एक डरावने भूत में बदलती है...कंकाल का दायाँ हाथ ऊपर उठा हुआ था जैसे हम लोगों को अलविदा कह रहा हो।

मैंने ज़ोर से कहा : 'कितना घिनौना दृश्य है!'

राम ने जवाब दिया : 'नहीं, भैया। होता रहता है।'

'लेकिन है बहुत भयानक।'

'नहीं, भैया। आम बात है।'

'आम हो या न हो, राम।' कॉमरेड गोविंद ने लेनिन से अपनी निगाह हटाई : 'कितने अफ़सोस की बात है कि उस ग़रीब के पास ठीक से दाह-संस्कार करने का पैसा भी नहीं रहा होगा। हिन्दू धर्म में हरेक को हक़ है कि उसका दाह-संस्कार अच्छी तरह से हो।'

'आप शायद सही कहते हैं बाबूजी, लेकिन आजकल दाह-संस्कार के लिए पैसा किसके पास है। चार सौ रुपये की लकड़ी लगती है! इसीलिए वे लाशें यहाँ लाते हैं। मुझे पता है, सौ में से तीस लाशों का ही दाह-संस्कार होता है, बाक़ी को तो सीधे नदी में फेंक दिया जाता है। वह बेचारा ग़रीब...'

'नहीं, भाई,' पीर सिंह ने राम को टोका। 'लाशें सिर्फ़ ग़रीब लोगों की नहीं होती हैं, कई बार तो यह अपराधियों का काम होता है। ज़र और ज़मीन के झगड़ों में जो लोग मारे जाते हैं, उन्हें रात को नदी में फेंक देते हैं। लाशें ऊपर आती हैं तो इतनी गली हुई होती हैं कि कोई पहचान नहीं सकता। लेकिन भैया, गंगाजी की माया अपार है। उसमें दया, अपराध, प्रेम और नफ़रत सब के लिए जगह है। समझो वही ज़िन्दगी है।'

'लेकिन पीर, हमें गंगा में इतनी सारी लाशें दिखाई दीं। क्या उन्हें देखकर गंगा-स्नान करनेवालों को कोई कष्ट नहीं होता? उन्हें धक्का नहीं लगता?'

'नहीं, भैया, बिलकुल नहीं। इनसान की देह क्या है? आत्मा तो उड़ जाती है। कोई स्वर्ग चली जाती है कोई नरक। तो क्या बचा? अरे, देह तो आत्मा का कपड़ा है। हाँ, हमारे पुराणों में मरे हुओं का अच्छी तरह दाह-संस्कार करना लिखा हुआ है लेकिन उन्हें गंगाजी को सौंपना भी उतना ही पवित्र है। उसके पानी में बहुत गुण हैं, भैया। वह हर चीज़ का इलाज कर सकती है, हर घाव को ठीक कर सकती है, आत्मा कितनी भी पीड़ा में हो, वह उसे शान्ति दे सकती है। गंगा में लाशें फेंकने का कोई बुरा नहीं मानता। इसलिए कि वही ज़िन्दगी है और वह हर चीज़ को पवित्र कर देती है।'

पीर सिंह ने नाव से एक लम्बा लट्ठा उठाया और गहराई पता करने के लिए पानी में डुबोया। 'अरे, यहाँ बहुत गहरा है! राम, चप्पू चलाना बन्द कर दो। नाव हवा से चलती रहेगी।' पुरवाई के झोंकों पर नाव मज़े से चलने लगी। पीर सिंह ने अपना कपड़े का थैला खोलकर एक पुराना चाँदी का बक्सा निकाला, 'पान लेंगे, भैया?' पढ़ाकू लेनिनपंथी ने निगाह उठाकर चूनेवाले पान की फ़रमाइश की। पीर सिंह ने पीले

पान के कुछ पत्ते धोए, उन पर कत्था-चूना लगाया, फिर कुछ सुपारी, इलायची और तंबाकू डाला। तंबाकू के नशे में वे उमस और पसीने को भूल गए।

मैं अपने कॉमरेड को बहस में उलझाने जा रहा था, तभी राम ने आश्चर्य के साथ कहा : 'गंगाजी में चमत्कारी शक्ति है। हम कितना भी अविश्वास करें, एक न एक दिन मानना पड़ता है। हमने ख़ुद अपनी आँख से देखा है। एक बार एक लड़के को साँप ने काट लिया तो उस पर लोगों ने गाय का गोबर लगाया। गाय का गोबर साँप के काटे को ठीक कर देता है। लेकिन इससे कुछ नहीं हुआ और लड़का मर गया। घरवालों ने उसका सर मूड़ा और लाश को दाह-संस्कार के लिए गंगाजी में ले गए। जैसे ही उस पर गंगाजल छिड़का, वह ज़िन्दा हो गया। यह आँखों-देखी बात है...'

कॉमरेड चिड़चिड़ाया, 'लेकिन राम, क्या लड़का सचमुच मर गया था?'

'हाँ, बिलकुल।'

'क्या तुमने ख़ुद अपनी आँखों से देखा था? हमारे यहाँ गाँव में बहुत-से फ़र्ज़ी डाक्टर हैं जो अच्छे-ख़ासे ज़िन्दा आदमी को भी मरा हुआ बता देते हैं।'

'नहीं, साहिब। वह सच में मर गया था। साँस नहीं चल रही थी। वह बिलकुल बर्फ़ जैसा सफ़ेद था। उसके दादा का भी कहना था कि मर गया है। आपको यक़ीन नहीं हो रहा है? एक क़िस्सा और सुनाता हूँ। यह मेरे पिता की आँखों के सामने हुआ था। सन् 1947 में देश के बँटवारे से पहले की बात है। एक लड़की को खेत में कोबरा साँप ने काट लिया। जब लोगों ने देखा तो वह मर चुकी थी। उसके घर वाले ग़रीब थे तो उसे गंगाजी में बहाने के लिए ले आए। कुछ दिन बीतने पर एक मुसलमान को वहाँ टहलते हुए किसी लड़की के रोने की आवाज़ सुनाई दी। मतलब यह कि वह लड़की ज़िन्दा हो गई। उस आदमी ने उसे पाल-पोसकर बड़ा किया। फिर जब बँटवारा हुआ तो मुसलमान पाकिस्तान चला गया। वह लड़की भी उसके साथ ही गई और पाकिस्तान में बड़ी हुई। कई साल बाद उस लड़की को

अपने बचपन की कहानी पता चली। वह अपने गाँव लौटना चाहती थी। उसका बाप उसे घर ले आया और पूरा गाँव उसका स्वागत करने के लिए उमड़ पड़ा।'

'अब वह कहाँ है?'

'पाकिस्तान में। गाँव वालों ने उसे वापस भेज दिया। उसका नाम, रहन-सहन सब मुसलमानी था। उसको यहाँ रखने का कोई मतलब ही नहीं था।'

'क्या तुम ख़ुद उससे मिले हो?' कॉमरेड ने शंका ज़ाहिर की।

'आपको बताया तो है। यह कहानी मेरे पिता ने सुनाई थी।'

'अरे, छोड़ो राम,' कॉमरेड ने कहा, 'अनपढ़ देहाती किसी भी बात पर यक़ीन कर लेते हैं। ख़ुद मेरे गाँव का एक मज़ेदार क़िस्सा है। एक दिन दो जवान लड़कियों को मरा हुआ कहकर गंगाजी में फेंक दिया गया। अगली सुबह उनमें से एक लड़की ज़िन्दा हो गई। दोनों के घरवालों ने यह कहना शुरू कर दिया कि उन्हीं की मरी हुई लड़की ज़िन्दा होकर लौट आई है क्योंकि वे लोग गंगा के भक्त हैं। इसका नतीजा यह हुआ कि दोनों परिवार आपस में लड़ने लगे। ख़ूनख़राबे की नौबत आ गई और दो नौजवान मर गए। कितनी बेहूदा बात है! तो तुम्हारे अन्धविश्वासों का यही नतीजा है, राम।'

'नहीं, साहिब। मेरा क़िस्सा सौ फ़ीसद सही है। सुना है, इस पर फ़िल्म भी बन रही है।'

'अरे! ये बकवास फ़िल्म वाले!' कॉमरेड ने कहा, 'वे फ़िल्में इसलिए बनाते हैं कि आप उनकी कहानियों पर यक़ीन करें और वे आप पर इसलिए यक़ीन करते हैं कि आप उनकी फ़िल्मों को क़ामयाब बनाते हैं। अन्धविश्वास, भूत-प्रेत की कहानियाँ और ऐसी ही बकवास फ़िल्में हमारे देश को तबाह कर रही हैं!'

'नहीं, साहिब।' राम अड़ा रहा, 'आप तो स्कूल गए हैं, पढ़े-लिखे हैं, आप मालिक हैं। हमें पता है आप इन चीज़ों पर विश्वास नहीं करते। लेकिन गंगाजी में ग़ज़ब की शक्ति है। हम तो इस देवी की ताक़त को ही पूजते हैं। साहिब, हमारे देश में बहुत सी नदियाँ हैं लेकिन बताइए गंगाजी की ही सबसे ज़्यादा इज़्ज़त क्यों है?'

राम के मासूम सवाल और अन्धविश्वास से कॉमरेड गोविंद नारायण चतुर्वेदी कुछ सोच में पड़ गए। उन्होंने कहा, 'यह दिलचस्प सवाल है।' और अपनी नोटबुक निकालकर जल्दी-जल्दी कुछ लिखने लगे। उन्होंने अपना गला साफ़ किया और पांडित्य-प्रदर्शन करने लगे :

'दिलचस्प सवाल है। काश, इसका जवाब भी उतना सरल होता। देखो राम, ऐसे सवालों के जवाब के लिए आपको हमारी सभ्यता का इतिहास, हमारे देश का इतिहास और हमारे इतिहास में गंगा के महत्त्व को जानना होगा। बहुत पहले...'

'हम तो इतिहास और राजनीति के बारे में ज़्यादा कुछ नहीं जानते, साहिब। हमारा सीधा सवाल है कि देश में बहुत सारी नदियाँ हैं लेकिन गंगाजी ही देवी क्यों मानी जाती हैं?'

'इसके लिए तुम्हें गंगा का इतिहास जानना पड़ेगा। क्या तुम जानते हो कि आर्य कौन थे?'

'थे का क्या मतलब है? वे हैं। हम सब आर्य ही तो हैं!'

'अरे, आर्य हमारे यहाँ क्राइस्ट से लगभग पन्द्रह सौ साल पहले आए थे...'

'किससे पहले?'

'जीसस क्राइस्ट। ईसा मसीह।'

'लेकिन ईसाइयों का गंगाजी से क्या लेना-देना?' राम ने हैरानी से पूछा।

'इसलिए कि हम ईसाई कैलेंडर का इस्तेमाल करते हैं। बहरहाल, इससे कोई फ़र्क़ नहीं पड़ता। आर्य हमारे यहाँ बहुत पहले आए थे। वे पश्चिम की ओर से आए और कुछ समय पंजाब में रहकर ऐसी जगह खोजते रहे जहाँ बसना आसान हो। उस समय वे पशुओं से मिलनेवाली चीज़ों पर निर्भर थे। लेकिन वास्तविक सभ्यता की नींव तब पड़ी जब वे गंगा के तटों तक पहुँचे। वहाँ ज़मीन उपजाऊ थी। घर और खेती के औज़ार बनाने के लिए लकड़ी जंगलों से मिल जाती थी। वह मैदानी इलाक़ा था इसलिए खेती करना आसान था। इसीलिए यह पहला सम्पर्क हमारी सभ्यता के विकास का सबसे महत्त्वपूर्ण क़दम है। गंगा के पानी से न सिर्फ़ ज़िन्दगी और सभ्यता पनपी बल्कि यातायात भी सम्भव हो गया...'

‘हाँ, पुरानी पोथियों में भी कहा गया है कि हमारे पूर्वजों के पास बड़े-बड़े पानी के जहाज़ और हवाई जहाज़ थे। अमेरिका से भी पहले।’ राम ने भी अपनी विद्वत्ता झाड़ी।

‘इस पर मैं बाद में आऊँगा। पहले यह समझना ज़रूरी है कि हमारे इतिहास के पहले दौर में गंगा की केन्द्रीय भूमिका रही। गंगा के कारण ही यह सम्भव हुआ कि आर्यों ने दूसरे शहर बनाए। उन्होंने हस्तिनापुर बनाया और फिर पूरब की तरफ़ फैलते गए। कौशाम्बी और काशी दो बड़े शहर थे जो गंगा के किनारे बसाए गए। जब शहर बन गए तो दूसरी चीज़ें भी होने लगीं। जब लोग व्यवस्थित जीवन जीने लगे तो कलात्मक चीज़ों का उत्पादन भी शुरू हुआ। फिर उनका व्यापार होने लगा और गंगा इन चीज़ों को लाने-ले जाने का सबसे बड़ा ज़रिया बन गई। इस तरह गंगा पहली नदी है जहाँ आर्य आए और वह एक नई सभ्यता का जीवन और आत्मा बन गई। शहरों और पहली सरकारों के साथ...’

‘मतलब उस समय भी सरकारें थीं और ये नेता लोग तब भी थे?’ राम ज़ोरों से हँसा।

‘हँसिए मत भई! मुझे बताने दीजिए। राजाओं, राजकुमारों और उनके पूरे राज्य के साथ एक नया समाज पनपने लगा। सच तो यह है कि उस समय गंगा का इतना अधिक महत्त्व था कि उस दौर के सभी बड़े युद्ध इसी नदी के सबसे शानदार तटों पर क़ब्ज़ा करने के लिए हुए। फिर गंगा ने दूसरी कई चीज़ों को जन्म दिया। तमाम वेद, पुराण और शास्त्र उसी के तटों पर रचे गए। गंगा जीवन और कल्पना का अक्षय स्रोत बन गई और उसे लेकर कई काल्पनिक कहानियाँ रची गईं। उसे देवी बना दिया गया और...’

‘आपका मतलब वह पहले देवी नहीं थी!’ राम ने टोका।

‘एक मिनट, भैया।’ कॉमरेड ने किसी स्कूली अध्यापक जैसे अन्दाज़ में कहा, ‘गंगा को मनुष्य ने देवी बनाया। कई सदियों के बाद भविष्य की पीढ़ियाँ यह विश्वास करने लगीं कि वह सचमुच देवी है। मिथक इसी तरह बनते हैं।’

‘क्या बनते हैं?’

'मिथक। मिथक एक ऐसी लम्बी कहानी होती है जो सच्ची लगती है। ऐसी कहानी जो कल्पना से पैदा होती है।'

'मतलब, गंगाजी देवी नहीं हैं? अरे, आप पढ़े-लिखे लोगों की दुनिया भी अजीब है!'

'देवी ही नहीं, गंगा सब कुछ बन गई। उसने हर किसी की कल्पना को पंख लगा दिए। गंगा के जितने नाम दिए गए हैं उनसे यही साबित होता है। जैसे गंगा को 'विष्णु-पद्मजसंभूता' कहा गया है, यानी जो विष्णु के कमल जैसे पैरों से निकली हो। ज़ाहिर है, यह नाम किसी धार्मिक लेखक ने दिया होगा। अब दूसरा नाम सुनो, 'बहि-क्षीरा' यानी दूध देनेवाली गाय। यह नाम किसी गाय चरानेवाले ने दिया होगा। ऐसे ही बहुत से नाम हैं। किसी कवि ने उसे मन्दाकिनी यानी शान्ति से बहनेवाली का नाम दिया। किसी संत ने उसे 'त्रिलोकपथगामिनी' का नाम दिया यानी जो तीनों लोकों से गुज़रती है। किसी संगीतज्ञ ने उसे 'सुघोषा' यानी मीठे स्वरों वाली नाम दिया। तो देखो, जिसने जैसा चाहा, गंगा को वैसा ही नाम दे दिया। इसी को मिथक कहते हैं। जैसे हिन्दू देवता और देवियाँ...'

'आपका मतलब भगवान राम, कृष्ण, सीता मैया, शिव, विष्णु कभी थे ही नहीं?' राम को बुरा लगा।

'नहीं। ये सब मिथकों के हीरो हैं। सिर्फ़ कल्पना।'

'क्या! वे कभी नहीं हुए?'

'इतिहास में तो नहीं हुए।'

'आपका मतलब हिन्दुस्तान के साठ करोड़ लोग सब पागल हैं जो उन पर विश्वास करते हैं!'

'मैं इस बारे में कुछ नहीं कह सकता। लेकिन इतिहास में कोई शिव और कोई विष्णु नहीं हैं।'

'वाह!' राम ने कुछ ग़ुस्से और कुछ व्यंग्य से कहा, 'लगता है आप दुनिया में अकेले ही गुरु हैं। साठ करोड़ लोग ग़लत हैं और सिर्फ़ कॉमरेड गोविंद नारायण चतुर्वेदी सही हैं। क्या आप सचमुच यह मानते हैं कि राम और सीता मैया कभी हुए ही नहीं? ये सब कहानियाँ झूठी हैं?'

‘झूठी नहीं हैं, लेकिन कल्पना से पैदा हुई हैं। कम से कम इतिहास में इसके कोई सबूत नहीं हैं।’

‘आप अजीब आदमी हैं! जब लोग ही सबूत हैं तो दूसरे सबूत की क्या ज़रूरत? लोग जानते हैं कि वे सब भगवान हैं। क्या इतना सबूत काफ़ी नहीं है? आपका मतलब भगवान राम को कभी वनवास नहीं मिला? उन्होंने रावण जैसे राक्षस को नहीं हराया?’

‘इतिहास राम के बारे में कुछ भी साफ़-साफ़ नहीं कहता। कुछ लोगों का मानना है कि वे कोई छोटे-मोटे आदिवासी राजा थे। रामायण उन्हीं के जीवन पर बुनी हुई कहानी है।’

‘वाह, चतुर्वेदी साहिब! आप जैसा ब्राह्मण कोई नहीं देखा! आप राम और सीता को झूठ बता रहे हैं। आप हमारे देवताओं और धर्म में विश्वास नहीं रखते...’

‘एक बहुत बड़े विद्वान ने कहा है कि धर्म जनता की अफ़ीम है।’ कॉमरेड चतुर्वेदी ने ग़रीब मल्लाहों का स्टडी-सर्किल शुरू कर दिया था।

‘धर्म अफ़ीम कैसे है?’ राम ने पूछा।

‘क्योंकि अफ़ीम हमारे दिमाग़ को ख़राब करती है। वह आदमी को बर्बादी के कगार तक पहुँचा देती है। सभी तरह के नशे ख़राब हैं।’

‘नशे में क्या ख़राबी है?’ अचानक पीर सिंह बोल पड़ा जो अभी तक इस बहस को ख़ामोशी से सुन रहा था। शायद पीर सिंह को इस बात का बुरा लगा हो। उसने यात्रा के पहले दिन ही गर्व से बताया था कि वह अफ़ीम का शौक़ रखता है। कॉमरेड ने कुछ देर सोचकर कहा :

‘नशे में क्या ख़राबी है! क्योंकि, क्योंकि... तुम अजीब आदमी हो! क्योंकि वह तुम्हारी सेहत को बर्बाद करता है।’

‘लेकिन सेहत तो किसी भी चीज़ से ख़राब हो सकती है। ज़्यादा दूध पीने से पेचिश हो जाते हैं। ज़्यादा चावल गैस पैदा करता है। ज़्यादा घी दिल के लिए ख़राब होता है। क्या आपने कभी अफ़ीम खाई है?’

‘अरे भगवान, नहीं। यह हमारे लिए अच्छी नहीं है।’

‘यह आप कैसे कह सकते हैं?’ पीर सिंह को ग़ुस्सा आने लगा था।

‘यह कोई नई बात है क्या? सभी जानते हैं कि अफ़ीम आदमी को मारती है।’

'कैसे? आपने कभी खाई है?'

'लोग कहते हैं।'

'तो क्या हुआ?'

'मेरे दादा अफ़ीम से ही मरे...कितना विचित्र है! मैं पहली बार ऐसे आदमी से मिल रहा हूँ जो अफ़ीम की लत को अच्छा कह रहा है। मैं सैकड़ों लोगों को जानता हूँ जो कहते हैं कि अफ़ीम ख़राब चीज़ है। मैं उनकी बात मानूँ या तुम्हारी?'

'वाह कॉमरेड! आप भगवान की पूजा करनेवाले साठ करोड़ लोगों के धर्म को नहीं मानते और आपने कभी अफ़ीम नहीं खाई तब भी कह रहे हैं कि वह आदमी को मारती है। कॉमरेड साहिब, अफ़ीम को भला-बुरा कहने से पहले आपको उसे खाना चाहिए जैसे आपके दादा खाते थे। क्या पता, शायद आपके दादा ख़ुशी-ख़ुशी मरे हों।'

आठ

'हेलो, हेलो!

क्या आप मुझे सुन रहे हैं? हेलो! बुकिंग?'

'फ़ोन पर चिल्लाना बन्द कीजिए!' टेलीफ़ोन वाले ने गुर्राते हुए कहा। 'क्या बात है?'

'माफ़ कीजिए, मुझे लगा कि आपको सुनाई नहीं दे रहा है। क्या यह '180' ट्रंक बुकिंग है?'

'नहीं। यह '199' है सहायता के लिए। बुकिंग के लिए '180' पर कॉल करें।'

मैंने फिर से नम्बर मिलाया।

'हेलो, क्या यह '180' है? ट्रंक बुकिंग?'

'अरे बाबा, यह असिस्टेंस है,' उधर से रूखा-सा जवाब आया।

'शायद मैंने अभी आपसे बात की थी, सर। आपको परेशान करने के लिए माफ़ी चाहता हूँ। मैं ट्रंक आपरेटर से बात नहीं कर पा रहा हूँ। क्या आप...'

'वह तो मैं देख ही रहा हूँ। लेकिन यह तो सहायता वाला नम्बर है।'

'ख़ैर, क्या आप कृपया '180' नम्बर पर मेरी बात करा सकते हैं? मुझे दिल्ली के लिए एक ज़रूरी कॉल करनी है।'

'दिल्ली हो या कलकत्ता, यह हमारा काम नहीं है, सर। मैं आपको कैसे समझाऊँ? आपने सहायता वाला नम्बर मिलाया है, बुकिंग का नहीं।'

'क्या आप बुकिंग मिलाने में मेरी मदद कर सकते हैं?' मैंने चिरौरी की।

'हम एक्सचेंज से आपको नम्बर मिलाकर नहीं दे सकते।'

'लेकिन मैं तो मिला नहीं पा रहा हूँ और मुझे एक ज़रूरी कॉल करनी है।'

'मैं इस बारे में कुछ नहीं कर सकता, जनाब, आप फिर से कोशिश करें।' उसने फ़ोन पटक दिया।

फिर मैंने टेलीफ़ोन एक्सचेंज सुपरवाइज़र को फ़ोन लगाया।

'हेलो। 43217, सुपरवाइज़र।'

'कौन?'

'टेलीफ़ोन सुपरवाइज़र?'

'नहीं, यह डिविजनल कमिश्नर का निवास है।' मैंने फिर से डायल किया।

'क्या यह...'

'ओह, फिर से वही आदमी! भइया, हमें परेशान मत कीजिए! आपको बताया न कि यह आयुक्त महोदय का निवास है। और फिर से डायल मत कीजिएगा। यहाँ एक ज़रूरी चुनावी बैठक चल रही है।'

मैंने फिर से डायल किया।

'हेलो, असिस्टेंस?'

'जी, मैं आपकी क्या मदद कर सकता हूँ?'

'जी हाँ, मेरी मदद कीजिए, सर। मैं बड़ी देर से कोशिश कर...'

'हाँ, हाँ, हम आपकी मदद करने के लिए ही हैं। बताइए, कहाँ आग लगी है?'

'कौन-सी आग?'

'जल्दी कीजिए! पता बताइए। फायर ब्रिगेड एक मिनट में पहुँच जाएगी।'

'सॉरी।' उकताकर मैंने फ़ोन रख दिया। लेकिन फिर आख़िरी बार ट्रंक सुपरवाइज़र को डायल करने की कोशिश की।

'हेलो! सुपरवाइज़र?'

'जी हाँ, सुपरवाइज़र।'

'ट्रंक सुपरवाइज़र?'

'हाँ, हाँ, ट्रंक सुपरवाइज़र। अरे, मैं बड़ी देर से...'

'गुड आफ्टरनून, सर।'

'गुड आफ्टरनून।'

'मैं सुबह से दिल्ली के लिए एक 'अर्जेंट कॉल' की कोशिश कर रहा हूँ।'

'वह तो मैं भी कर रहा हूँ!'

'क्या! आप ट्रंक सुपरवाइज़र नहीं हैं?'

'सत्यानाश! लगता है कि कहीं क्रॉस-कनेक्शन हो गया है। मुझे लगा आप सुपरवाइज़र हैं। मैं भी आज सुबह से ही लगा हुआ हूँ। बहरहाल, आप जानते होंगे कि इलाहाबाद में टेलिफ़ोनों का क्या हाल है।'

मैं इलाहाबाद में फँस गया था। तीन दिन से मैं दो ऐसे मल्लाहों की खोज करता रहा जो मुझे बनारस तक नाव में बिठाकर ले जा सकें। लेकिन कुछ मल्लाहों को अजनबी जगह का डर था, तो कुछ को लुटेरों और डाकुओं का। हालत इतनी निराशाजनक थी कि एक नाव वाले ने तीन दिन के लिए 3000 रुपये देने की मेरी पेशकश को भी ठुकरा दिया। एक बूढ़ा और कुबड़ा मल्लाह मेरे प्रस्ताव के लालच में आ गया, लेकिन उसकी शर्त यह थी कि ज़िला पुलिस के दो हथियारबन्द सुरक्षाकर्मी साथ चलेंगे। मेरी यात्रा पिछली सदी के फ़ौजी अभियानों जैसी होने जा रही थी, लेकिन मेरे एक दोस्त संजय ने, जो ज़िला प्रशासन में एक वरिष्ठ अधिकारी के पद पर था, एक बढ़िया सुझाव दिया। संजय ने पता किया कि इलाहाबाद के बाढ़-राहत विभाग के पास दो मोटरबोट हैं, जो सरकारी अनुमति से बनारस तक ले जाई जा सकती हैं। लेकिन इसकी अनुमति सिर्फ़ ज़िला मजिस्ट्रेट ही दे सकते थे, जिन तक पहुँचना टेढ़ी खीर था। चूँकि 'डीएम' साहब मुझ जैसे नाचीज़ को तरज़ीह देनेवाले नहीं थे, इसलिए ज़रूरी था कि कोई बड़ा आदमी दिल्ली दरबार से कहकर इसका इन्तज़ाम करे। इसके बिना मेरे लिए गंगा इलाहाबाद में ही समाप्त होनेवाली थी।

मैंने फिर से फ़ोन मिलाया। उसमें जान ही नहीं थी। मैंने संजय से अपना ग़ुस्सा ज़ाहिर किया :

'तुम्हारे ये बकवास फ़ोन बड़े भयानक हैं!'

'हमारे फ़ोन नहीं हैं।' संजय ने व्यंग्य से कहा, 'तुम लुटेरे फ्रांसीसियों ने अपने घिसे-पिटे पुराने टेलीफ़ोन यहाँ पटक दिए हैं। तीसरी दुनिया तो मल्टी-नेशनल कम्पनियों का कूड़ेदान बन गई है...लेकिन ज़रा रुको, मैं अपने किसी आदमी से कहता हूँ कि नम्बर मिलाता रहे।' संजय ने एक चपरासी को बुलाया।

'जी हाँ, साहब।' चपरासी रामलाल ने आकर पूछा। उसका रंग काला था, होंठ पान से सने थे और वह इतना मोटा था कि लगता था तीन तरबूज़ एक के ऊपर एक रख दिए गए हैं। उसके चेहरे पर घबराहट थी।

'इधर आओ, सीधे खड़े रहो। यह क्या रेल के इंजन की तरह हाँफ रहे हो। कहीं दिल का दौरा तो नहीं पड़ा है?' संजय ने एक मीठी-सी डाँट लगाते हुए पूछा।

'नहीं, साहब।'

'क्या नहीं, साहब?'

'हाँ, साहब।'

'यह क्या हाँ और नहीं लगा रखी है? इतने तनतनाए हुए क्यों लग रहे हो!'

'हाँ, साहब,' रामलाल ने बुदबुदाकर कहा और फिर पीढ़ियों से चली आ रही ग़ुलामी के अनुरूप अपनी मांसपेशियों को ढीला छोड़ दिया। उसके चेहरे पर एक मुस्कुराहट आई, कन्धे झुक गए और औपनिवेशिक वर्दी की लम्बी आस्तीनें उसके घुटनों तक झूलने लगीं।

'ज़रा देखो, टेलीफ़ोन का क्या किया जाए? काम ही नहीं कर रहा है।'

'काम कर रहा है, साहब। मैंने आज ही सुबह इसे ठीक किया है।'

'लेकिन अभी तो काम नहीं कर रहा है। चेक करो!'

रामलाल ने रिसीवर उठाया और कई बार काले रंग के नम्बरों को घुमाकर देखा। 'लगता है मुझे इसे फिर खोलना पड़ेगा।' कहकर उसने एक ज़ंग लगा स्क्रू-ड्राइवर निकाला जिसे शायद वह हमेशा अपनी जेब

में रखता था। उसने पूरा डिब्बा खोल दिया। मैंने परेशान होकर कहा, 'क्या तुम इन पुर्जों को फिर से बिठा दोगे?'

'हाँ, साहब, मैं रोज़ ही यह करता हूँ।' और दस मिनट में ही उसने सारे पुर्जे जोड़ दिए और नम्बरों को कई बार घुमाने के बाद ख़ुश होकर कहा, 'अब यह काम करने लगा है, साहब।'

मैंने रिसीवर उठाया, लेकिन लगा कि डायलटोन रामलाल के साथ ही चला गया है। मैंने नम्बरों को दबाकर देखा तो एक कर्कश आवाज़ आई। मैंने फिर से नम्बर घुमाए। लगता था कि टेलीफ़ोन कोई जासूसी उपकरण बन गया है। मुझे उस पर एक बातचीत सुनाई दी। दो औरतें ही-ही करती हुई आपस में बात कर रही थीं।

'भाड़ में जाए!'

'क्यों?'

'मेरे बस का नहीं है।'

'क्यों?'

'मैं अकेले बाहर नहीं जा सकती और मेरे हसबैंड चुनावी काम में बिज़ी हैं। वे बहुत रात को घर लौटते हैं। नहीं, राधा, मैं सचमुच नहीं आ सकती।'

'अरे, चलो स्टुपिड, चलो।'

'तुम्हें पता है, मेरी बहुत तबीयत है। लेकिन आ नहीं सकती, राधा।'

'अरे, छोड़ो! तुम्हारे हसबैंड ने तुम्हें घर में बाँध तो नहीं रखा है, कभी-कभी बाहर निकल सकती हो।'

'तुम मज़ाक़ कर रही हो! जानेमन, हम सिविल एडमिनिस्ट्रेशन वाले लोग तुम्हारी फ़ौज के बन्दे नहीं हैं। तुम लोग तो हर दूसरे दिन मौज करते हो। हम नहीं कर सकते। हमारी सर्विस में यही ख़राबी है कि हमें हमेशा अपनी इमेज का ध्यान रखना पड़ता है। सच कह रही हूँ, मैं नहीं आ पाऊँगी।' लगता था, यह बातचीत किसी फ़ौजी अफ़सर और किसी सिविल एडमिनिस्ट्रेटर की बीवियों के बीच हो रही है।

'चलो, मैं सोचती हूँ कि चली जाऊँ।' फ़ौजी की पत्नी ने कहा। 'मेरे हबी दिल्ली गए हैं और मैं बैठे-बैठे बोर हो रही हूँ। आख़िर दिन-भर कोई कब तक मैगज़ीन पढ़ सकता है। सोचती हूँ, पार्टी में चली जाऊँ। क्या यह पक्का है कि तुम नहीं चल रही हो?'

'बिलकुल। मैं जाना तो चाहती थी, लेकिन जा नहीं सकती। जब से यह तमाशा शुरू हुआ है, मैंने अपने हसबैंड को एक घंटे भी ठीक से नहीं देखा। बस, ये बेहूदा इलेक्शन जल्दी से निपट जाएँ।'

'कैसा इलेक्शन यार! यह तो वन-मैन शो है।' फ़ौजी औरत ने ठहाका लगाया, 'जिसे देखो, वही इस आदमी का दीवाना है।'

'किसका?'

'क्या मतलब? जैसे तुम्हें कुछ पता ही न हो! अरे, अमिताभ बच्चन! और कौन महान स्टार।'

'मुझे भी लगता है वह इलेक्शन जीतने जा रहा है।'

'इलेक्शन तो छोड़ो, बेवकूफ़, आदमी के बारे में बात करो। क्या कभी तुम उस पर फ़िदा नहीं हुईं?'

'नो कमेंट्स।' उसने एक शर्मीली हँसी के साथ कहा।

'मज़ाक़ छोड़ो यार! हमारी शादी होने के कुछ ही दिन बाद मैं उस पर बुरी तरह फ़िदा हो गई। कितना सुन्दर है!' फ़ौजी अफ़सर की पत्नी चुलबुले ढंग से हँसी। 'और उसकी स्माइल! हाय, सीधे दिल में उतर जाती है!'

'हाँ, यह बात तो है, इंटेलिजेंट लगता है।'

'बस इतना ही?'

'ब्राइट बन्दा है। मुझे उसकी पुरानी फ़िल्मों की भूमिकाएँ अच्छी लगती हैं। उनमें वह अच्छा बन्दा लगता है।'

'इंटेलेक्चुअलों जैसी बातें मत करो, ढोंगी कहीं की! ज़रा उसके लुक्स तो देखो, लम्बा, सुन्दर, मज़बूत, अमीर, ज़िन्दगी में और क्या चाहिए, हनी?' वह बेशर्मी से हँसी जैसे टेलीफ़ोन पर ही कपड़े उतार रही हो।

'लग रहा है तुम कुछ ज़्यादा ही फ़िदा हो, क्यों? भई, मुझे तो वह काफ़ी इंटेलिजेंट लगा। एक दिन उससे मिली भी थी।'

'क्या? मिली थी! कहाँ?'

'वह इलेक्शन ड्यूटी के अधिकारियों से मिलने आया था।'

'और तुमने उससे बात भी की?'

'हेलो कहा, बस। वह नेताओं जैसे कपड़े पहने हुए था। सफ़ेद कुर्ता-पाजामा। मुझे ज़रा भी ग्लैमरस नहीं लगा।'

‘और तुमने उससे और कोई बात नहीं की?’

‘ज़िला कमिश्नरों और दूसरे लोगों के सामने क्या बात करती? तुम शायद मज़ाक़ कर रही हो। सिविल एडमिनिस्ट्रेशन की दुनिया ही कुछ अलग है, भई।’

‘भाड़ में जाए तुम्हारा सिविल एडमिनिस्ट्रेशन! बताओ तो सही, क्या वह फिर से किसी मीटिंग में आनेवाला है?’

‘सुनने में तो आया है।’

‘हाय, मैं उससे मिलना चाहती हूँ।’

‘लेकिन क्या वह अभी तक आर्मी वालों से मिलने नहीं आया?’

‘ऐसा मौक़ा कहाँ आएगा! वह हमारी मनहूस बैरकों में क्यों आएगा!’

‘हे भगवान! तुम तो उसके पीछे पागल ही हो, राधा?’

‘मैं ही नहीं, पूरी दुनिया उसके पीछे पागल है! उसे देखके औरतों की साड़ियाँ खिसकने लगती हैं।’

‘शट-अप! तुमने शराब पी रखी है क्या?’

‘हाँ, अ-मि-ताभ नाम की शराब पी रखी है। ओह! वह मुझे मस्त बना देता है।’

‘तुम्हारा पति तुम्हारी बात सुनेगा तो?’

‘क्या चिन्ता है! वह अपने जनरलों के साथ दिल्ली में होगा।’

‘क्या तुम आज रात इलेक्शन मीटिंग में जा रही हो?’

‘कहाँ पर है?’

‘तुम्हें पता नहीं है? के.पी. कॉलेज में अमिताभ का भाषण है।’

‘क्या?’

‘हाँ! आज शाम को।’

‘मुझे पता नहीं था। ग़ज़ब, मैं जाऊँगी।’

‘अकेले जाओगी?’

‘क्यों नहीं?’

‘लेकिन वहाँ तो लाखों की भीड़ होगी। क्या तुम्हें डर नहीं लगता?’

‘मैं कार में बैठकर देखती रहूँगी।’

‘राजीव गांधी भी आ रहा है।’

‘क्या बात करती हो। एक ही शाम को दो ख़ूबसूरत आदमी।’

‘बस करो, राधा। तुम मुझे मुसीबत में डाल दोगी। अब मैं फ़ोन रख रही हूँ।’

‘कॉलेज के दिनों के मुक़ाबले कितनी बदल गई हो, माला!’

चपल-चंचल टेलीफ़ोन वार्तालाप समाप्त हो गया, लेकिन उसने मीटिंग को लेकर मेरी उत्सुकता जगा दी। मैंने दिल्ली बात करने का ज़िम्मा संजय को सौंपा और गंगा के किनारे होनेवाले फ़िल्मी तमाशे को देखने चल दिया। मैंने के.पी. कॉलेज के मैदान में जाने के लिए एक रिक्शा पकड़ा।

‘आप किसी फिलम-विलम में हैं, साहिब?’ रिक्शेवाले ने पूछा।

‘नहीं, नहीं, मेरा सिनेमा से कोई लेना-देना नहीं है।’

‘लेकिन आप अमिताभ की मीटिंग में जा रहे हैं, क्यों?’

‘हाँ, बहुत से लोग जा रहे हैं।’

‘मुझे लगता है, आप कौनो शूटिंग पर आए हैं।’ उसने फिर से कहा।

‘बिलकुल नहीं। यह तुमने कैसे सोच लिया?’

‘अरे, साहब। उसने भोजपुरी लहज़े में कहा, तोहार जैकेट, तोहार कैमरा, तोहार सफ़ेद जूते—ई सब फ़िल्मी लगत हैं।’

‘नहीं, नहीं। यक़ीन करो भाई, मैं यात्री हूँ। इलाहाबाद आया हूँ।’

‘उसको तो कोई जीतने से रोक नहीं सकता। हम उसे जिता के ही रहेंगे।’ कहकर उस जोशीले और ज़िन्दादिल जवान ने गाना शुरू किया जो अमिताभ का चुनाव प्रचार का गीत था :

‘सुनो, सुनो रे भइया, सुनो, सुनो।
आवा है अमिताभ रे भइया, आवा है अमिताभ
सुनो, सुनो रे भइया
जो पर्दे पर हमार दिल बहलात रहा
आज हमार भोट माँगने है आवा
चलो, हम फ़र्ज़ निभा लें अपना
हम भी क़र्ज़ चुका दें अपना
एक वोट देओ भइया उसके गीतों को
एक वोट देओ उसके ढिशुम-ढिशुम को
एक वोट देओ उसके आँसू को भइया

और एक वोट उसकी मुस्कानों को...।
सुनो, सुनो रे भइया, सुनो, सुनो।
आवा है अमिताभ, सुनो रे भइया
अपने हीरो की जीत है पक्की
जीत है हमरी तुमरी सबकी...

के.पी. कॉलेज के मैदान में भारी भीड़ उमड़ी हुई थी। हर जगह लोग ही लोग—कारों में, बसों में, ट्रकों में, साइकिलों, पेड़ों और छतों पर। चुनावी सभा फ़िल्मी दीवानों का विशाल मेला लग रही थी। इस भीड़ का कोई एक चेहरा नहीं था। उसमें कई रंग थे, कई उम्रों और बोलियों, और तमाम वर्गों और जातियों के लोग थे। उनमें अगर कोई समान चीज़ थी तो वह थी एक अपार उत्सुकता। आश्चर्य से फटी हुई आँखें, जैसे कि एक पुराना दबा हुआ सपना हक़ीक़त में बदलने जा रहा हो। अचानक भीड़ में से कोई चिल्लाया : 'अमिताभ आ गया है...'

भीड़ ने एक सफ़ेद फ़िएट को घेर लिया। पल-भर में ही कार जैसे कोई चमत्कारी खिलौना बन गई, जिसके चारों ओर उन्माद, दीवानगी और मुस्कुराहट से भरी हुई भीड़ थी। सोलह-सत्रह साल के जवान धीरे-धीरे आगे बढ़ती कार के शीशों को सहला रहे थे जैसे अपने हीरो के चेहरे को छू रहे हों। कार के लिए आगे बढ़ना मुश्किल हो गया तो सुरक्षाकर्मी बाहर कूदे और पगलाई हुई भीड़ के सामने रस्सों का घेरा डाल दिया। तब भी भीड़ नियंत्रित नहीं हुई तो पुलिस ने लाठीचार्ज शुरू कर दिया। फ़िल्मप्रेमी भीड़ पुलिस के ख़िलाफ़ नारे लगाने लगी। अमिताभ बच्चन अपने राजनीतिक अवतार में कार से बाहर कूदे और पुलिस को शान्त रहने को कहा। आसमान भीड़ के नारों से गूँज उठा : 'अमिताभ, ज़िन्दाबाद! जीतेगा भई जीतेगा, अमिताभ बच्चन जीतेगा...'

अमिताभ और उनके सम्बन्धी मंच की तरफ़ बढ़े तो भीड़ शान्त हो गई। बच्चन ने अपनी फ़िल्मी छवि को बंबई में ही छोड़ देने की हरचन्द कोशिश की थी, लेकिन भीड़ को यह विश्वास नहीं हो रहा था कि उनकी इस चुनावी यात्रा में कोई भी जवान सुन्दरी नहीं है। भीड़ बच्चन के साथ चल रहे कांग्रेस कार्यकर्ताओं को गांधीवादी पोशाक पहनकर आए हुए हीरो-हीरोइन समझ रही थी। जब वे मंच पर चढ़े तो उनके

साथ की एक बूढ़ी महिला ने, जो शायद अमिताभ की कोई सम्बन्धी थी, जल्दी से अपनी साड़ी के पल्लू का घूँघट कर लिया। उसके चेहरे पर घूँघट देखकर एक प्रशंसक चीख़ा : 'अरे! अरे! अरे! रेखा! रेखा! कौन? रेखा! कहाँ? रेखा! अमिताभ की माशूका! ग्लैमर गर्ल! किधर है? अच्छी-ख़ासी भगदड़ मचने लगी, लेकिन तभी बूढ़ी महिला घूँघट हटाकर ज़ोर से बोली : 'मैं रेखा नहीं हूँ, बेटे! मैं तुम्हारी माँ हूँ!'

एक मोटे-तगड़े आयोजक ने माइक्रोफ़ोन सँभाला और घोषणा की : 'श्री अमिताभ बच्चन हमारे बीच हैं। श्री बच्चन जी को किसी परिचय की आवश्यकता नहीं है लेकिन...' भीड़ ने उसे चुप करा दिया और एक स्वर से कहा, 'हमें अमिताभ चाहिए! अमिताभ! अमिताभ!' स्पॉटलाइट्स अमिताभ पर टिक गईं। चेहरा रोशनियों से जगमगाने लगा। उनकी पीठ के पीछे साँझ का नीला प्रभामंडल जादुई असर पैदा कर रहा था। अभिनय के उस्ताद अमिताभ बच्चन खड़े थे। स्थिर, मूर्ति की तरह, हाथ जोड़े हुए। भीड़ ख़ामोशी से उनके भाषण की प्रतीक्षा कर रही थी, और फिर अचानक उनके चेहरे पर मुस्कुराहट खिल उठी। भीड़ और भी उतावली हो गई। वह इस मोहक मुस्कान को बहुत-सी फ़िल्मों में देख चुकी थी।

बच्चन ने भाषण शुरू किया। छोटा और सटीक। 'आपने मुझे पहले भी देखा है। लेकिन वह बनावटी अमिताभ था। नकली सेट, नकली कॉस्ट्यूम, नकली मेकअप, नकली कहानियाँ। अब आप असली अमिताभ को देख रहे हैं, आपकी धरती, आपके घर का अमिताभ, इलाहाबाद का लड़का जो अब अपने शहर में लौट आया है...' भीड़ तालियाँ बजाने लगी तो अमिताभ ने और भी जोश में आकर कहा : 'मेरे विरोधी मुझे फ़िल्मों में काम करने के लिए बदनाम कर रहे हैं। उन्होंने बहुत-सी फूहड़ और अश्लील बातें कही हैं लेकिन मैं उन्हें इस भाषा में जवाब नहीं दूँगा। मैं बुज़ुर्गियत का सम्मान करता हूँ। मैं ऐसे माहौल में पला-बढ़ा हूँ कि अपने बुज़ुर्गों का अपमान नहीं कर सकता...'

यह हुई बात! सुपर स्टार की नैतिकता का सिक्का जम गया। फ़िल्मी पर्दे पर उन्हें जैसी मान्यता मिली थी, वैसी ही प्रतिष्ठा ज़िन्दा रंगमंच पर भी मिल गई। फिर अमिताभ ने पूछा : 'आप में से जो लोग कांग्रेस को वोट देंगे, वे अपने हाथ उठाएँ।' 4,00,000 हाथ हवा में उठे। 'आप में

से जो लोग राजीव गांधी को वोट देंगे, वे अपना दूसरा हाथ भी उठाएँ।' 8,00,000 हाथ हवा में उठ गए। लगता था जैसे भीड़ और अमिताभ, दोनों के सीधे और मज़बूती से उठे हुए हाथ चुपचाप इन्दिरा गांधी की हत्या की याद को फ़िल्मी सलामी दे रहे हों। अमिताभ किसी पोप, मुसोलिनी, हिटलर या लेनिन के अवतार लग रहे थे। यह लोकप्रियता कुछ डरावनी भी थी...

भीड़ के उन्माद ने मुझे दिमाग़ी तौर पर थका दिया। मैंने अनमने ढंग से पास ही चाय की एक गुमटी में जाकर चाय का ऑर्डर दिया। सफ़ेद धोती और ढीले-ढाले खादी कुर्ते में एक देहाती बुज़ुर्ग आकर मेरी मेज़ पर बैठ गए। उनकी ज़रूरत से ज़्यादा लम्बी और तराशी हुई मूँछें अठारहवीं सदी के लघुचित्रों में राजपूत योद्धाओं की याद दिलाती थी। उन्होंने अपनी भौंहें चढ़ाते हुए पूछा :

'मीटिंग में आए हो, बेटा?'

'जी हाँ।'

'अरे, तुम जवान लोग! यह सिनेमा तुमको एक दिन बर्बाद कर देगा!' बुज़ुर्ग की बेबाक़ी से मैं परेशान नहीं हुआ क्योंकि इस इलाक़े के बुज़ुर्ग ऐसे ही रोब से अपनी बात कहते हैं।

'क्यों? आप ऐसा क्यों कह रहे हैं? क्या आप विपक्षी दल के समर्थक हैं?'

'नहीं, नहीं, ऐसा नहीं है। मैं मीटिंग में नहीं आया हूँ। मैं पास ही के एक गाँव, करछना से हूँ। यहाँ कॉलेज में मेरा पोता पढ़ता है। उसने बहुत दिनों से चिट्ठी नहीं लिखी, तो मैं उसे देखने आ गया। उसके डेरे पर गया तो नहीं मिला। पड़ोसी ने बताया कि वह इस हीरो की मीटिंग में आया है। अब इन छोकरों को क्या कहा जाए! मैं तंग आ गया हूँ। तीन बार इम्तहान में फ़ेल हो चुका है और अब ये हरामी की औलाद फिर से फ़ेल होने जा रहा है। जब भी मिलता है, बस पैसे माँगता है। कभी किताबें चाहिए, कभी फ़ीस चाहिए, काग़ज़-पेंसिल चाहिए, उसकी लिस्ट कभी ख़त्म ही नहीं होती। और जब पता करने आओ कि वह क्या कर रहा है तो वह अमिताभ की मीटिंग में गया हुआ है...दुनिया कैसी हो गई है।' बुज़ुर्ग की बातों में परेशानी झलक रही थी।

'लड़का जवान है, ताऊ जी।' मैंने उन्हें शान्त करने की कोशिश की, 'इस उम्र में कुछ मौज-मस्ती भी ज़रूरी है, क्यों?'

'बिलकुल नहीं। उसका काम पढ़ाई करना है, वरना घर आए और खेतों में हल चलाए।'

'लेकिन सिनेमा तो हर कोई देखता है, अकेले आपका पोता थोड़े है।'

'अच्छा, तो यही सिनेमा सबको बर्बाद कर देगा। अगर आज मेरा पोता मिल जाए, तो मैं बोरिया-बिस्तर बँधवाकर उसे गाँव ले चलूँगा।'

दुकान का लड़का बुज़ुर्ग के लिए गिलास में चाय लेकर आया। एक घूँट लेकर उन्होंने चायवाले से चिल्लाकर कहा :

'यह चाय नहीं, यह घोड़े का पेशाब है। गिलास में कुछ और दूध डालो। ये रेस्तराँवाले भी चोर हैं! एक गिलास चाय में भी ठगी करते हैं!' बुज़ुर्ग ने अपने जूते उतारे और बेंच पर पालथी मारकर बैठ गए।

'लेकिन आप सिनेमा और अपने पोते के अमिताभ बच्चन की एक मीटिंग में जाने से क्यों नाराज़ हैं?' मैंने बुज़ुर्ग से पूछा जो चायवाले लड़के को डाँटने के बाद अब कुछ शान्त हो गए थे।

'तुम अभी बहुत छोटे हो, बेटे। तुम्हें शायद पूरा पता ही नहीं होगा कि हमारे देश का इतिहास कितना महान है। मैं पचास साल पॉलिटिक्स में रहा हूँ। मैंने महात्मा गांधी, नेहरू, जयप्रकाश, इन्दिरा सबको देखा है। लेकिन ज़रा इस हीरो को देखो, इसे पॉलिटिक्स और हमारे देश के बारे में क्या पता है? न कोई प्रोग्राम है, न कोई ख़ाका, न आलोचना, कुछ नहीं। क्या ऐसा आदमी पंडित नेहरू के साथ मंच पर बैठने के लायक़ हो सकता है? बिलकुल नहीं। वह ज़माना ही दूसरा था। पॉलिटिक्स में ईमानदारी बची हुई थी। अब इस जवान लड़के को पता है कि सिनेमा की वजह से उसे वोट मिल जाएँगे तो उसने सिनेमा छोड़ दिया और पॉलिटिक्स में चला आया। ज़रा सोचो, इतनी बड़ी-बड़ी मीटिंगों का उसके दिमाग़ पर क्या असर पड़ेगा?'

'क्या?'

'अरे साफ़ है। उसे लगता है कि फ़िल्मों के बल पर सब कुछ ख़रीद सकता है : पैसा, वोट, औरत। उसने संसद का मुँह भी नहीं देखा, लेकिन अभी से सत्ता के नशे में चूर है। सिनेमा किसी ज़हर से

कम नहीं है, बेटे। मुझे गीत, नृत्य और नाटक से कोई परहेज़ नहीं। उनसे तो मनोरंजन होता है। लेकिन सिनेमा ने उसे बनानेवालों को एक अजीब ताक़त दे दी है। उसने हीरो-हीरोइनों को भगवान बना दिया है। इसी एक्टर को देखिए, वह भगवान जैसा हो गया है। और लगता है जैसे चुनाव नहीं लड़ रहा हो, शूटिंग कर रहा हो...और फिर, ज़्यादातर फ़िल्में अनैतिक होती हैं। उन्होंने हमारे धर्म को, हमारी जीवनशैली को ख़तम कर दिया है। उनसे हमारे नौजवानों का दिमाग़ फिर गया है।' बुज़ुर्ग की बात पूरी होने से पहले ही कटे हुए बालों और सजी-धजी दो छात्राएँ अपनी साइकिलों से उतरीं और आत्मविश्वासपूर्वक दो गिलास चाय का ऑर्डर दिया। बुज़ुर्ग ने मेरी तरफ़ झुककर फुसफुसाते हुए कहा : 'फ़िल्मों ने हमारी लड़कियों को तो और भी बर्बाद कर दिया है।'

'कैसे?'

'फ़ैशन! शहरों में हर लड़की हीरोइन बनना चाहती है। आज जिस लड़की के लम्बे बाल हैं, कल वह अपने बाल छोटे करवा लेती है। अगर यही चलता रहा तो पति अगले दिन अपनी पत्नी को नहीं पहचान पाएगा...क्या ज़माना आ गया!'

दो नौजवान एक स्कूटर से उतरे और लड़कियों के पास बैठ गए। वे हँसते-खिलखिलाते हुए अमिताभ बच्चन पर बात कर रहे थे जिसकी मीटिंग से वे आ रहे थे। बुज़ुर्ग ने मुझे कोहनी मारी :

'देखो, किस तरह की बातें कर रहे हैं। ये लड़कियाँ हैं? बिलकुल बेशर्म देखो! उस एक्टर के बारे में क्या बातें कर रही हैं! पूरा देश बर्बादी के रास्ते पर है।' हिन्दू धर्म के रक्षक ताऊ ने चश्मा पहना और आख़िरी बार लड़कियों की तरफ़ देखकर हैरानी से पूछा : 'क्या उसके हाथ में सिगरेट है? हरे राम, हरे राम, क्या ज़माना आ गया है...' उन्होंने चप्पल पहने और उस रास्ते पर चल दिए जो शायद उनके पोते के हॉस्टल तक जाता था।

संजय के घर लौटकर पता चला कि दिल्ली ट्रंक-कॉल मिल गया था और भारत सरकार के गृह मंत्रालय के किसी बड़े आदमी से बात हो गई है जिन्होंने डिविजनल कमिश्नर से मेरे लिए बनारस तक एक नाव और दो मल्लाहों का इन्तज़ाम करने के लिए कहा है। संजय एक

या दो दिन के लिए मेरे साथ चलने पर राज़ी हो गया। हमने जल्दी से डिनर लिया क्योंकि अगले दिन बहुत सुबह घाट पर पहुँचना था। संजय की पत्नी विद्युन ने मुझे गेस्ट-रूम में पहुँचाया जहाँ से एक बाग़ीचा दिखाई देता था। गंगा में एक सप्ताह बिताने के बाद एक अच्छा बिस्तर, एक धुली हुई चादर और साफ़ टॉयलेट स्वर्ग का सुख देनेवाले थे। सोते समय मैंने सामने की दीवार पर एक बड़ा-सा पोस्टर देखा : ढीले-ढाले कपड़ों में एक आदमी, मूँछें, एक हैट और एक छड़ी। मैंने चार्ली चैपलिन को गुड-नाइट कहा और बत्ती बुझा दी...

नौ

मैं गहरी

नींद में था। किसी ने दरवाज़ा खटखटाया। दरवाज़ा लॉन की तरफ़ खुलता था।

'कौन?'

'मैं हूँ, साहब।'

'कौन?'

'रामलाल, साहब।' रामलाल? क्या वह एक और टेलीफ़ोन की मरम्मत करने आया है? आवाज़ पहचानकर मैंने दरवाज़ा खोला।

'क्या बात है? कितना वक़्त हुआ है?'

'चार बज रहे हैं, साहब।'

'क्या हुआ?'

'टेलीग्राम है, साहब।' वह गम्भीर आवाज़ में बुदबुदाया। इस अर्ध-ग्रामीण इलाक़े में टेलीग्राम को बुरी ख़बर ही माना जाता।

'क्या मैं संजय को जगाऊँ?'

'नहीं, साहब। आपके लिए आया है।'

'मेरे लिए?' मैं हैरान था। टेलीग्राम थमाकर वह चला गया।

'इकतीस को बनारस पहुँच रही हूँ। मिलने की जगह दशाश्वमेध घाट सूर्यास्त के समय प्यार जया।'

जया ने मुझे जो कुछ भी दिया था, उसे मैंने गंगा को अर्पित कर दिया था, लेकिन सिर्फ़ उसका लिखा हुआ एक काग़ज़ बचाकर रख लिया था ताकि इस दुनिया से मेरे लगाव की निशानी बनी रहे। मैंने फिर से वे पंक्तियाँ पढ़ीं : *तुम्हारे साथ बिताए हुए चौदह दिनों के बाद अब जीवन में और कोई इच्छा नहीं बची है। अगर अगले जन्म में हम तीन दिन बनारस में गंगा के किनारे बिता सकें तो मैं समझूँगी कि मेरा कर्म सम्पूर्ण हो गया है। काश, तुम्हें जुनून की हद तक प्यार मिलता रहे। तुम्हारी पगली जया...*

लेकिन जया तो कराची में थी! वह दिल्ली कैसे पहुँची? टेलीग्राम कराची से आया है या दिल्ली से? क्या सचमुच उसी ने भेजा है? क्या वह तलाक ले रही है? क्या उसने उन देवताओं को छोड़ दिया है जिन्हें साक्षी मानकर उसने सात पवित्र फेरे लिये थे? क्या वह फेरों की उस अग्नि से, दांपत्य से विश्वासघात कर रही है? क्या यह कोई सपना है? कोई माया है?

घर में किसी को परेशान किए बग़ैर मैं यात्रा पर जाने की तैयारी करने लगा। मैंने रामलाल को जगाया।

'जी साहब, जी साहब।' वह हड़बड़ाकर उठा।

'सॉरी, तुम्हें जगा दिया...'

'हुक्म, साहब?'

'वाक़ई सॉरी, रामलाल। संजय जी से कहना कि मुझे सात बजे हनुमान मन्दिर पर मिलें। फ़िक्र मत करो, टेलीग्राम में कोई ख़ास बात नहीं थी।'

'कहाँ जा रहे हैं, साहब?'

'घाट की तरफ़।'

'माफ़ कीजिएगा, साहब, रात में जाना ठीक नहीं। इस वक़्त गंगाजी में क़िले के आसपास गुंडे-बदमाश रहते हैं। नहीं, साहब, उधर...'

'अरे नहीं, रामलाल। मुझे पता है, मैं क्या कर रहा हूँ। तुम संजय जी के साथ वहाँ आना।'

मैं पन्द्रह मिनट चला था कि क़िले की फ़सीलें दिखाई दीं जिसे सोलहवीं सदी में सम्राट अकबर ने बनवाया था। मुख्य गेट की ओर

जानेवाली धूल-भरी सड़क पर चिथड़ों और प्लास्टिक की चादरों को ओढ़े हुए भिखारी और कोढ़ी इलाहाबादी सर्दी में ठिठुर रहे थे।

हल्के-से अपराध-बोध के साथ उन्हें छोड़कर मैं क़िले के पीछे एक सुनसान कोने में पहुँचा।

बाईं तरफ़ गंगा एक विशाल अजगर की तरह सोई थी, अपने तटों पर जिए जा रहे जीवन की यातनाओं से बेख़बर। देवता ही इस तरह सो सकते हैं जबकि पृथ्वी मिलन और वियोग की पीड़ाओं को झेल रही होती है। मुझे एक अजीब-से एहसास ने जकड़ लिया। वह न तो दर्द था, न दुःख, न ख़ुशी। उसे किसी शब्द, बिम्ब, किसी विचार में व्यक्त नहीं किया जा सकता। वह सिर्फ़ सुनहरी रेत पर लहरों की छुअन जैसी एक संवेदना थी जो मेरी देह में बह रही थी। पता नहीं वह ख़ुशी थी, परम आनन्द था या जया के होने का बनारस था लेकिन मुझे सिर्फ़ यह पता था कि कोई बहुत सघन चीज़ मुझे अपनी बाँहों में ले चुकी है। गंगा पुकार रही थी, आओ मेरे तीर्थयात्री, मैं तुम्हें अदृश्य को देखने की आँखें देती हूँ। मैंने अपने भीतर झाँककर देखा, जया एक अज्ञात की यात्रा पर जाने की तैयारी कर रही है।

मैं गंगा के सम्मोहन में खोया हुआ था। तभी किसी ने मेरे कन्धे पर हाथ रखा और तीखी पतली आवाज़ मेरे कानों में पड़ी :

'पिंडदान। क्या आप पिंडदान करना चाहते हैं?'

'नहीं,' मैंने सख़्ती से जवाब दिया।

'अगर आप चाहें तो मैं पिंडदान कर सकता हूँ।' उस आदमी ने एक चालाक मुस्कुराहट के साथ कहा।

'नहीं, मुझे कुछ नहीं करवाना।' लगा, वह मुझे लूटना चाहता है।

'क्या किसी और से कराएँगे?'

'यह पिंडदान क्या चीज़ है?'

'क्या बात कर रहे हैं! आप गंगाजी में अस्थियाँ बहाने आए हैं और इतना भी नहीं जानते कि पिंडदान करना क्या होता है!'

'लेकिन भैया, पिंडदान होता क्या है? मैंने तो कभी सुना नहीं।'

'चढ़ावा। भोजन चढ़ाया जाता है।'

'कैसा भोजन?'

'पवित्र भोजन। यह भोजन स्वर्ग में जाता है। विचित्र बात है कि आप पिंडदान के बारे में नहीं जानते! यह स्वर्ग में रहनेवाले पुरखों को दिया जानेवाला भोजन होता है।'

'कैसा स्वर्ग?'

'अरे बाबा! लगता है आपको सब कुछ समझाना पड़ेगा। पिंडदान में ज्वार के आटे के चार पिंड बनाए जाते हैं जिन्हें अपने मरे हुए पुरखों की याद में चढ़ाते हैं। आइए, साहब मैं आपके चढ़ावे का इन्तज़ाम करता हूँ।'

'लेकिन मेरे परिवार में किसी की मौत नहीं हुई है।'

'फिर आप किसकी अस्थियाँ विसर्जित करने आए हैं?'

'आपसे किसने कहा कि मैं अस्थियाँ विसर्जित करने आया हूँ?'

'हर गंगे, हर गंगे! गंगाजी की कृपा से आपके परिवार में सब कुशलपूर्वक है। लेकिन ज़रा देखिए, ये सत्रह पिंड क्यों बने हैं? ये सत्रह निकट सम्बन्धियों के लिए होते हैं। एक दादा के लिए, एक दादी के लिए, एक दादा के भाई, एक नाना, एक नानी के लिए...इस तरह सत्रह सम्बन्धियों के लिए पिंडदान किया जाता है। दादा, परदादा और सभी पूर्वज, जो दुनिया से चले गए हैं, सबके लिए पिंडदान शुभ होता है। इस दान से उनकी आत्मा तृप्त और सुखी रहती है...'

'माफ़ करना भैया, मेरे परिवार में कोई नहीं मरा है। मैंने...'

'मतलब सत्रह में से किसी की भी मृत्यु नहीं हुई है?' लगता था वह आदमी मेरे किसी सम्बन्धी को मरा हुआ देखना चाहता था ताकि उसका पिंडदान कर सके।

'नहीं।'

'लेकिन मैं सिर्फ़ पिंडदान नहीं करता। मैं आपके परिवार के लिए, उनकी समृद्धि, उनके स्वास्थ्य के लिए पूजन भी कराता हूँ।'

मैं जान-बूझकर मैदान की तरफ़ चलने लगा, क्योंकि मुझे आशंका थी कि वह मुझ पर हमला भी कर सकता है। वह कुछ दूरी पर पीछे-पीछे आने लगा, जैसे इशारा कर रहा हो कि धार्मिक आयोजन के अलावा उसका कोई और इरादा नहीं है। एक लैंप-पोस्ट पर पहुँचने के बाद मैंने मुड़कर उससे कहा :

'माफ करो, भैया, मैं यहाँ किसी धार्मिक काम से नहीं आया हूँ। न मुझे कोई पूजा करवानी है!'

'लेकिन अपने पुरखों को भोजन देना कोई धार्मिक बात नहीं है। यह तो भोजन है, जैसा लोग रोज़ ही करते हैं। लेकिन साहब, बताइए मैं आपकी क्या सेवा कर सकता हूँ?'

'कुछ नहीं। बस मुझे अकेला छोड़ दें।'

'अकेला? इस धरती पर अकेला कौन नहीं है? सब अकेले हैं। और महिलाओं के लिए तो हम विशेष संतति-पूजन करते हैं। आपके बच्चे हैं, साहब?'

'हे भगवान, आप मुझे चैन से नहीं रहने देंगे?'

अपने इरादे से एक इंच भी डिगे बिना वह कुछ देर सोचता रहा और फिर पीछे आने लगा। उसने पूछा :

'क्या आप फ़िल्म एक्टर हैं, साहब? क्या आप अमिताभ बच्चन के इलेक्शन में आए हैं?'

'नहीं,' मैंने दो-टूक जवाब दिया।

'तो फिर आप टूरिस्ट हैं?'

'हाँ, हूँ। कोई एतराज?'

'ग़ुस्सा मत होइए, साहब। मैं आपको होटल दिला सकता हूँ। गंगाजी पर रात बिताने से तो अच्छा ही होगा। यहाँ रुकना ख़तरनाक है।'

'मेहरबानी करके आप जाओ।' मैंने हाथ जोड़े।

'मैं सभी तरह के होटल दिला सकता हूँ, साहब। महँगे, सस्ते। मेरा काम तो सेवा करना है, साहब।' उसने विज़िटिंग काड्र्स का एक पुलिंदा निकाला और एक मुझे थमाने लगा।

'लेकिन मुझे कोई होटल-वोटल नहीं चाहिए।'

'फिर मैं आपकी क्या सेवा कर सकता हूँ, साहब? आख़िर आप इलाहाबाद में हमारे अतिथि हैं।'

'कुछ नहीं। बस मुझे अकेला छोड़ दो।'

'लेकिन आपकी सेवा करना मेरा कर्तव्य है, सर। दवा, जड़ी-बूटियाँ, जन्मपत्री, भविष्यवाणी—मैं सब कुछ करता हूँ। हम तो भगवान के आदेश से तीर्थयात्रियों की सहायता करते हैं।'

'मैं तीर्थयात्री नहीं हूँ,' मैंने गरजते हुए कहा।

'विचित्र है!' उसने हल्के-से उपहास के स्वर में कहा, 'आप तीर्थयात्री नहीं हैं! आप टूरिस्ट नहीं हैं! आपके परिवार में किसी की मृत्यु भी नहीं हुई है! तो क्या मैं जान सकता हूँ कि आप यहाँ क्या कर रहे हैं?'

इस बदमाश से छुटकारा पाने का सबसे अच्छा उपाय शायद उसे सच बताना था। मैंने कहा :

'मैं यात्री हूँ। मैं नाव से गंगा की यात्रा कर रहा हूँ। गोमुख से गंगासागर तक।'

'और इलाहाबाद से?'

'इलाहाबाद से बनारस तक।'

'अरे! तो क्या आपके लिए नाव का प्रबन्ध कर दूँ?'

'नहीं धन्यवाद। मेरे पास नाव है।' मैंने घाट की तरफ़ इशारा किया जहाँ हमारी नाव लंगर डाले हुए थी : 'वहाँ उस नाव को देख रहे हैं? लाल रंग की नाव?'

'लेकिन वह तो सरकारी नाव है!'

'हाँ, मैं सरकारी नाव से जा रहा हूँ।'

'अरे! अरे! सॉरी, साहब। माफ़ कीजिएगा, अगर मुझसे कोई ग़लती हो गई हो।' अचानक वह सतर्क और चिन्तित हो गया।

'नहीं, नहीं। बेफ़िक्र रहिए। मैं कोई सरकारी अफ़सर नहीं हूँ। मैं तो गंगा की यात्रा पर आया हुआ एक मामूली यात्री हूँ।'

'अच्छा! हाँ, साहब। तो फिर शायद आप गंगाजी की कहानी के बारे में इस पुस्तिका को पढ़ना चाहेंगे।'

गंगा के बारे में वह पैम्फलेट एक प्राचीन मिथक के आधुनिक जीवन का दस्तावेज़ था। कवर पर देवी गंगा का चित्र बंबइया सिनेमा की सेक्स-सिंबल हीरोइनों की याद दिलाता था। चमकीली पैंटी और ब्रा पहने हुए और शृंगारिक ढंग से धनुष की तरह पीछे की तरफ़ झुकी गंगा स्वर्ग की बजाय किसी फ़िल्मी सेट से उतरी हुई लगती थी। चित्रकार ज़रूर फ़िल्मों का दीवाना रहा होगा जिसने गंगा को आधुनिक रंग-रूप में चित्रित किया था : रूज़, काजल, नेल-पॉलिश,

लिपस्टिक, वह ख़ूब सज-धज में बनाई गई थी। शायद उसके पास इससे अधिक कल्पना नहीं थी, वरना उसने गंगा को एक हाथ में वैनिटी बैग और दूसरे में 'वोग' पत्रिका का नया अंक लेकर उतरते हुए दिखा दिया होता...

संजय सात बजे क़िले के घाट पर पहुँच गया और हम उतरकर नाव की तरफ़ गए। लाल और सफ़ेद धारियों वाली बाढ़ नियंत्रण विभाग की मोटर-बोट पर दो आरामदेह गद्दे थे। मैंने अभी तक ज़ंग लगी और छेदों से भरी छोटी नावों में ही सफ़र किया था। उनकी तुलना में यह नाव विज्ञान कथाओं के स्पेस-शिप से कम नहीं लगती थी। जगदीश और ओमप्रकाश नाम के दो मल्लाह थे, जिनके पुरखों ने शायद कभी देवताओं को नदी पार कराई होगी। बदलाव सिर्फ़ इतना हुआ था कि इस नाव में रखे सामान में मोटर चलाने के लिए डीज़ल के जेरीकेन जुड़ गए थे। ओमप्रकाश शुभ यात्रा का श्रीगणेश करनेवाला था कि गंगा तट का वह दलाल हाँफता हुआ प्रकट हुआ :

'क्या आप मुझे एक मिनट देंगे?'

'अब क्या बेचने आए हो, दोस्त?'

'नहीं, साहब। नहीं, साहब। बस, बस सर। क्या एक मिनट अलग से बात कर सकता हूँ?' वह अब हिचकते हुए बात कर रहा था।

'हाँ, बिलकुल।'

'वह आदमी मेरे चाचा हैं, साहब।' उसने एक बड़े से बॉक्स के पास खड़े आदमी की ओर इशारा किया।

'तो क्या बात है?'

'उनके घर में कोई ग़मी हुई है।'

'ओहो...अफ़सोस।'

'आप चाहें तो उनकी कुछ मदद कर सकते हैं, साहब।' मैं सोचने लगा कि क्या वह मुझसे अपने चाचा के लिए पिंडदान कराना चाहता है?

'कैसे?'

'उन्हें विंध्याचल के पास अपने गाँव पहुँचना है। उनका गाँव गंगाजी के किनारे है। अगर वे बस से जाते हैं तो पूरा दिन लग जाएगा और

दाह-संस्कार में नहीं पहुँच पाएँगे। आप अगर उन्हें अपने साथ नाव पर बिठा सकें तो बड़ी कृपा होगी।'

'बिलकुल, उनसे कहिए कि चढ़ जाएँ।' हट्टे-कट्टे, सफ़ेद कपड़े पहने और अक्खड़ से चाचा कोई समस्या नहीं थे, लेकिन उनका स्टील का बड़ा-सा ज़ंग लगा सन्दूक ज़रूर समस्या बन गया था। नाव में सवार होते ही वे फिसल पड़े जिससे जेरीकैन लुढ़क गए। संजय और मल्लाहों की त्योरियाँ चढ़ गईं, लेकिन मैंने धीमी आवाज़ में कहा : 'उनके घर में किसी की मौत हुई है।'

मल्लाहों ने कुछ देर चलन के मुताबिक़ पूजा की और हम चल पड़े। गंगा, यमुना और अदृश्य सरस्वती के संगम पर ओमप्रकाश ने तेज़ी से पतवार मोड़ी तो नाव जैसे अपनी धुरी पर घूमने लगी। यमुना से लिपटी हुई गंगा और गंगा से लिपटी हुई यमुना एक तेज़ भँवर बना रही थी। एक, दो, तीन, चार...नाव ने जैसे सात फेरे लिये और पूरब दिशा में चल पड़ी, जहाँ सूरज उग रहा था, जहाँ काशी था, बनारस था, वह शहर था जहाँ हर कंकड़ में शंकर है। यह मेरा सौभाग्य था कि जया ने हमारे नये जन्म के लिए काशी को चुना। इस दुनिया में काशी से ज़्यादा मैं किस शहर की इच्छा कर सकता था! काश, काशी जया हो और जया काशी हो। जया अक्सर कहती भी थी : 'काश, सारी दुल्हनें बनारस में जन्म लें...'

अब गंगा से हमारी गहरी दोस्ती हो चली थी। हम उसकी रग-रग जान गए थे और उसकी विभिन्न मन:स्थितियों को भाँप सकते थे। नदी में हवा अच्छी थी लेकिन जगदीश रास्ता बताने के लिए आगे बैठ गया और राम नाव के पिछले हिस्से में चला गया। दाएँ तट पर एक जूट की चटाई देखकर ओमप्रकाश ने कहा कि हिन्दू धर्म में मुर्दे का सारा सामान उसके शव के साथ ही गंगा में बहा दिया जाता है। जगदीश ने कहा, 'मुर्दे को मरने से पहले ही गंगाजी में सौंपना कहीं ज़्यादा पवित्र माना जाता था।' लगभग आधे घंटे तक हमारी नाव नदी में तैरते मुर्दों के बीच रास्ता बनाते हुए चली। कुछ मुर्दों को कुत्ते नोच रहे थे जिसने हमें पिछले दृश्य की याद दिला दी और जब हमें एक कुत्ते की फूली हुई लाश दिखाई दी तो संजय बोला : 'यह हरामी ज़्यादा मुर्दे खा-खाकर मरा होगा!'

सुबह से शाम तक गंगा में दृश्य बदलते रहते हैं। सुबह का उजास उसकी धारा पर सबसे पहले प्रकट होता है। फिर चिड़ियाँ आती हैं। फिर उनके शोर में सैकड़ों आदमी और बच्चों की आवाज़ें घुल-मिल जाती हैं जो सुबह स्नान-ध्यान करने तटों पर आते हैं। दिन उगने के साथ गंगा शहरी चहल-पहल से भर जाती है : शोर-शराबा और हड़बड़ी, नहाते हुए पशु, हाथ-मुँह धोते लोग, कपड़े बदलती औरतें। दोपहर होने से पहले आदमी लोग खेतों में काम करने चले जाते हैं और औरतें अपनी कमर के एक तरफ़ बच्चे को लिये हुए और सिर पर पीतल का बर्तन रखे हुए नज़र आती हैं और उनके बच्चों के रोने की आवाज़ें और हवा में लहराती उनकी रंगीन साड़ियाँ गंगा को हलचल से भर देती हैं। दोपहर में गंगा पर उन लोगों का क़ब्ज़ा हो जाता है जिनकी आजीविका उसी से चलती है। मज़दूर, मछुआरे, मल्लाह तपती हुई घड़ियों में गंगा के साथी होते हैं और अपना पसीना, श्रम और दर्द सब उसकी लहरों में बहा देते हैं।

बनारस की ओर जाते हुए तटों पर मौजूद हर किसी की नज़र हमारी नाव पर लगी रही। बच्चे, औरतें, आदमी और यहाँ तक कि पशु भी जैसे हमारी मोटर-बोट के इंजन की घरघराहट से चकित थे। उसकी आवाज़ सुनकर हज़ारों लड़के-लड़कियाँ किनारों पर उमड़ पड़ते और खिलखिलाने-तालियाँ बजाने लगते। मैं भैंस पर बैठे उस लड़के को नहीं भूल सकता जो नाव तक पहुँचने के लिए इतना उतावला था कि भैंस समेत नदी में गिर पड़ा। उसे देखकर मुझे लगा, एक सदी बीतने पर भी गंगा का नज़ारा वैसे का वैसा है : 'जब भारत में पहली बार स्टीमर आए तो हज़ारों लोग नदी में आकर उनकी पूजा करने लगे और उनसे वरदान माँगने लगे। उनका विश्वास था कि इंजन किसी अलौकिक शक्ति ने बनाए हैं।'

दोपहर को जब धूप तेज़ होने लगी तो संजय ने खाने की टोकरी से एक बोतल निकाली जो भीगे हुए तौलिए में लिपटी थी। उसे खोलते हुए उसने कहा : 'चलो, कुछ मौज हो जाए। बड़ी देर से कुछ मज़ा नहीं आया।'

'अरे, यह क्या कर रहे हो?'

'क्या मतलब?'

'इन सज्जन को ठीक नहीं लगेगा।' मैंने उस आदमी की ओर इशारा किया जो दाह-संस्कार के लिए जा रहा था।

'बकवास! हमारा तो कोई नहीं मरा है।' संजय ने दो-टूक कहा, 'इस तरह तो हम कभी ड्रिंक ही नहीं ले पाएँगे। इतनी मानवता भी मत झाड़ो, दोस्त। मानवतावाद आदमी को कमज़ोर बनाता है।'

'छोड़ो, छोड़ो, अच्छा नहीं लगेगा। और फिर ये सज्जन उतरनेवाले भी तो हैं।'

'बेकार की बात! अरे, मज़ा करने के मौक़े नहीं छोड़ने चाहिए। बाद में तो डायबिटीज़ और हार्टअटैक वग़ैरह होने लगते हैं।' संजय ने दो गिलासों में ज़िन डाली। हमें देखकर ओमप्रकाश शरारतन मुस्कुराया।

'अरे, ओम, तुम कुछ लोगे?'

'नहीं, साहब, मैं पीता नहीं हूँ।'

'चलो, चलो, काहे झिझक रहे हो, थोड़ा ले लो।'

'मैं पीता नहीं हूँ, साहब।'

'ज़रा भी नहीं?'

'मैं नशा नहीं करता, साहब।'

'झूठे कहीं के।' मैंने मज़ाक़ किया।

'कभी-कभी गाँजा पी लेता हूँ, सर। लेकिन शराब नहीं। हमारे ख़ानदान में कभी किसी ने शराब नहीं पी, साहब।'

'क्या पीना पाप है?'

'नहीं, साहब। लेकिन उससे आप अपने ऊपर कंट्रोल नहीं रख पाते।'

'छोड़ो, गाँजा भी उतना ही बुरा है।'

'लेकिन शराब तो और भी ख़राब है, साहब। एक बार एक महात्मा से एक औरत मिलने गई। उसके पास कुछ मीट और शराब थी। महात्मा से बात करते-करते वह उससे प्रेम करने लगी। वह उनके साथ बिस्तरबाज़ी करना चाहती थी। बेचारे महात्मा बड़े संकट में पड़ गए।

जब उन्होंने इनकार किया तो उस औरत ने कहा कि आपको तीन चीज़ों में से एक चीज़ लेनी ही पड़ेगी—मीट, शराब और उसका जिस्म। और अगर उसने इनमें से कुछ भी स्वीकार नहीं किया तो वह उन्हें बदनाम कर देगी। महात्मा ऊँची जाति के ब्राह्मण थे इसलिए न तो मीट खा सकते थे और न उस औरत के साथ ऐसी हरकत कर सकते थे। तो उन्होंने शराब को चुना। शराब पीने के बाद बाक़ी दोनों चीज़ें भी कर डालीं। मतलब मीट भी खा लिया और उसके साथ सो भी गए। नहीं साहब, मुझे शराब से डर लगता है।'

'हाँ, तुम ठीक कह रहे हो।' एजेंट के चाचा ने कहा, 'लेकिन गाँजा तो बहुत ही बुरा है। मैं गाँजे की ख़राबी के कई क़िस्से बता सकता हूँ। मेरे ख़याल से असल चीज़ यह है कि हम किसी चीज़ को कितना लेते हैं। थोड़ा-थोड़ा लें, तो कोई चीज़ बुरी नहीं होती।'

'ज़रा पूछो, क्या वे भी लेना चाहते हैं?' संजय ने उसका इशारा समझ लिया था।

'पागल हो गए हो? उनके घर में ग़मी हुई है!'

'परेशान तो बिलकुल नहीं लगता है। रास्ते-भर मल्लाहों के साथ मज़ाक़ करता आया है।'

'तुम पूछो। मैं तो नहीं पूछूँगा।'

दो पेग पीने के बाद गंगा हमें धुँधली लगने लगी। तभी नाववाले अंकल झटके से मेरी तरफ़ झुके और जैसे कुछ सूँघते हुए बोले : 'आप लोग क्या चीज़ पी रहे हैं?'

'जिन।'

'जिन? वह क्या होती है?'

'अंग्रेज़ी शराब।'

'अरे! कैसा स्वाद होता है?'

'हल्का और बढ़िया। थोड़ा सुरूर चढ़ जाता है।'

'मैं थोड़ा ट्राई कर सकता हूँ?'

'हाँ, बिलकुल। माफ़ कीजिए, हमने आपको पहले नहीं पूछा। हमारी हिम्मत नहीं हुई...'

'काहे? मैं अच्छा-ख़ासा आदमी हूँ, मुझे हल्के नशे से क्या होगा...'

'हमें लगा कि आप ऐसी परेशानी की हालत में शायद पीना पसन्द नहीं करेंगे।'

'परेशानी की हालत? क्या हुआ?'

'आपके परिवार में किसी की मौत हुई है, है न?'

'किसी की मौत? हरे, हरे, हरे...भगवान न करे! यह किसने कह दिया आपसे?'

'जिस आदमी ने हमें आपसे मिलाया था, उसने कहा कि आपको आज ही एक दाह-संस्कार के लिए विंध्याचल पहुँचना है। उसने कहा कि आपके यहाँ कोई ग़मी हुई है।'

'वह दलाल? कमीना कहीं का! ये लोग पैसे के लिए कुछ भी कर सकते हैं, बदमाश कहीं के। उसने मुझे बताया था कि एक नाव विंध्याचल की तरफ़ जा रही है और अगर मैं चाहूँ तो पचास रुपये में उस पर बैठकर जा सकता हूँ। उसने पचास रुपये किराये के लिए और पन्द्रह रुपये अपने कमीशन के। हे भगवान! कैसा भयंकर बदमाश है! अगर मुझे दोबारा मिलेगा तो उसकी गर्दन मरोड़ दूँगा।' वे ग़ुस्से से बौखलाने लगे। मैं भी इस तरह उल्लू बनाए जाने से क्षुब्ध था। अंकल ने पूछा :

'लेकिन उस सूअर ने आपको पैसा दिया होगा?'

'नहीं, बिलकुल नहीं।'

'हरे गंगे, हरे गंगे। कैसा सूअर है! उसने पचास रुपये का नोट नहीं दिया?'

'नहीं।'

'मैं लौटने पर उसका भुर्ता बना दूँगा। पैंसठ रुपये लेकर चला गया। अब मुझे आपको पैसे देने पड़ेंगे।'

'चिन्ता मत कीजिए। हमारी कोई ट्रांसपोर्ट कम्पनी नहीं है।'

'आपकी बड़ी मेहरबानी। सचमुच मेहरबानी। गंगा की कृपा से अभी भी इस धरती पर अच्छे लोग बचे हुए हैं वरना तो हर जगह ठग और बदमाश ही भरे हैं।'

उसने एक ही साँस में जिन का पेग गटका और एक गहरी साँस ली जैसे पचास रुपये का नोट खोने का मातम मना रहा हो। फिर दूसरा पेग बनाते हुए गम्भीर ढंग से कहा :

'इन बदमाशों का कुछ करना पड़ेगा। मैं इस मामले को अपने एसोसिएशन में उठाऊँगा।'

'आप इलाहाबाद में क्या करते हैं?'

'सार्वजनिक सेवा।'

'सरकारी नौकरी है?' संजय ने पूछा।

'नहीं, नहीं। जनसाधारण के लिए धार्मिक सेवा।'

'किस तरह की?'

'मैं पंडा हूँ।' संजय और मैंने नज़रें मिलाईं। हमें पता था कि पंडे जो प्राचीनकाल में जीवित लोगों और स्वर्ग के बीच की कड़ी का काम करते थे, अब धर्म के अंडरवर्ल्ड के दलाल बन चुके हैं।

'अरे, आप पंडे हैं!' संजय ने कहा, 'मैंने पंडों के बारे में बहुत कुछ सुना है, लेकिन कभी इस पेशे के बारे में ज़्यादा नहीं जान पाया। पंडा होता क्या है?'

'विचित्र बात है! क्या आप हिन्दू हैं?'

'हाँ।'

'आप हिन्दू होते हुए भी नहीं जानते कि पंडा क्या होता है! अरे, जब किसी की मृत्यु होती है, तो हम ही गंगा में अस्थि-विसर्जन का अनुष्ठान करते हैं। फिर, जब आप दान करना चाहें, तो पंडे ही इसे करते हैं। एक ज़माना था जब इसे दुनिया का सबसे अच्छा व्यवसाय माना जाता था।'

'एक ज़माना! आज क्यों नहीं?'

'हाँ, यह अब भी ईमानदार और विद्वान लोगों का पेशा है। लेकिन आपको पता है, अब तमाम तरह के लोग घुस गए हैं। अपने इलाहाबाद में ही हज़ारों पंडे हैं। उनमें सभी ईमानदार नहीं हैं, लेकिन मैं ख़ानदानी पंडा हूँ। मुझे लोग काली कमली वाला पंजाबी पुरोहित कहते हैं। मैं पंजाब से आनेवाले सभी लोगों का जाना-माना पंडा हूँ।'

'तो क्या आपके कहने का मतलब यह है कि आपका पेशा प्रान्तों के हिसाब से तय होता है? जैसे मुझे पूजा करवानी हो तो किसके पास जाऊँ?

'विद्वान पंडे के यहाँ। लेकिन सबसे पहले तो पूजा अपने ही इलाक़े के पंडे से करवानी चाहिए। जैसे कि पंजाब के सारे लोगों को मेरे पास आना चाहिए।'

'क्यों? क्या आपको सरकार ने नियुक्त किया है?'

'नहीं, नहीं। गंगा की कृपा से यहाँ सरकार की कोई दखलंदाज़ी नहीं है। हम परम्परा से पंजाबी पंडे हैं।'

'मतलब पंजाब का कोई आदमी किसी और के पास नहीं जा सकता?'

'जा सकता है, बिलकुल। लेकिन उसका रिकॉर्ड तो मेरे ही पास होगा, न।'

'कैसा रिकॉर्ड?'

'ओफ़! आपको हमारे पेशे के बारे में ज़्यादा पता नहीं है। देखिए, हमारे पास रिकॉर्ड रजिस्टर होता है, जिसमें उन सभी के नाम और पते रहते हैं जिन्होंने धार्मिक अनुष्ठान कराया हो। आपको एक उदाहरण देता हूँ, आप कहाँ के रहनेवाले हैं?' पंडे ने मुझसे पूछा।

'राजस्थान के।'

'तब तो मेरे पास आपका कोई रिकॉर्ड नहीं होगा।'

'लेकिन मैं पंजाब का हूँ।' संजय ने कहा।

'बहुत अच्छा!' पंडे ने कहा, 'तो क्या आपको अपने परिवार के किसी आदमी का नाम याद है जो यहाँ अस्थियाँ लाए हों?'

'हाँ, मेरे दादाजी।'

'उनका नाम?'

'बलदेव सिंह।'

'किस ज़िले से?'

'अमृतसर।'

'तहसील?'

'अजनाला।'

'बस, एक मिनट रुकिए। थोड़ा धैर्य रखिए, मैं अभी रिकॉर्ड निकालता हूँ।'

जिन की डकार लेकर पंडा अपनी सीट से उठा और स्टील के ट्रंक की ओर बढ़ा। ओमप्रकाश ने पतवार छोड़कर ट्रंक खोलने में मदद की। पंडे ने एक इतना मोटा रजिस्टर निकाला, जैसा मैंने अपने जीवन में कभी नहीं देखा था। लाल रंग का रजिस्टर पूरी तरह वर्गाकार, एक मीटर लम्बा और चौड़ा और कम से कम आधा मीटर मोटा था। वह स्वर्ग के बही-खाते जैसा लगता था। उस पर बहुत सुन्दर लिखावट थी और अगर पंडे की बात मानी जाए तो बाज़ार में उसका दाम किसी अच्छी-ख़ासी हवेली के बराबर था।

'तो आपने तहसील का नाम क्या बताया था?'

'अजनाला।' संजय ने उसे याद दिलाया।

पंडे ने सम्बन्धित हिस्से को खोज निकाला और किसी मंत्र की तरह नाम पढ़ने लगा। 'राम सिंह पुत्र हरनाम मुस्कान सिंह पुत्र प्रीतम सिंह हरमीक सिंह पुत्र मुख्तियार सिंह प्यारा सिंह पुत्र हरबीर सिंह ज़ारा सिंह जरनैल सिंह पुत्र लफ्तैन सिंह मोहब्बत सिंह पुत्र निकम्म सिंह प्रताप सिंह हरि सिंह पुत्र रामरखा सिंह पुत्र मुंशीराम हरपरताल सिंह जोगिन्दर सिंह हरमीत सिंह पुत्र अवतार सिंह रामेश्वर सिंह पुत्र जुगाड़ा सिंह पुत्र मुधाल सिंह पुत्र हुशियार सिंह पुत्र जटाला सिंह ढिल्लों भगवान सिंह पुत्र शक्तिसिंह पुत्र हरी सिंह मिल्की सिंह पुत्र रामकृपा सिंह जगदीश सिंह पुत्र रामरखावत सिंह हरनाम सिंह पुत्र राजपाल सिंह मनपरतव सिंह कैरों पुत्र सुरजीत सिंह कैरों गुरदयाल सिंह पुत्र गुरदरशन सिंह...आपने क्या नाम बताया?'

'बलदेव सिंह। लेकिन सुनिए पंडित जी...'

'रुकिए, रुकिए, अभी मिल जाएगा। पक्का है कि उनकी अस्थियाँ यहाँ लाई गई होंगी?'

'हाँ, हाँ, पक्की बात है।'

'तब तो हर हाल में मिल जाएगा।'

'लेकिन सुनिए, पंडित जी, हम...'

'रुकिए तो, जल्दबाज़ी मत कीजिए।' पंडा फिर शुरू हो गया : 'करनैल सिंह पुत्र कप्तान सिंह हरजट्टा सिंह पुत्र बचित्तर सिंह प्यारेराम पुत्र ख़ुशीराम लल्लूराम पुत्र कर्यादा पद्दूराम पुत्र ललध सिंह करीम सिंह देव सिंह कुलदीप सिंह पुत्र दुर्गा देवी महताब सिंह पुत्र फरयान सिंह प्रकाश सिंह पुत्र हवलदार सिंह हवलदार सिंह पुत्र जरनैल सिंह मुकद्दर सिंह कैरेनवाले पुत्र फौजा सिंह...'

'पंडित जी, पंडित जी।' हमने नामों की बाढ़ को रोकने की कोशिश की, 'सुनिए...'

'रुकिए, भई। इन चीज़ों में समय लगता है। कभी-कभी तो सही पेज ढूँढ़ने में तीन-तीन दिन लग जाते हैं...'

'अरे, ये रहे बलदेव सिंह। उनके पिता का क्या नाम था?'

'सरदार सिंह।'

'बिलकुल ठीक। यहाँ लिखा हुआ है।' पंडे ने रजिस्टर को हमारी तरफ़ झुकाया और फिर विजयी मुस्कान के साथ घोषणा की : 'मिल गया, मिल गया! अब आप अपने दादा के बारे में और कुछ जानना चाहते हैं? उनके पास सौ बीघा ज़मीन थी और पत्नी का नाम ईसरी देवी था। उनके छह बच्चे थे, चार बेटे और तीन बेटियाँ।'

'कितने बच्चे?' संजय ने पूछा।

'छह बच्चे। चार लड़के और तीन लड़कियाँ।'

'लेकिन पंडित जी, यह कैसे हो सकता है? बच्चे छह हैं जिनमें चार बेटे और तीन बेटियाँ हैं। कहीं कुछ गड़बड़ तो नहीं हुई है?' संजय ने हँसते हुए कहा।

'छोटी-मोटी त्रुटियाँ हो सकती हैं, लेकिन वैसे यह रिकॉर्ड रजिस्टर सूचनाओं का भंडार है। यह पन्द्रहवीं शताब्दी में सिखों के पहले गुरु से शुरू होता है। इसी कारण से पंजाब के सभी लोग मेरे पास आते हैं। अगर आप चाहें तो मैं यहीं आपके दादा का पिंडदान करा सकता हूँ।'

'नहीं, शुक्रिया, फिर कभी। लेकिन एक बात बताइए...'

'सच कह रहा हूँ, पिंडदान करना बहुत पवित्र काम है। आप पूर्वजों को कुछ भोजन नहीं भेजना चाहते?'

'फिर कभी सही, पंडित जी। अभी तो मेरे पास अपने खाने के लिए भी नहीं है! लेकिन यह तो बताइए, कोई दूसरा पंडा पंजाब के आदमी के लिए पिंडदान नहीं करा सकता?'

'बिलकुल करा सकता है। लेकिन लोग उसी के पास आएँगे जो पूरे ख़ानदान का रिकॉर्ड रखता हो। इसीलिए मैंने कहा कि इस रजिस्टर की क़ीमत इलाहाबाद की किसी भी हवेली से ज़्यादा है।'

बाज़ी मार लेने के अन्दाज़ में पंडा अपनी जगह पर बैठ गया। 'अंग्रेज़ी शराब' के सुरूर में ख़ुद को हल्का महसूस करते हुए उसने एक और पेग के लिए कहा।

'क्या इसके अलावा भी आपका कोई पेशा है?' मैंने पूछा। वह मुझे पंडे से ज़्यादा कोई चलता-पुर्जा धन्धेबाज़ लग रहा था।

'मेरा मुख्य काम तो यही है। मेरी आजीविका इसी से चलती है और कुछ दान से भी।'

'तब तो आय बहुत कम होती होगी?'

'मौक़े पर निर्भर है। कुछ पंडे बहुत सम्पन्न हैं। कभी-कभी वे सिर्फ़ एक ग्राहक से 100,000 रुपये तक कमा लेते हैं!'

'हे भगवान! तब तो बहुत टैक्स देना पड़ता होगा!'

'नहीं, नहीं। गंगाजी की कृपा से धार्मिक दान पर कोई टैक्स नहीं लगता!'

'आप कितना कमा लेते हैं, पंडित जी?' मैंने शरारतन पूछा।

'मैं बहुत छोटा आदमी हूँ, लेकिन मुझ पर ईश्वर की कृपा है। कुछ पंडे एक दिन में हज़ार रुपये कमा लेते हैं। और जनवरी में मेले के समय तो कमाई बढ़ जाती है। ऐसे पंडे बहुत सम्पन्न हैं—उनके कई मकान हैं, ट्रक हैं, ट्रैवल एजेंसियाँ हैं, तमाम तरह की चीज़ें उनके पास हैं। नेताओं और सरकारी अफ़सरों तक उनकी पहुँच है।'

'मेरे ख़याल से यह इस पर निर्भर करता होगा कि किस इलाक़े में कौन-सा पंडा मशहूर है, क्यों?'

'ऐसा तो नहीं है। ग्राहकों को एजेंट लोग लाते हैं और दान का पचास प्रतिशत हिस्सा लेते हैं।'

'क्या आपके भी एजेंट हैं?'

'नहीं, मैं अकेले काम करना पसन्द करता हूँ। मैं लोगों की भावनाओं का फ़ायदा नहीं उठाता। और फिर मेरा व्यवसाय जमा हुआ है। सब गंगाजी की कृपा है। मेरा एक बेटा वकालत करता है।'

'वकालत? उसने आपका पेशा नहीं अपनाया?'

'हाँ। दिन में वह कोर्ट में रहता है, सुबह घाट पर मेरे कार्यालय में आता है। लेकिन अब दिन पर दिन हालात बदतर हो रहे हैं। सारी कमाई तो रिकॉर्ड से होती है। अब परिवार बढ़ गए हैं, लेकिन रिकॉर्ड रजिस्टर को तो बाँटा नहीं जा सकता। इसलिए बच्चों के बीच तीर्थयात्रियों के हिसाब से बाँटना पड़ता है। इसीलिए हर बेटे के साथ आय का स्त्रोत घटता जाता है।'

'जैसा ज़मीन के मामले में होता है।' संजय ने टिप्पणी की।

'थोड़ा अलग है। ज़मीन तो आबादी बढ़ने पर घट जाती है, लेकिन हमारे धन्धे में आबादी बढ़ने का मतलब है ज़्यादा ग्राहक।'

'क्या ख़ूब!' संजय बेसाख़्ता हँस पड़ा, 'शानदार। दुनिया में सिर्फ़ आपका ही पेशा ऐसा है जिसमें मरने से भी फ़ायदा होता है और पैदा होने से भी। क्या बात है!'

'गंगाजी महान हैं और उनके वरदान से कौन पार पा सकता है।' पंडे ने नाव से झुककर अंजुलि में गंगाजल लिया और उसे पीते हुए कहा : 'हरे गंगे, हरे गंगे, हरे गंगे, तुम इस समूची सृष्टि की माँ हो, तुम्हारी जय हो, तुम समृद्धि, सम्पत्ति और स्वास्थ्य का अक्षय भंडार हो।'

जिन की खुमारी में पंडे की गुलाबी आँखें झपकने लगी थीं कि बाएँ तट से अचानक कुछ बदमाश लड़कों ने हमारी नाव पर हमला कर दिया। वे हमें गालियाँ दे रहे थे, भला-बुरा कह रहे थे और नाव पर पत्थर और कीचड़ फेंक रहे थे। ओम ने तेज़ी से नाव को हटाया। संजय और मैंने बचने के लिए अपने सिर पर गद्दियाँ रख लीं। हमें कोई चोट नहीं लगी, लेकिन बेचारा पंडा खुमारी के चलते बचाव नहीं कर पाया और उसकी कनपटी पर एक पत्थर आ लगा। वह चिल्लाया, 'हरामज़ादे कहीं के! चोर, बदमाश! गंगाजी में गुंडे राज करने लगे हैं! पता नहीं क्यों, यह वाहियात सरकार इन गुंडों को ठीक नहीं करती!'

संजय ने नाव पर सवार सरकारी प्रतिनिधि होने के अन्दाज़ में पंडे की आँखों को घूरकर देखा और उपहास के साथ कहा : 'पंडित जी, अपराध से लड़ना आसान काम नहीं है। इन गुंडों से लड़ना उतना ही मुश्किल है जितना गंगा के घाटों के पंडों से...' जल्दी ही पंडा महोदय को पता चल गया कि वह जिस पंजाबी से बात कर रहा था, वह इलाहाबाद प्रशासन में एक ऊँचा अधिकारी है। यह एहसास होते ही पंडा गिड़गिड़ाने लगा। नाव से उतरते हुए उसने कहा :

'साहब, मुझे आपसे एक छोटी-सी रिक्वेस्ट करनी है। आपकी बहुत मेहरबानी होगी। इलाहाबाद में मेरी एक छोटी-सी सम्पत्ति का मामला है...'

दस

भोला मन जाने

अमर मेरी काया

धन रे जोबन
सपने सी माया
बादल की सी छाया

एक कुआँ पाँच पनिहारी
जल भरती हैं न्यारी

डट जाएगा कुआँ
सूख जाएगी क्यारी
हाथ मल मल चली
पाँचों पनिहारी

सूखा सा काठ
देत नहीं छाया

कहाँ तेरा हंसा
कहाँ तेरी माया

बालू की भीत
पवन का खम्भा
देवल देख
भया अचंभा

आदि आदिनाथ
मछंदर का पूता
गाये जस जो मेरा
गोरख अवधूता...

ओम की आवाज़ में अपने नाम के ही अनुरूप गहराई थी और रहस्य था। वह हर तरह के गीत गाने में माहिर था—धार्मिक, आध्यात्मिक, श्रृंगारिक, ऐंद्रिक। हाथ में पतवार थामे वह देर तक गाता रहा और हर गीत के साथ लगा कि वह किसी दूसरी दुनिया में खो गया है। एक पद गाने के बाद वह जब अपनी आँखें खोलता तो लगता, जैसे वह अपनी ही आवाज़ पर मुग्ध है। वह किसी दूसरे ही लोक का जादूगर जैसा नज़र आता, जिसके हाथ में इस दुनिया की मजबूरियों ने पतवार पकड़ा दी हों ताकि गुज़र-बसर हो सके। ओम भजन की पहली पंक्ति को, उन्हीं बोलों, उन्हीं स्वरों को इतनी रंगतों के साथ गाता कि इंद्रधनुष की छटा बिखरने लगती। उसका गायन ध्वनियों और शब्दों का एक रंग-बिरंगा केलाईडोस्कोप था। वह धीरे-से अपनी लय को बदलता तो गीत के शब्द नये अर्थ देने लगते और ध्वनि में एक नया आलोक पैदा हो जाता : यह जैसे साँस का जादुई खेल था। वह साँस आत्मा की गहराइयों और भौतिक चाहत की ऊँचाइयों के बीच सहज आवाजाही करती थी। ओम का गीत बतलाता था कि लिखे हुए शब्द का एक ही अर्थ है, लेकिन गाये हुए उसी शब्द में कई अर्थ उजागर हो उठते हैं। एक दिन ओम

ने मुझसे कहा, 'शब्द, आवाज़ और अर्थ अनन्त होते हैं जैसे गंगा की धाराएँ जाने कहाँ से शुरू होती हैं और कहाँ ख़त्म हो जाती हैं।'

'वह आप ही को सुना रहा था, भैया।' जगदीश ने मुझसे कहा।

'मुझे क्यों?' मैंने हैरानी से पूछा।

'आज के शुभ दिन पर यह ओम की भेंट थी।'

'गंगा के लिए?'

'नहीं, आपके लिए।'

'कौन-सा शुभ दिन?'

'आपने तो बताया नहीं कि बनारस में आज जया बहन आनेवाली हैं।'

'अरे! तुम्हें यह बात याद रही, ओम। तुम इतना अच्छा गाते हो। क्या कहीं गाना सीखा है?'

'नहीं, भैया। मैंने किसी गुरु से नहीं सीखा। मल्लाहों के गीत उनके अन्दर से आते हैं। मैंने पूरी ज़िन्दगी गंगाजी में बिताई है। जब मैं चार साल का था तो पिताजी ने मुझे पतवार पकड़ाई थी। तब से गंगा ही मेरा जीवन है। गीत मल्लाहों के लिए मरहम की तरह होते हैं।'

'मैंने दूसरे मल्लाहों को भी गाते सुना है, लेकिन तुम्हारी आवाज़ शास्त्रीय ढंग की है। मुझे लगा, तुमने बाक़ायदा गाना सीखा होगा।'

'आपकी मेहरबानी, भैया। मैं तो बस ख़ुश होने के लिए गाता हूँ। बिना गाये इस लम्बी और तकलीफ़देह ज़िन्दगी को गुज़ारना बड़ा मुश्किल है।'

'तुम उदास दिखते हो, ओम।'

'ज़िन्दगी उदास ही होती है, भैया।'

'अरे, छोड़ो। इतनी अच्छी सुबह है, फिर भी तुम उदास हो।'

ओम कहीं दूर देखने लगा। बीड़ी सुलगाते हुए उसने पतवार उठाई और नाव खेने लगा। एक लम्बी चुप्पी के बाद उसने मेरी तरफ़ मुड़कर गम्भीरता से पूछा :

'किसी के आने पर बड़ा अच्छा लगता है न?'

'हाँ। ऐसा भी हो सकता है। तुम क्यों उदास हो ओम?'

'नहीं, साहब। यूँ ही कुछ सोच रहा था। आपने बताया था कि जया बहन पच्चीस साल की हैं।'

'हाँ।'

'मेरी पत्नी भी पच्चीस साल की थी।'

'थी?'

'पिछले साल वह नहीं रही। मैंने उसे आख़िरी बार बनारस में ही देखा।'

'क्या हुआ था?'

'पेचिश।'

'डॉक्टरों से इलाज नहीं करवाया? पेचिश तो कोई बड़ी बात नहीं है!'

'लम्बी कहानी है, भैया, सच तो यही है कि वह मर गई और जवानी में मरी। दो दिन में ही सब हो गया। एक रात मैं इलाहाबाद में था तो मुझे बनारस से तार मिला। जब मैं पहुँचा तो वह मरनेवाली थी।'

'बड़े अफ़सोस की बात है!'

'लोग ज़िन्दगी में आते हैं और चले जाते हैं। लेकिन ज़िन्दगी का चक्का घूमता रहता है। अजीब बात है!' कुछ देर एक गम्भीर ख़ामोशी के बाद ओम ने कहा :

'क्या आपको नहीं लगता भैया कि किसी भी रिश्ते में यही बचा रहता है कि वह कैसे शुरू हुआ और कैसे ख़त्म हुआ। मुझे अपनी पत्नी की इतनी ही याद है कि उससे मेरी शादी हुई थी और फिर उसकी चिता जली थी...कितना अजीब है कि ज़िन्दगी तब भी चल रही है...' नज़रें हटाकर ओम ने तेज़ी से नदी में पतवार डाली और मीरा का एक भजन गुनगुनाने लगा जिसमें कृष्ण से उसके मिलन का वर्णन था।

यह सब पेरिस में शुरू हुआ था। अक्तूबर के शुरुआती दिन थे, पत्तियाँ ज़र्द होने लगी थीं और पेरिस के चौराहों पर एक पीली सुन्दरता बिखरी हुई थी। रयू रेमी दुमोंसेल पर शरद की ख़ुशनुमा बौछारें पड़ रही थीं। स्वच्छ रात आईने की तरह चमक रही थी। लगता था इस रात में कोई चीज़ जन्म लेने जा रही है। पता नहीं क्यों अचानक अपनी जड़ों की ओर जाने की इच्छा हुई और मैंने सोचा कि उस इनसान को, उस अकेले इनसान को अपनी श्रद्धांजलि दूँ जिसकी याद में मैंने भारत के क्रान्तिकारी वामपंथ के उजड़े दयार को छोड़ा था और पश्चिम का रुख़ करके पेरिस चला आया था।

शहर छानते-छानते रात गहरा गई थी, या शायद सुबह होनेवाली थी। दौंफेर, रास्पाई, ओतेल द'लासे, लूव्र, ओपेरा, प्लॉस द'क्लिशी से होते हुए मैं सिमितेयर द'बात्तिनिओल पहुँच गया। क़ब्रिस्तान पर ताला लगा था। यह देखकर अजीब लगा कि पश्चिमी देशों में मृतकों पर भी ताला लगाया जाता है। मैंने बग़ल की गली से होकर दीवार फाँदी। चेस्टनट की पत्तियों पर बारिश की बूँदें टपटपा रही थीं। क़ब्रों से एक ताज़ा गंध उठ रही थी। जैसा एलिसा ने कहा था, मैं तियुल के पेड़ों के स्याह झुरमुट तक गया और फिर बाएँ मुड़कर क़ब्रिस्तान के इकतीसवें एवेन्यू पर पहुँचा।

अचानक किसी पसीने की गंध ने मेरे चेहरे को छुआ। मैंने रुककर चारों ओर देखा तो कोई नहीं था। घना अँधेरा था। फिर बाईं तरफ़ देखा तो लगा अचानक किसी ने एक छोटा-सा दीया बुझा दिया है जैसे मेरे आने पर रोशनी बन्द कर दी गई हो। उत्सुक होकर मैं क़ब्र तक पहुँचा और दीया दुबारा जला दिया। उसके काँपते प्रकाश में मैंने काले अक्षरों में दर्ज़ इस शताब्दी का सबसे मशहूर समाधि-लेख पढ़ा, 'मैं खोजता रहा हूँ समय का स्वर्ण, आंद्रे ब्रेतों 1896-1996।' मैंने फिर से वे पंक्तियाँ पढ़ीं और मुझे लगा कि वह इनसान, जिसने ज़िन्दगी-भर 'समय का स्वर्ण' खोजा था, अब भी जीवित है। दीये का रहस्य मुझे तभी से परेशान किए हुए था, जब मैंने क़ब्र की सबसे निचली सीढ़ी पर हिन्दुस्तानी ढंग का चढ़ावा देखा : नारियल, लाल धागा, गुड़, गेंदे की पंखुड़ियाँ और एक पुरानी चाँदी की थाली पर एक और दीये की बुझी हुई बाती। एक गीले और धूल-भरे सफ़ेद काग़ज़ पर एक कविता दर्ज़ थी। उस पर सिर्फ़ ये पंक्तियाँ पढ़ने में आ रही थीं : 'पिघली हुई चाँदी की यह रात, शरद की ख़्वाहिशों की यह साँस...'

क़रीब दस क़ब्रों की दूरी पर एक लड़की मेरी तरफ़ पीठ किए हुए सिगरेट पी रही थी। मेरी पदचाप सुनकर उसने माचिस जलाई तो उसका व्यक्तित्व उजागर हुआ। साँवला रंग, लम्बे काले बाल और सफ़ेद पाजामे के ऊपर चमकदार चटकीले पीले रंग का रेशमी कुर्ता...वह मुस्कुराई। इस तरह कम ही लोग मुस्कुराते हैं। उसने एक और तीली जलाई और इस अन्दाज़ से मुझे देखा जो बहुत मारक था। मैंने देखा कि बहुत-सी

चिड़ियाँ उसके बालों से निकलकर उड़ी हैं और बारिश की बूँदें उसकी पतली गर्दन से बह रही हैं। फिर, वह कहीं दूर देखने लगी।

'क्या वह सब आपने रखा था?' मैंने साँस रोककर पूछा।

'क्या?'

'चाँदी की थाली?'

'जी हाँ।'

'आप भी दीवार फाँदकर आई हैं?' क़ब्रिस्तान की दीवार काफ़ी ऊँची थी।

'जी नहीं। मैं सूरज डूबने के बाद यहीं रुक गई थी। किसी ने मुझसे जाने के लिए नहीं कहा।'

'आप किस सिलसिले में आई हैं?'

'मैं भी समय का स्वर्ण खोज रही हूँ।' कहकर उसने सिगरेट जलाई।

'लेकिन किस सिलसिले में आना हुआ? आंद्रे के प्यार में या चोरी करने के लिए?'

'जी, चोरी।' उसने कहा। 'नाजा के जेवर!'

'ओह! आप नाजा को जानती हैं!' मैं कुछ हैरान था।

'कौन नहीं जानता?'

'तो आप भूतों पर विश्वास करती हैं?'

'कौन नहीं करता?'

'क्या आपको लगता है कि इस रात में नाजा की आत्मा ने ही यह सब किया है?'

'क्या किया है?'

'हमारी मुलाक़ात।'

'हो सकता है। या फिर वह?'

'वह कौन?'

'आंद्रे।'

'नहीं। वह इसलिए था कि नाजा थी।'

'और नाजा इसलिए थी कि वह था!'

'बकवास! वह इसलिए था कि नाजा थी!'

'लेकिन नाजा कौन थी?'

‘फरेब।’

‘आपका मतलब भूत थी।’

‘नहीं। एक औरत।’

‘कोई भी औरत?’

‘नहीं। एक पागल औरत।’

‘वह पागल नहीं थी। लोग उसे पागल कहते थे। आप भी सोचती हैं कि वह पागल थी?’

‘वह औरत सच भी थी और नहीं भी थी।’

‘और आप?’

‘मैं भी वही हूँ। एक साथ सच और सच नहीं।’ वह तेज़ी से उठी, मेरी तरफ़ मुड़ी और सीधे मेरी आँखों में देखते हुए बोली : ‘मैं नाजा हूँ।’

‘तब मैं आंद्रे हूँ!’ मैंने एक घबराई हुई हँसी के साथ कहा।

‘हँसिए नहीं। आपको पता है आप आंद्रे नहीं हैं, लेकिन मुझे पता है मैं नाजा हूँ। पागलख़ाने में मृत्यु होने के बाद उसने एक हिन्दू के रूप में जन्म लिया। मैं वही हूँ—जया! क्या आपने नाजा की देह को देखा था?’

‘हाँ।’

‘कोई पहचान बता सकते हैं?’

‘उसकी छाती पर एक अर्धचन्द्राकार निशान था।’

‘यह!’ उसने अपने कुर्ते के बटन खोले और खिलखिलाने लगी। ‘तो अब आपको यक़ीन हो गया! आप जानते हैं नाजा की मौत कहाँ हुई थी?’

‘पेरिस के एक पागलख़ाने में।’

‘ग़लत! शंघाई में। और जैसा कि कहा जाता है, रहस्यमय परिस्थितियों में।’ फिर उसने जैसे ख़ुद से ही कहा : ‘मुझे यह बात बतानी नहीं चाहिए थी।’

‘क्यों?’

‘मैंने यही वादा किया था।’

‘क्या?’

‘यही कि मैं कभी अपनी पहचान नहीं बताऊँगी।’

‘और अब?’

‘मैंने उसकी क़ब्र पर अपना वादा तोड़ दिया।’

‘क्या आपको लगता है कि वह आपको देख रहा है?’

‘शायद। वह हर चीज़ देख रहा है। चलिए, यहाँ से निकल चलें।’

हम सिमिट्री से बाहर चले आए।

‘देखिए, क्या लिखा है!’ जया ने एक गाड़ी के पीछे इशारा किया। वहाँ एक विज्ञापन था : ‘शहद खाइए, स्वस्थ रहिए।’ जया हँस पड़ी और आसमान की ओर देखते हुए बुदबुदाई : ‘सितारे खाइए, स्वस्थ रहिए!’ हम बुलेवार से होते हुए मुख्य चौराहे पर आए तो जया ने कहा :

‘मेरे पैर दर्द कर रहे हैं, चलिए टैक्सी करते हैं।’

‘लेकिन मुझे पैदल चलना पसन्द है।’

‘और मुझे रफ़्तार पसन्द है!’ तभी एक टैक्सी आकर रुकी।

जया ने दरवाज़ा खोला। टैक्सी ड्राइवर ने पूछा : ‘कहाँ जाना है?’

‘आप जहाँ ले जाएँ, जनाब।’ जया ने ख़ुशामदी मुस्कान के साथ। ड्राइवर टैक्सी का इंजन बन्द करते हुए फुसफुसाया :

‘आइए, मैं आपको चाँद पर ले चलता हूँ!’

‘आप पागल हैं, जनाब। मैं अभी-अभी वहीं से आई हूँ।’

‘ओके। आप जहाँ भी जाना चाहें, मैं ले चलता हूँ।’

‘मैं चाहती हूँ कि आप दो सौ किलोमीटर प्रति घंटे की रफ़्तार से ड्राइव करें और वह भी वन-वे सड़क पर चलते हुए ट्रैफ़िक की उलटी दिशा में। तैयार हैं?’

‘पी रखी है!’ ड्राइवर ने टैक्सी चालू की और निकल गया।

मुझे वह रात सिर्फ़ टुकड़ों-टुकड़ों में याद है। पत्थरों की सड़क। रिमझिम फुहार। बिना ट्रैफ़िक की सड़कें। रयू कास नेग्र का एक फटा हुआ पोस्टर। दीवारों पर ले पेन के नारे। साइकिल पर रात की सैर के लिए निकला हुआ एक आवारागर्द। सेन नदी। तिकोने स्ट्रीट लैम्प। जया ने मेरे कन्धे पर हाथ रखा और पूछा :

‘आपको पता है ये लैम्प किसने लगाए थे?’

‘हाँ। मेरे ख़याल से नेपोलियन-III के ज़माने में लगे थे।’

‘लेकिन किसने लगाए?’

‘उसकी सरकार में किसी ने लगाए होंगे।’

‘नहीं। मैंने लगाए थे।’

‘आपने? कैसे?’

'नाजा के रूप में जन्म लेने से पहले, मैं मारी-क्रिस्तीन द'बुची थी, सम्राट की एक रखैल। एक बार नेपोलियन ने मुझे पेरिस की रातों की सजावट करने के लिए कहा। मैंने तिकोने स्ट्रीट लैम्प लगवा दिए। तो अब आप इस शहर के इतिहास के बारे में कुछ जानने लगे हैं!'

'नेपोलियन के ज़माने में एक आदमी...'

'आपसे एक बात पूछनी है।' जया ने मेरी बात काटते हुए पूछा : 'ज़रा बताइए, मेरे मरने के बाद क्या हुआ?'

'मतलब रखैल के मरने के बाद?'

'नहीं, नाजा के मरने के बाद।'

'पहले साल में तो कुछ ख़ास नहीं हुआ। फिर आंद्रे ब्रेतों ने अपनी प्रसिद्ध गद्य-कविता की रचना की।'

'कौन-सी गद्य-कविता?'

'वही मशहूर किताब, नाजा।'

'धोखेबाज़! कैसा बदमाश था!'

'क्यों?'

'उसने वादा किया था कि मेरे बारे में नहीं लिखेगा।'

'अच्छा, लेकिन उसने लिखा।'

'और फिर?'

'कुछ ही हफ़्तों में नाजा फ्रांस के आधुनिक साहित्य की महान गाथा बन गई। वह हर जगह छाई हुई थी। पागलख़ानों तक भी वह किताब पहुँची। क़ैदियों ने उसे बहुत पसन्द किया। तब जेलरों ने सरकार से उस पर प्रतिबन्ध लगाने की माँग की!'

'क्या आंद्रे को यह पता लग गया था कि मैं पागलख़ाने से भाग गई हूँ?'

'नहीं।'

'क्या उसे पता नहीं चला कि मैं शंघाई चली गई हूँ?'

'इसकी मुझे याद नहीं है। आपको पता होगा कि बहुत-सी लड़कियाँ थीं जो उसकी मौत के बाद उसकी पत्नी एलीजा को मिलने आती थीं और कहती थीं कि वे नाजा हैं। वे सब अपने को नाजा मानती थीं...'

'देखिए!' जया ने एक कैफ़े की ओर इशारा किया।

'वहाँ क्या है?'

'आप उस कैफ़े ल नुइ दे हसार को देख रहे हैं? यहीं आंद्रे और मैंने आख़िरी ड्रिंक लिया था।'

'अच्छा, तो क्या हम चलकर वहाँ अपना पहला ड्रिंक लें?'

जया मेरे कोट के किनारे को खींचकर अचानक रुक गई।

उसका चेहरा एकदम बदल गया, आँखें नाचने लगीं, जैसे वह कोई साज़िश करने की सोच रही हो। एक गहरी ख़ामोशी के बाद जैसे उसने ख़ुद से कहा, 'ठीक है' और फिर अपने बाएँ हाथ की उँगली से सैफ़ायर की अँगूठी निकालकर दूसरे हाथ की इंडेक्स उँगली में पहना दी। हौले-से मुस्कुराते हुए उसने पूछा :

'आप कुछ समझे?'

'आपने अँगूठी दूसरे हाथ में पहना दी।'

'क्यों?'

'आप बताइए?'

'यह मेरी दूसरी ज़िन्दगी है। जया की ज़िन्दगी। वादा कीजिए कि आप कैफ़े में नाजा और आंद्रे ब्रेतों के बारे में एक शब्द भी नहीं बोलेंगे। एक शब्द भी नहीं।'

'मैं वादा करता हूँ। लेकिन क्यों?'

'यह मत पूछिए।'

जैसे ही हमने कैफ़े में क़दम रखा, अरब बारटेंडर चहकते हुए हमारी तरफ़ लपका जैसे वह इसी तरह के मौक़ों के लिए बना हो।

'वेलकम, वेलकम, दोस्तो! हाँ, हाँ, मुझे पता है आप इंडिया से आए हैं। आप लता मंगेशकर और राजकपूर को जानते होंगे? ओह, अल्जीरिया में आपकी फ़िल्में बहुत पसन्द की जाती हैं। नाचना, गाना, ख़ूबसूरत औरतें, क्या ग़ज़ब का मुल्क है! बैठिए, बैठिए, मोहतरमा। गुस्ताख़ी माफ़ कीजिएगा, लेकिन अगर आप जैसी किसी मोहतरमा का दिल मुझ पर आ गया तो मैं उनसे शादी करने के लिए एक मिनट भी नहीं सोचूँगा। बैठिए, प्लीज़ बैठिए...' हम अपने कोट उतार रहे थे कि बारटेंडर ने सिस्टम पर चुलबुला गाना चला दिया : 'आवारा हूँ...' जया ने थोड़ा-सा चिढ़कर जल्दी से दो वोदका लाने के लिए कहा।

‘दीये का आपके लिए क्या अर्थ है?’ मैंने जया से पूछा।

‘ज्योति, भीतरी प्रकाश। और आप के लिए?’

‘किसी को प्रकाशित करने की चाहत।’

‘और मेरे लिए, प्रकाशित होने की चाहत...’

‘क्या आप आस्तिक हैं?’

‘बुतपरस्त हूँ।’

‘और आपका पसन्दीदा भगवान?’

‘शिव।’

‘शिव, आप उन्हें बुत मानती हैं?’

‘हाँ। उनका नृत्य ऐसा ही है।’

‘क्या आप नृत्य भी करती हैं?’

‘हाँ।’

‘किस तरह का नृत्य?’

‘मोहिनीअट्टम।’ हमारी बातचीत सुनकर बारमैन जोश के साथ मेज़ पर आया और बोला : ‘आप डांस करती हैं! शानदार! मुझे इंडियन डांस बहुत पसन्द है। ख़ूबसूरत औरतें, नाचती हुई लड़कियाँ, हिन्दुस्तान और है क्या? चलिए, अपनी वोदका ख़त्म कीजिए। मैं आपके लिए दो पेग और लाता हूँ। बिल मेरे ज़िम्मे रहा।’

वह दूसरे दौर के ड्रिंक्स लाने गया, तो जया ने पूछा :

‘और आपका पसन्दीदा भगवान?’

‘कोई नहीं।’

‘आप नास्तिक हैं? क्यों? हे भगवान, यह तो एक खेल जैसा हो गया है! आपका पसन्दीदा रंग क्या है?’

‘लाल।’

‘हे भगवान!’ उसकी हँसी फूलों जैसी थी, ‘लाल! कहीं आप भी मार्क्सवादी तो नहीं हैं? ट्रॉट्स्कीइस्ट?’

‘उसी की तरह।’

‘किसकी तरह?’

‘ब्रेतों की तरह।’

‘कौन ब्रेतों?’

'आंद्रे ब्रेतों। वही जिसने ट्रॉट्स्की के साथ सर्रियलिज्म का तीसरा घोषणापत्र लिखा था।'

'श्श! श्श! आपने अपना वादा तोड़ दिया...'

लगा, जया दूर कहीं खो गई है। जैसे कि आंद्रे ब्रेतों ने उसके भीतर किसी नाज़ुक चीज़ को छू लिया था। उसने एक घूँट में वोदका गले में उतारी और अचानक उठकर कहा : 'आइए, चलते हैं, चेक प्लीज़!' बारमैन ने हमसे पैसे लेने से इनकार कर दिया। जया ने उसे धन्यवाद दिए बग़ैर, मुस्कुराए बग़ैर कोट उठाया और चल दी जैसे कि वह अपने पिछले जन्मों में खोई हुई हो। बाहर अब भी बारिश हो रही थी। हमने सड़क पार की। जया ने एक जगह रुककर अपने दाएँ हाथ की अँगूठी निकाली और बाएँ हाथ में पहन ली। इसका असर तुरन्त दिखा। जया नाजा बन गई।

पेरिस में भोर होनेवाली थी। बेकरी वाले दुकानों के शटर उठा रहे थे और सुबह का ट्रैफ़िक बुलेवार में प्रवेश कर रहा था। जया बेचैन थी और मेरी बग़ल में सीधे नहीं चल पा रही थी। जब हम बुलेवार सौं मार्तिन पहुँचे तो उसने क्रॉस रोड्स गेम खेलने का सुझाव दिया, जो उसने ख़ुद ही ईज़ाद किया था।

इस गेम में दो लोग भयंकर ट्रैफ़िक के बीच सड़क पार करते थे और जो पहले सड़क के दूसरी तरफ़ पहुँच जाता था उसे जीता हुआ माना जाता था। 'लेकिन जया, इस खेल में तो जान का ख़तरा है!' जया ने बच्चों जैसे उत्साह के साथ कहा : 'बिलकुल भी नहीं, इससे हमारे रिफ्लेक्स तेज़ हो जाते हैं...' सबसे पहले उसने सड़क पर पैर रखे, जहाँ ट्रैफ़िक ख़तरनाक रफ़्तार से चल रहा था। वह दूसरी तरफ़ पहुँची ही थी कि पुलिस की गाड़ी चीख़ती हुई रुकी। एक पुलिसवाला बाहर निकलकर जया के पास पहुँचा।

'यह आप क्या कर रही हैं, मैडम?'

'सड़क पार कर रही हूँ।'

'सड़क इस तरीक़े से पार की जाती है?'

'सड़क पार करने का और कौन-सा तरीक़ा होता है? ज्यामिट्री में दो बिन्दुओं के बीच एक सीधी रेखा से ही क्रॉस किया जा सकता है।

क्या आप यूक्लिड के बारे में जानते हैं, आफ़िसर साहब?' पुलिसवाले ने विचित्र निगाहों से उसकी ओर देखा जैसे कुछ समझ में नहीं आ रहा हो।

'आपके काग़ज़ात देख सकता हूँ, मैडम?'

उसके साथी ने मेरा रेज़िडेंट कार्ड देखा। जया ने बैग में हाथ डाला और दो पासपोर्ट निकाले—एक मैरून और एक काला।

'आप कौन-सा पसन्द करेंगे, काला या मैरून?'

'मुझे आपका पासपोर्ट चाहिए, मैडम।'

'दोनों मेरे ही हैं।'

क्या वह पागल है या कोई आतंकवादी? पुलिसकर्मी हैरान था : 'आपके पास एक देश के दो पासपोर्ट कैसे हैं?'

'इसलिए कि मैं दो व्यक्ति हूँ।'

'दो व्यक्तियों से आपका क्या मतलब?'

'जैसे आप दो हैं। आप दो लोग पाँचवें फ्रांसीसी गणतंत्र की पुलिस सेवा में हैं। इसी तरह मैं दो औरतें हूँ जो सर्रियलिस्ट क्रान्ति की सेवा में हैं।'

'कौन-सी क्रान्ति?' पुलिसवाले से पूछा।

'सर्रियलिस्ट। क्या आप पुनर्जन्म में विश्वास करते हैं?'

'क्या?'

'आप पुनर्जन्म में विश्वास करते हैं?'

'पागल है।' एक पुलिसकर्मी ने दूसरे से कहा। उन्होंने दोनों पासपोर्ट मिलाकर देखे।

एक ही तस्वीर, एक ही तारीख़, एक ही वीजा-मोहर। हैरानी से उसने पूछा :

'आपके दो नाम कैसे हैं?'

'इसलिए कि मैं दो हूँ।' पुलिसवालों का धैर्य जवाब दे गया और हम दोनों को पुलिस की गाड़ी में बिठाकर वे थाने ले गए। 'फ्लाइंग-स्क्वैड से पेरिस अद्‌भुत दिखता है!' जया ने मेरे कान में फुसफुसाकर कहा। अच्छा हो या बुरा, पेरिस सचमुच बहुत अलग लग रहा था। सड़कों पर गाड़ियाँ साइरन बजाती पुलिस कार के निकलने के लिए जगह बना रही थीं। जब भी किसी नुक्कड़ पर हमारी रफ़्तार धीमी होती तो लोग

कैफ़े और बेकरी की दुकानों से बाहर आकर उत्सुकता से देखने लगते। जब हम सेन के कोंसियर्ज़ पुल पर पहुँचे तो एक पुलिसवाले ने पीछे देखकर जया से पूछा :

'लेकिन आप दो व्यक्ति कैसे हो सकते हैं?'

'सीधी-सी बात है, मेरे पास दो पासपोर्ट हैं!'

पुलिसवाले ने फिर ऊँची आवाज़ में पूछा :

'लेकिन आपको दो अलग-अलग पासपोर्ट कैसे मिल गए?'

'दो अलग-अलग व्यक्ति होने के नाते, जनाब...क्या आपको यक़ीन नहीं हो रहा है?'

'बिलकुल पागल है।' एक पुलिसवाले ने दूसरे से कहा।

'अजीब बात है!' जया ने आगे की तरफ़ झुकते हुए कहा, 'आपको पता है जनाब, हिन्दुस्तान में एक देवता के पचास हज़ार नाम होते हैं। फ़र्क़ इतना ही है कि उस ज़माने में पासपोर्ट नहीं होते थे। हालाँकि मुझे पता नहीं कि उस समय देवता लोग एक देश से दूसरे देश कैसे जाते होंगे।'

पुलिसवाले कुछ मटमैले और भूरे रंग के काग़ज़ात भरने में लग गए।

'आपका पता, मैडम?'

'भारत में?'

'नहीं, पेरिस में।' पुलिसवाले ने रोब से कहा।

'पिछली रात मैं सिमितियेर द'बात्तिनिओल में थी। मेरा ठिकाना हर दिन बदलता रहता है।'

पुलिसवाले के होंठों पर एक मर्दाना मुस्कान आई :

'और आज रात आपका पता क्या होगा?'

'मेरी बग़ल में बैठे सज्जन से पूछिए।'

तो हमारी मुलाक़ात इस तरह हुई...

'भैया, भैया।' ओम ने चहकते हुए कहा, 'भैया, बनारस आ गया!'

बनारस एक शान्त गंगा की सतह से उभर रहा था। प्राचीनकाल की काशी की अन्तरिक्ष रेखा दुनिया में सबसे अनोखी है। पतली मीनारें, गोल गुम्बद, छज्जेदार छतें, सीरियाई मेहराबें, ज़ंग लगे त्रिशूल, पतले

खम्भे, सूरजमुखी के आकार की छतरियाँ, घाटों पर हवा के झोंके—इस प्राचीन नगर का वास्तुशिल्प अद्‌भुत है जहाँ ईसाइयत को छोड़कर सभी धर्मों हिन्दू, मुस्लिम, बौद्ध और जैन ने अपने निशान छोड़े हैं। इतिहास में बहुत से शहर हैं जहाँ विभिन्न धर्मों ने आपस में मिलकर एक सामूहिक वास्तुशिल्प को निर्मित किया, लेकिन बनारस में यह मेल-जोल इतनी सादगी से हुआ कि कई तरह के स्थापत्य आपस में घुल-मिल गए। दूर से देखने पर बनारस की अन्तरिक्ष रेखा भ्रम पैदा करती है। इतिहास के लिहाज़ से देखें तो बनारस एक भुलक्कड़ शहर है जिसने उन ख़ूनी पृष्ठों को अपनी स्मृति से निकाल दिया है जिनमें अफ़गान, मुग़ल या हिन्दू शासकों की लूट-पाट और मूर्तिभंजन की कहानियाँ दर्ज़ थीं। इतिहास के तटस्थ दर्शक के लिहाज़ से देखें तो बनारस में शान्ति छाई थी। जगदीश ने मोटर बन्द की और दशाश्वमेध घाट की तरफ़ नाव खेने लगा। आसमान में मँडराते सारसों और काले सीनों वाले अहिंगा पक्षियों की तरफ़ देखते हुए उसने कहा : 'ज़रा इन चिड़ियों को देखो, भैया। लगता है, वे बहन जी का स्वागत कर रही हैं। लेकिन भैया, आप अपनी ख़ुशी में हमें भूल मत जाना। हम जया बहन जी से मिले बिना नहीं जाएँगे...'

हमने नाव बीच धारा में रोक दी। बाईं तरफ़ दशाश्वमेध घाट था और दाईं तरफ़ सूर्योदय होने जा रहा था।

नदी के दोनों तटों पर तीर्थयात्री उमड़े हुए थे। ओम ने मुझसे पूछा :

'आपको पता है कि इस घाट को दशाश्वमेध क्यों कहते हैं?'

'नहीं तो। मैंने इसके बारे में कहीं पढ़ा ज़रूर है।'

'दस मतलब दस, अश्व मतलब घोड़ा, मेध मतलब बलिदान।' ओम ने कहा, 'दशाश्वमेध घाट का मतलब है, वह जगह जहाँ दस घोड़ों के बलिदान का यज्ञ किया गया था। देखिए, प्राचीनकाल में भगवान शिव काशी के राजा से नाराज़ हो गए क्योंकि वे अपने राज्य से देवताओं को भगाने में लगे थे। इसलिए शिव ने ब्रह्मा को काशी भेजा। इरादा यह था कि राजा से कोई ग़लत काम, कोई पाप करवाया जाए और उसके बहाने शिव उसे काशी से बाहर निकाल दें। ब्रह्मा ने आकर राजा से कहा कि वे दस घोड़ों की बलि देना चाहते हैं और उसके लिए उन्हें सत्ताईस चीज़ों की ज़रूरत है। सभी चीज़ों का मिलना मुश्किल था। ब्रह्मा

ने सोचा कि राजा उन चीज़ों का प्रबन्ध नहीं कर पाएगा और फिर उसे काशी छोड़ने पर मजबूर होना पड़ेगा। लेकिन राजा ने हर चीज़ जुटा ली। ब्रह्मा का यज्ञ पूरा हो गया और राजा बच गया।

'यानी शिव राजा से हार गए!'

'नहीं, नहीं। बाद में शिव के बेटे गणेश ने राजा को छोड़कर जाने के लिए कहा। मुझे ठीक-ठीक पता नहीं है कि राजा कैसे गया। लेकिन वह गया ज़रूर था क्योंकि काशी में मान्यता है कि राजा उसी सँकरी गली से निकला था जो आप घाट के पीछे देख रहे हैं।'

ओम को बाक़ी कहानी का पता नहीं था, लेकिन काशी के राजा के निष्कासन के तीन हज़ार साल बाद सैकड़ों चहकते हुए जापानी पर्यटक उसी 'सँकरी गली' से घाट तक आ रहे थे। हाथों में कैमरे और पीठ पर पिट्ठू लिये हुए उनके टिड्डी दल को देखकर लगता था जैसे ब्रह्मा ने जापानी नव-साम्राज्यवाद का ख़ज़ाना भरने के लिए ही वह बलिदान यज्ञ किया था। दो ठिंगने और मोटे-ताज़े जापानी भीड़ में से निकले और उन्होंने अपने कैमरे ट्राईपॉड पर जमा दिए। दोनों ने एक-एक कर अपने लेंस फिट किए। उनमें से एक तो एंटी-एअरक्रॉफ्ट गन जैसा दिखता था। गाइड ने मेगाफ़ोन से घोषणा की : 'साइलेंस, साइलेंस! कैमरे तैयार रखिए। पच्चीस सेकंड में सूर्योदय होनेवाला है!'

सूरज निकल आया। सबसे पहले धूसर आसमान में एक नारंगी धब्बा। कुछ ही सेकंड में धब्बा फैलने लगा। रोशनी के नारंगी घेरे हवा में फैलने लगे। फिर नारंगी रंग हल्का पीला हो गया। एक पीला, जलता हुआ बिम्ब इस तरह प्रकट हुआ, जैसे कोई लड़की अपने घूँघट से बाहर आई हो। कौवे, चील और गिद्ध मँडराने लगे जिनके बीच सूरज इस तरह फँसा हुआ था जैसे उस पर ग्रहण लग गया हो। धीरे-धीरे वह ग्रहण से बाहर निकला तो उसकी चौंध की तरफ़ देखना मुश्किल हो गया। पहले हम सूरज को देख रहे थे और अब जैसे वही हमें देख रहा था। सूरज उगता है तो दुनिया उगती है, जैसे अंडे के खोल से उसकी ज़र्दी निकलती है। टूर-गाइड ने अपने ट्रुप से कहा : 'आपमें से जो लोग समय पर फ़ोटो नहीं खिंचवा पाएँगे, वे होटल से पिक्चर पोस्टकार्ड ख़रीद सकते हैं। तीन कार्ड के दस रुपये...'

घाट पर धार्मिक आस्था बिखरी पड़ी थी। इससे पहले इतिहास में कभी सूर्योदय और सूर्यास्त के चक्र मनुष्य के जन्म और मरण के चक्रों से इस तरह एकाकार नहीं हुए होंगे। घाट प्रकाश और मनुष्य की आत्मा के बीच एक ख़ास मिलन का साक्षी था। लाल पत्थरों पर सूरज के पीले आँचल में बनारस किसी युवती की तरह शरमा रहा था। तभी हवा में भजन और मंत्र गूँज उठे। गंगा में वक्ष तक डूबे हुए एक योगी का स्वर उठा :

गंगे च यमुने चैव
गोदावरी सरस्वती
नर्मदे सिंधु कावेरी
जले अस्मिन् सन्निधिम् कुरु:

स्नान करते, मंत्र बुदबुदाते, ध्यान करते, सूर्य-नमस्कार करते हुए लोग। गंगा हर सुबह की तरह लाखों के प्रणाम स्वीकार कर रही थी। ताड़ के पत्तों की छतरियों के नीचे पंडे हर सुबह की तरह पैसा कमाने की तैयारी कर रहे थे। जवान और उत्सुक बच्चे और अन्धविश्वासी स्त्रियाँ गंगा की लहरों पर जलते हुए दीये छोड़ रही थीं। घाट की सबसे ऊँची सीढ़ियों पर नंगे बदन साँवले पहलवान हृष्ट-पुष्ट बनने की कसरत कर रहे थे। उन्हें देखकर मुझे यूरोप के वे यात्री याद आए जो इन कसरतों को भी हिन्दू धर्म का अजीब-सा हिस्सा मानते थे। बहुत पहले फ्रांस के एक हीरा-व्यापारी तावर्निए ने बनारस आने के बाद लिखा था : '12 मई, 1666 को गंगा की यात्रा के दौरान मुझे एक विचित्र ढंग का प्रायश्चित्त देखने को मिला। नदी के किनारे एक साफ़ जगह बनाई गई थी, जहाँ उनमें से एक ग़रीब मूर्तिपूजक कई बार अपने हाथों और पैरों को ज़मीन पर टिकाकर तीन बार ज़मीन को छूता और उठता था लेकिन उसका शरीर ज़मीन को नहीं छूता था। फिर वह अपना बायाँ पैर ज़मीन पर टिकाकर दाएँ पैर को हवा में उठाता था और महीने-भर हर सुबह यही करता था। बिना कुछ खाए-पिए उसे पचास बार यही करना पड़ता था और डेढ़ सौ बार ज़मीन को छूना पड़ता था। मुझे पता चला कि ब्राह्मणों ने उसे यह पश्चात्ताप करने की सज़ा दी है क्योंकि उसके घर में एक गाय मरी थी और वह रिवाज़ के मुताबिक़ उसे नहलाने के

लिए नदी किनारे नहीं लाया था...' तावर्निए महाशय, आपका यात्रा वृत्तान्त अच्छा है, लेकिन यह 'विचित्र ढंग का' पश्चात्ताप और कुछ नहीं, बल्कि साधारण व्यायाम था जिसे पश्चिम में 'प्रेस-अप' कहते हैं और अगर आपने गाय की मृत्यु में कोई ब्राह्मणवादी श्राप खोज निकाला तो इसकी वजह यही हो सकती थी कि ग़रीब आदमी की गाय इसलिए मरी थी कि ब्राह्मणों ने उसे अपने खाने या गाय को खिलाने के लिए कुछ नहीं दिया था...

धीरे-धीरे हम घाटों से दक्षिण की ओर बढ़े। एक कद्दावर आदमी ने, जो इलाहाबाद में टेलीफ़ोन वाले रामलाल की याद दिलाता था, जल्दी से कपड़े उतारकर अपने सूअर जैसे बालों और गोल-मटोल बदन को उघाड़ा और सीढ़ियों से उतरकर कमर तक गंगा में धँस गया। उसने आँखें बन्द कीं, हाथ जोड़कर सूर्य को नमस्कार किया और एक मंत्र पढ़ा। फिर उसने हाथ में पानी लेकर उसे थोड़ा-थोड़ा चारों तरफ़ छिड़का और फिर अचानक कच्छे में हाथ डालकर अपने गुप्तांग और मल-द्वार को साफ़ करने लगा। उसके बग़ल में खड़ी महिला ने यह देखकर अपनी निगाहें फेर लीं।

हम आगे तुलसीदास घाट की ओर बढ़े, जहाँ संत कवि ने रामचरितमानस की रचना की थी। छह नौजवान घाट की दीवार से अपने पुट्ठे सटाए हुए थे। उनकी पैंटें घुटनों तक नीचे थीं, कमर पर कमीज़ों में गाँठें लगी थीं और मुँह में बीड़ी थी। उनकी टाँगों के बीच से टपकते पदार्थ से साफ़ था कि वे अपने शौच से नदी को पवित्र करने में लगे हैं। फिर पेशाब की छह धाराएँ गंगा से मिलन के लिए घाट की तरफ़ बहने लगीं। धरती और स्वर्ग की दो धाराएँ एकाकार हो गईं तो ओम ने पूछा :

'हम ज़रा जल्दी से यहाँ डुबकी लगा लें? इस घाट पर नहाना बहुत पवित्र है।' ओम और जगदीश डुबकी लगाने चल दिए।

दो दिन पहले इलाहाबाद से रवाना होने के बाद मैं पहली बार नाव पर अकेला था। हज़ारों यात्रियों के जमघट के बीच अचानक मुझे बुरी तरह अकेले होने का एहसास हुआ और मेरा शरीर काँपने लगा।

शाम को जया पहुँचनेवाली थी और मैं फिर से प्रेम की उस पीड़ा से गुज़रनेवाला था जिससे अभी तक उबर नहीं पाया था। इस एहसास

ने मेरे भीतर बनारस से भागने की एक कायर इच्छा पैदा कर दी। मैं नाव छोड़कर घाट की तरफ़ चल पड़ा। चारों ओर लाखों तीर्थयात्री और दुकानदार थे, लेकिन मैं कुछ भी नहीं देख पा रहा था। मुझे लगा कि इस शहर में जहाँ गंगा छोटे-बड़े का भेद किए बग़ैर सबको सुकून देती है, उसने सिर्फ़ मुझे ही एक भयानक काल-कोठरी में बन्द कर दिया। पसीने से भीगा हुआ और काँपता हुआ मैं पुल पर पहुँचा तो किसी ने ज़ोर से मेरी पीठ पर धौल जमाई और कहा : 'आश्चर्य! यक़ीन नहीं हो रहा है! उम्मीद ही नहीं थी कि तुम यहाँ मिलोगे।' मुझे किसी के साथ की ज़रूरत महसूस हो रही थी और अचानक मुझे पेरिस का अपना क़रीबी दोस्त क्लॉद मिल गया था, जो जया को भी जानता था।

'कैसे हो तुम? तुम्हारी गंगा यात्रा कैसी चल रही है? थके हुए लग रहे हो!'

'हाँ। आज थोड़ा परेशान हूँ।'

'क्यों?'

'अरे! बस ऐसे ही...'

'यह मत कहना कि फिर से इश्क के चक्कर में पड़ गए हो!'

'नहीं।'

'हुआ क्या? तुम नार्मल नहीं लग रहे हो।'

'वह आ रही है।'

'कौन?'

'जया।'

'क्या? दुबारा!'

'हाँ। मुझे इलाहाबाद में एक अजीब टेलीग्राम मिला कि वह आज शाम यहाँ मिलेगी। अजीब ही है...?'

'वह कहाँ से आ रही है?'

'पता नहीं।'

'क्या वह हिन्दुस्तान आई है?'

'नहीं पता। टेलीग्राम दिल्ली से आया।'

'तो वह दिल्ली में है।'

'ऐसा ही लगता है।'

‘तुम्हारा क्या ख़याल है कि उसने अपने पति को तलाक़ दे दिया?’

‘कह नहीं सकता।’

‘अजीब बात है! मेरा ख़याल था कि यह क़िस्सा पेरिस में ही ख़त्म हो गया है। लेकिन कैसी औरत है! वह हर दूसरे दिन चौंकानेवाला काम किए बिना नहीं रह सकती।’

‘और तुम? तुम यहाँ क्या कर रहे हो?’

‘कुछ ख़ास नहीं। पेरिस में मौसम बहुत ख़राब था, माइनस दस। मैं बर्दाश्त नहीं कर पा रहा था। इसलिए छुट्टी पर चला आया। लेकिन यह तो बताओ, उसने कब आने के लिए कहा है?’

‘आज ही शाम को, सूर्यास्त के समय!’

‘नाटकीय मामला है। बहरहाल, चलो घाट पर चलते हैं। मुझे यह शहर बहुत अच्छा लगता है।’ जब हम घाट से होकर ओवरब्रिज की ओर जा रहे थे, क्लॉद ने कहा : ‘अद्‌भुत है यह शहर! पिछले चौबीस घंटों में मुझे पेरिस के तीन दोस्त मिले। यह घाट भी बुलेवार सौं जर्मेन जैसा लगता है। अचानक चलते-चलते आपको कोई पुराना दोस्त मिल जाता है। उसके साथ एक ड्रिंक लीजिए, दोस्ती ताज़ा कीजिए और फिर आपको एक और दोस्त मिल जाता है...गंगा तटों की जय।’

हमें घाट पर आए मुश्किल से दस मिनट हुए होंगे कि सफ़ेद कुर्ता-पाजामा और काली सदरी पहने हुए एक शरीफ़ और अधेड़ आदमी ने मेरे क़रीब आकर सलाम किया। वे ज़हरा के पिता शमीम थे। मैंने अनमने ढंग से या शायद बिना सोचे-समझे पूछा : ‘आप यहाँ क्या कर रहे हैं!’ ज़हरा की हिन्दू माँ की मृत्यु हो चुकी थी और शमीम उसी तवायफ़-बीवी की अस्थियाँ विसर्जित करने घाट पर आए हुए थे। ज़हरा और शबनम उनके साथ बनारस नहीं आई थीं क्योंकि हिन्दू धर्म में महिलाएँ अन्तिम संस्कार में शामिल नहीं होतीं। गंगा के भव्य प्रवाह के सामने ख़ामोश खड़े शमीम ने अपने दुख को एक शायराना तरीक़े से बताया : ‘ज़िन्दगी की समूची दास्तान यहाँ ख़त्म हो जाती है, निशान्त भाई। राजा, रानियाँ, भिखारी, अपराधी, राजनेता, सबका आख़िरी घर इन्हीं लहरों में है और ज़रा गंगा को देखो, कितनी शान्त और बेख़बर बह रही है। उसे अपने लाखों भक्तों के आँसुओं की कोई परवाह नहीं...’ मैंने शमीम के

कन्धे पर हाथ रखते हुए कहा : 'चलिए, हौसला रखिए। इसी का नाम ज़िन्दगी है।' हम विश्वनाथ मन्दिर के पास एक छोटे-से रेस्तराँ में गए। शमीम ने मेरे साथ एक विदेशी क्लॉद को देखकर पूछा : 'क्या आप पहली बार बनारस तशरीफ़ लाए हैं?'

'नहीं। पाँचवीं बार।'

'अल्लाह! तब तो आपको इस शहर से इश्क हो गया होगा!'

'बहुत ज़्यादा, यह बहुत सुन्दर है!' क्लॉद ने कहा। उसे इसका एहसास नहीं था कि शमीम किस काम से यहाँ आए हैं। 'मुझे घाट, सूर्योदय, छतरियाँ और समूची जगह बहुत पसन्द हैं। यह सब बहुत पवित्र लगता है। पश्चिम में हमने इसे खो दिया है।'

'आप कहाँ रहते हैं?'

'पेरिस।'

'अरे, बड़ा अज़ीम शहर है। राम्बो और बॉद्लेयर का शहर...'

'आप उनके बारे में जानते हैं?'

'जी हाँ। बड़े उस्ताद लोग थे।'

'आप ख़ुद भी बहुत अच्छे शायर हैं।' मैंने क्लॉद को बताया।

'मुझे आपका मज़हब भी बहुत पसन्द है।' चाय पीते हुए क्लॉद ने शमीम से कहा, 'मैंने ऐसा कोई और शहर नहीं देखा जहाँ इतना मेल-मिलाप हो।'

'हाँ, आप ठीक ही कह रहे होंगे। ज़ाती तौर पर मैं किसी मज़हब में यक़ीन नहीं रखता। न हिन्दू धर्म और न इस्लाम में। मेरी पत्नी ने अपनी राख गंगा को सौंपने की ख़्वाहिश की थी, इसलिए मैं यहाँ आया हूँ...'

'अफ़सोस।' क्लॉद को लगा कि उससे कोई गड़बड़ हो गई है।

'इसी का नाम ज़िन्दगी है। वक़्त के साथ मौत के घाव भी भर जाते हैं।' शमीम ने फ़लसफ़ाना अन्दाज़ में कहा, 'लेकिन आपने एक दिलचस्प बात कही है। क्या आपको बनारस वाक़ई पाक जगह लगती है?'

'जी।'

'क्या आपको नहीं लगता कि यह पाकीज़गी एक दिखावा है? असल पाकीज़गी तो एक अन्दरूनी तलाश है जो तब हासिल होती है जब आप ख़ुद को ईमानदारी से तलाश करें।'

‘जी। मैं समझ रहा हूँ। लेकिन बनारस के सूर्योदय में एक ख़ास पवित्रता है।’

‘जी हाँ, लेकिन सच्चाई की राह का सूरज के उगने से कोई ताल्लुक़ नहीं। आप जानते हैं, ऐसे तीर्थयात्री बहुत कम होते हैं, चाहे वो हिन्दू हों या मुसलमान, जो अपने होंठों पर आए हुए मंत्रों के मुताबिक़ ज़िन्दगी जीते हैं। अक़ीदा, ध्यान, चिन्तन, ये सब ख़ुदी की तलाश से जुड़े हैं।’

‘आप सही कह रहे हैं।’

‘मुझे यह सब कहने के लिए माफ़ कीजिएगा। आप हमारे मेहमान हैं लेकिन मुझे लगा कि आपको हक़ीक़त बता दूँ। सुबह मैं जब यहाँ आया तो मुझे पाखंड का नज़ारा दिखाई दिया। इनमें से कम ही ऐसे यात्री होंगे जिन्होंने अपने सुखों या अपनी ख़राबियों को त्याग दिया हो। उनका कोई ज़मीर नहीं है। किसी न किसी तरह पैसा कमाना ही उनका मक़सद है। नफ़रत, शक़ और ग़ैर-ईमानदारी कूट-कूट कर भरी हुई है और जब वे बनारस आकर नदी की धारा में कुछ दीये बहाते हैं तो उन्हें लगता है कि सारे पाप धुल गए हैं। सच तो यह है कि वे यह नाटक इसलिए करते हैं कि ख़ुद ही दोषी हैं।’

‘लेकिन आप नदी को देखिए!’ क्लॉद बनारस की तारीफ़ करना नहीं छोड़ रहा था, ‘कितनी शान्त और सुन्दर है।’

‘कैसी शान्ति! आप जानते हैं, गंगा के यही तीर्थयात्री अचानक इतिहास में सबसे बड़े क़ातिल भी बन जाते हैं?’ शमीम ने मेरी तरफ़ मुड़कर पूछा : ‘आपका क्या ख़याल है, निशान्त भाई?’

‘सही कह रहे हैं। किसी ने कहा था कि गंगा का पानी हिन्दू-मुस्लिम फ़िरक़ापरस्ती को सींचने का काम भी करता है!’

‘सही फ़रमाया!’ शमीम ने कहा। उनकी पत्नी हिन्दू-मुस्लिम दंगे की ही शिकार हुई थी। कट्टरता से अपनी नफ़रत ज़ाहिर करते हुए शमीम ने तेज़ आवाज़ में कहा : ‘क्लॉद भाई, यह जो आप सुन्दर-सा सूर्योदय देख रहे हैं, यह सिर्फ़ एक धोखा है। इसी शहर में जब कोई मुसलमान अपने सूअर की बेइज़्ज़ती देखता है तो हिन्दू पड़ोसी को मार डालता है और जब कोई हिन्दू देखता है कि एक मुसलमान लड़का उसकी गाय को पीट रहा है तो वह मुसलमानों पर क़हर बरपा देता है...’

रेस्तराँ का हट्टा-कट्टा, तेल मालिश से चमकता हुआ, जनेऊधारी मालिक हमारी बातचीत सुन रहा था। उसने अचानक शमीम की ओर लपककर धमकाया :

'अरे मियाँ, अगर तुमको इस्लाम पर ऐसा ही लेक्चर पेलना है तो उठो और किसी दूसरी जगह जाओ। जब तक हम ज़िन्दा हैं, यह पवित्र नगरी हिन्दुओं की ही रहेगी। और फिर कभी हमारे होटल में मत आना! यह हिन्दू महासभा का होटल है।'

ग्यारह

सूर्यास्त

बारह

जया आई

जया चली गई। इसी सच्चाई का बयान करने के लिए मैंने इस किताब को शुरू किया था। दोष मेरा ही है। मैं सच्चाई नहीं जानता। और जो मैं नहीं जानता, उसे बता नहीं सकता। इसके लिए मैं ही ज़िम्मेदार हूँ। यह मेरी ही ग़लती है कि आपको इतनी दूर तक लाकर बुरी तरह निराश होना पड़ा। जया आई। चली गई। सच्चाई इतनी ही है।

चेतना के भीतर एक ऐसा बिन्दु है जहाँ किसी भी चीज़ का अस्तित्व नहीं है। सदमा। रिक्तता। ख़ामोशी। शून्यता। समाधि। ख़ालीपन। निर्वात। इतने सारे शब्द हैं और कोई भी शब्द ऐसा नहीं है जो इस बिन्दु, जीवन के बिन्दु, मृत्यु के बिन्दु, जया के बिन्दु को व्यक्त कर सके। बनारस युगों-युगों से इसी बिन्दु की तलाश करता आया है। और अगर बनारस आज है, तो इसलिए नहीं है कि उसके योगियों ने इस बिन्दु को पा लिया है, बल्कि इसलिए है कि वह कभी मिला ही नहीं।

जीवन में एक पल आता है जब आत्मा शरीर को त्याग देती है और लोग कहते हैं कि वह अब भी ज़िन्दा है। जीवन एक जैविक अस्थिरता की चमत्कारी देन में बदल जाता है। आप इसलिए जीवित

नहीं हैं कि आप जीवित हैं, बल्कि इसलिए कि आपके भीतर कोई और चीज़ जीवित है। कोशिकाएँ। रक्त। जीन। एक सम्पूर्ण रासायनिक प्रक्रिया जिसका जीवन से कोई लेना-देना नहीं है, और फिर भी वही जीवन है।

दिल में धड़कन है क्योंकि दुनिया की धड़कन बन्द हो गई है...

तेरह

'लेकिन मैं

अब भी तुम्हें चाहती हूँ।'
'मैंने तुमसे प्यार किया।'
'मैं तुम्हारे लिए रोई।'
'मुझे नहीं पता कि यह कैसे हुआ।'
'यक़ीन करो, यह मेरे बस के बाहर था।'
'मैं भी लाचार थी।'
'कुछ कहो।'
'इतनी सी गुज़ारिश है, कुछ कहो।'
'तुम्हारी चुप्पी मुझे परेशान करती है।'
'तुम्हारी पीड़ा मुझसे सही नहीं जाती।'
'कुछ कहो।'
'बस एक शब्द, निशान्त।'
'लेकिन मैं अब भी तुम्हें चाहती हूँ।'
'हम अब भी दोस्त हैं।'
'हम हमेशा दोस्त रहेंगे।'
दोस्ती, मैं तुम्हारे चेहरे पर थूकता हूँ।

चौदह

मैं विश्वनाथ

मन्दिर के पिछवाड़े एक सँकरी गली में था। अचानक रुलाई आई। चारों ओर उतावली भीड़ थी। कैसे रोऊँ! कहाँ रोऊँ? मैं इतने सारे लोगों के सामने आँसुओं का प्रदर्शन नहीं करना चाहता था। मैं नहीं चाहता था कि यह पवित्र नगरी मेरे दुःख के आईने में अपना दुःख देखे। मैं एक छोटी-सी गली में घुसकर सीढ़ियों पर बैठ गया और फूट-फूट कर रोने लगा। मेरे पागलपन को देखकर पीछे से एक कुत्ता आया और भौंकने लगा : 'उठो! उठो, मुहब्बत के भिखमंगे, जाओ यहाँ से!'

पन्द्रह

तब कुछ नहीं भी

नहीं था,
न अस्तित्व था।
न हवा थी, न उसके परे आकाश था।
उसके ऊपर किसकी छत्रच्छाया थी? वह कहाँ थी? किसकी देखरेख में?
तो क्या वहाँ सृष्टि का जल था, अथाह गहराइयों में...?
लेकिन, आख़िर कौन जानता है, और कौन कह सकता है,
यह सब कहाँ से आया, और सृष्टि कैसे रची गई?
देवता स्वयं सृष्टि के बाद हुए,
तो सचमुच कौन जानता है उत्पत्ति कैसे हुई?'
बताओ, गंगा, जया कहाँ अदृश्य हुई
और तुम कहाँ प्रकट हुई...

सोलह

प्यार है

जया ने कहा था। प्यार था, अब जया कह रही थी।

यह काल का खेल है। वर्तमान काल। भूत काल। कितना आसान है...बनारस ने मुझे प्रेम के व्याकरण के बुनियादी नियम सिखाए।

मुझे लगा, किसी ने मेरी वासना को जकड़ लिया है। वह बिन्दु जहाँ इच्छा का जन्म होता है, जहाँ इच्छा ख़त्म होती है, जहाँ उसमें उफान आता है, जहाँ वह बेदम हो जाती है। मैंने अपनी नासमझ वासना की गुप्त कोठरी में जया को एक जर्मन आदमी के साथ देखा। पता चला, वह आदमी पाइप पीता है और 'डेर स्पीगल' पढ़ता है। उसे पानी, समुद्र, बच्चे और खेल पसन्द हैं। वह टूटी-फूटी अंग्रेज़ी जानता था और 'मोंक' को 'मंकी' समझता था। फिर भी वह सुसंस्कृत कहलाता था। उसकी आँखें मेरे जैसी थीं, आवाज़ बड़ी प्यारी थी और उसने अपना नाम वोल्फगैंग म्युलर बताया था।

प्रेम मुक्ति के राज्य में पैदा हुआ है। सभी को स्वतंत्र होकर चुनने का अधिकार है। आप किसी को अपनाते हैं तो किसी को छोड़ते हैं। यह उसका भी नैतिक अधिकार था। लेकिन उसकी स्वतंत्रता का अधिकार मेरी स्वतंत्रता का हनन था। उसने मुझे जो कुछ दिया था और जो मेरा

हो चुका था, उसे मुझसे छीनकर किसी दूसरे को दे दिया। मैं जैसे एक जुनून के अन्धेपन में जी रहा था, लेकिन उसने मुझे यह देखने के लिए आँखें दीं कि वह अन्धापन प्यार की इन प्रेतात्माओं को देखने से कहीं अधिक सुन्दर था।

सत्रह

पढ़ने के एक पूरे

दशक बाद मुझे समझ आया कि 'सेकेंड मेनिफेस्टो ऑफ सर्रियलिज़्म' (अतियथार्थवाद का दूसरा घोषणा-पत्र) के इस अंश में आंद्रे ब्रेतों क्या कहना चाहता है :

'सबसे सहज अतियथार्थवादी क्रिया पिस्तौल हाथ में लेकर गली में कूद जाना, और जब तक तुम्हारी उँगली में दम है भीड़ में अन्धाधुन्ध गोलियाँ चलाते जाना है। ऐसा कोई भी व्यक्ति जिसने जीवन में कभी-न-कभी अपमान और बौनेपन की इस व्यवस्था को इस तरीक़े से दुरुस्त करने का सपना नहीं देखा हो, वह भीड़ में बाक़ायदा अपनी सही जगह पर जमा हुआ है—पिस्तौल के नली के एकदम सटाकर अपना पेट रखे हुए।'

अठारह

आहिस्ता-आहिस्ता

मेरा हिन्दुस्तान सिमट रहा था। और मैं धीरे-धीरे देख रहा था ग़ायबानी का तमाशा। और मैं देख रहा था रफ्ता-रफ्ता अस्तियों के साथ-साथ धीमे-धीमे डूबना, दम तोड़ना आकांक्षाओं के इक समूह का। नज़रों से गिरते पड़ते थे उम्मीद के दीवारो दर। ढलते-ढलते ढल रही थी निगह की विराटता। और अन्त के कालीन में सब छुप रहा था जो भी था।

फिर यकायक मैंने देखा दूर से आते हुए इक आशना ख़याल को। जाना-पहचाना मेरा हमसाया हमनवाज़ सा। अठखेलियाँ करता हुआ, हँसता हुआ, गाता हुआ। हिन्द के जुगराफिए का नाप-तोल देखता तकने लगा मेरी तरफ़। और मैं अनजान बन दोनों तरफ़ देखा किया। और पूछता फिरता रहा इस वक़्त का क्या नाम है? क्या नाम है इस वक़्त का?

हालाँकि मुझको इल्म है कि ज़ीस्त इक व्यवस्था है। और इस वक़्त का कोई नाम नहीं।

गद्यांश मुझे पसन्द आया। इसमें एक परिचित-सी निर्माण की झलक थी। इस अनजान कवि और मैंने गंगा में शायद एक ही नाव ली थी।

अन्तर सिर्फ़ यह था : उसने गंगा में किसी चीज़ की तलाश नहीं की, जो शायद मैंने की। जब आपको गंगा की सबसे ज़्यादा ज़रूरत होती है, वह आपको धोखा देती है।

उन्नीस

मैं बनारस से

दूर निकल गया, गंगा के साथ-साथ, भीतर की ओर, अपने खुद के करीब. मैंने वहां एक समुद्र-तट देखा जिसमें जया की पलकों की झलक थी और उसके स्तनों का बैंजनी रंग था. मैंने एक बेवफा वक़्त की रेत पर कुछ लिखा.

प्यारे जया,
पता नहीं क्यों मैंने तुम्हें लिखने के बारे
में सोचा. दुःख, खालीपन, हैरानी, बेबसी...
मुझे लगता है, इन सबमें तुम कहीं न कहीं
मौजूद हो. क्या वह तुम्ही हो जो घास की
धरती पर लेटा हुआ, समय के चक्र में राह की
आहट का इंतज़ार कर रहा है. कैसी भी
चीज़ हमारे बचपन के पालने की गर्माहट को
कम नहीं कर पायी है और यही हमारी उस
दोस्ती का प्रमाण है जो कब्रिस्तान में फूल
बन कर खिलेगी.
तुम्हें प्यार और शुभकामनाएं. निशांत

ग्लानि? नैतिकता
पर मानवता का कर्ज़!
किसके रक्त से चुकाना होता है.
सुंदरता? यथार्थ से भ्रम की चिनगारी
दर्द? मजबूरी

याद और चाहत एक
चौराहे पर मिलते हैं.
दोनों एक दूसरे को
देखते हैं और मुड़ जाते हैं एक भी शब्द
कहे बगैर.

प्रेम? प्लेटो की गुफा में
छायाओं का नृत्य

पेरिस के नाम

भूली हुई पलकों पर
धुए गए होठों पर
हैरानियों के समय- चक्र पर
मैं नाम तुम्हारा लिखता हूँ

सियासत
सपनों से खिलवाड़,
एक ही गर्भ से
सभी मनुष्यों का
दर्दनाक जन्म.

मैंने बहुत सी कब्रें खोदी हैं,
और अक्सर उनके भीतर
लाशों को ज़िंदा और धड़कता
हुआ पाया है. मेरे तमाम
प्रेमों की एक सामूहिक लाश थी.
उसका रंग हल्का हरा था,
बसंत का रंग.

वास्तविकता?
मांस हो चला है कपूर के
खोल जैसा कठोर

वस्तुपरक संयोग? धुली हुई सफ़ेद
चादर. उस पर कान का एक झुमका,
जिसे वह भूल गयी. जलता हुआ.

दुःख? एक समुद्र तट, जहाँ
मैं अकेला चलने वाला हूँ
और मेरी छाया मेरी
प्रेमिका है.

जया
हत्या आत्महत्या का आईना है!

जब मैं यह सब लिख रहा था, एक मछली पानी से उछली और रेत पर गिर पड़ी. वह फिर से उछली, मुड़ी, छटपटाई, कंपकपायी, फिर चुपचाप मर गयी. मैंने उसे वापस गंगा में डाल दिया. विदा होते हुए उसने कहा, 'काश, सभी दलहनों का जन्म बनारस में हो.'

अलविदा.

बीस

लगता है

जैसे मेरा कुछ चुरा लिया गया है। मेरी आत्मा को नहीं। न मेरे जीवन को। न मेरे एहसासों को। ऐसी किसी अमूर्त चीज़ को नहीं। किसी ठोस चीज़ को चुराया गया है जिसे कोई प्रेमी ही चुरा सकता है।

मैं जानता हूँ कि उसने क्या चुराया है। उसने मेरे पेट से एक बैंजनी रिबन चुरा लिया। मैंने भूल से उस रिबन का आख़िरी सिरा अपनी नाभि पर छोड़ दिया था। चोर ने उसे खोज लिया। फिर उसने उसे खींचा। कई-कई मीटर, कई-कई किलोमीटर तक वह उसके घुमावों, गाँठों, फंदों को खींचती रही। हफ़्तों तक बिना रुके हुए। रिबन के आख़िरी छोर तक, जहाँ वह छोटी-सी गाँठ की शक्ल में नाभि से जुड़ा हुआ था।

वह रिबन मेरे सामने था। बैंजनी रंग का। अपनी पूरी लम्बाई में वह बर्फ़ीली हवा में फड़फड़ा रहा था। मैं अपने ही जीवन को अपने से बाहर देख रहा था। मेरा जीवन मुझसे बाहर था, अपने खोल से बाहर। भीतर कुछ नहीं था। वह पूरी तरह ख़ाली था। चुका हुआ। ख़त्म। मैं न जी सकता था और न मर सकता था।

जया एक चोर थी।

इक्कीस

गंगा ने मेरे लिए

आगे बहना बन्द कर दिया। जया के जाने के बाद कई दिन मैंने घाटों पर बिताए। मैं वहीं बैठा रहा, पता नहीं क्या सोचता और यों ही शून्य में दूर तक देखता हुआ। एक दिन बनारस से कुछ दूर नदी किनारे रेत पर बैठा था। अकेला, खोया हुआ, हैरान, सोच रहा था कि इस लम्बी ज़िन्दगी में बहुत कुछ झेल लिया है। एक बूढ़ा साधु, जो साधु जैसा नहीं लगता था, मेरे पास आया और हल्के से मुस्कुराकर बोला, 'तुम उदास हो।' मैं चुप रहा। उसने फिर से कहा, 'तुम उदास हो, क्यों?' उसकी आवाज़ गहरी और ख़ुशनुमा थी। विशाल लेकिन सौम्य क़द-काठी, चौड़े कन्धे, लम्बे लहराते बाल और मोटे, उभरे हुए होंठों से एक इनसानी गर्मजोशी निकल रही थी, लेकिन मैं उससे ऐसी किसी बहस में नहीं पड़ना चाहता था जिसका ज़िन्दगी में कोई अर्थ न हो। मुझे अनमना देखकर उसने फिर से कहा :

'तुम उदास हो, क्यों? बताओ बेटे, उदास हो क्या?'

'जी।'

'क्यों उदास हो?'

'यही पता होता तो उदास क्यों होता। आप चले जाइए बाबा, मैं अकेले रहना चाहता हूँ।'

‘तुम्हारी उदासी का कारण मोह है?’

‘जी।’

‘तुम्हारी पत्नी ने तुम्हें छोड़ दिया है।’

‘मेरा विवाह नहीं हुआ है।’

‘तो तुम्हारी प्रेमी ने तुम्हें छोड़ दिया है। तुम जिससे प्यार करते थे, उसने तुम्हें दर्द दिया।’

‘जी। लेकिन मेहरबानी होगी अगर आप मुझे अकेला छोड़ दें।’

‘छोड़ दूँगा। क्यों नहीं छोड़ूँगा? लेकिन मुझे तुम्हारी सहायता के लिए भेजा गया है।’

‘क्या!’

‘हाँ। मैं तुम्हारी मदद करने आया हूँ।’ बाबा ने किसी आत्मीय बुज़ुर्ग की तरह कहा। उसने अपना झोला ज़मीन पर रखा और हुक्म जैसा दिया :

‘चलो, खड़े हो जाओ और अपने हाथ में एक सिक्का लो।’

उसकी सुकरात जैसी भव्य छवि से मैं अभिभूत होने लगा। खड़े होते हुए मैंने पूछा :

‘सिक्का? क्या मतलब?’

‘कोई भी सिक्का। अपनी जेब से एक सिक्का निकालकर हाथ में रखो।’ मैंने दस पैसे का एक सिक्का हथेली पर रखा। ‘अब मुट्ठी बाँधो और उसे कसकर पकड़ो,’ उसने कहा। फिर क़रीब तीन मीटर दूर जाकर उसने अपनी एक उँगली मेरी मुट्ठी की तरफ़ तानी और आँखें बन्द करके मुँह से सीटी जैसी आवाज़ निकाली। कुछ ही देर में मेरे हाथ पर सिक्का गर्म होने लगा। फिर हथेली जलती हुई लगी। मैंने जलन बुझाने के लिए मुट्ठी और भी कसकर बाँधी तो वह और भी ज़्यादा जलने लगी। जलन सहना मुश्किल हो गया तो मैंने हथेली ढीली की। सिक्का नीचे गिर गया। मेरा हाथ थोड़ा-सा जल गया था और सिक्के के उभरे हुए हिस्से की राख हथेली पर चिपक गई थी। मैंने आश्चर्य से कई बार अपनी हथेली को देखा। बाबा लापरवाही से हँसे : ‘तुम उदास हो, मेरे बेटे, क्यों?’

‘जी।’

‘तुमने प्यार किया था?’

'हाँ, बहुत से दूसरे लोगों की तरह।'

'क्या वह दक्षिण की रहनेवाली थी?'

'जी हाँ।'

'उसका नाम 'ज' से शुरू होता है?'

'जी।'

बाबा किसी भविष्यवक्ता की तरह हँसे।

'क्या उसका जन्म आश्विन महीने में हुआ था?'

'जी।'

'पन्द्रह तारीख़ को?'

'जी।'

'सुबह पाँच पन्द्रह पर?'

'पता नहीं।'

'लेकिन मुझे पता है।'

'लगता है आप सब कुछ जानते हैं।'

'हाँ, जानता हूँ।'

'लेकिन बात क्या है, बाबा?'

'तुमने उससे विश्वासघात किया।'

'कैसे?'

'तुमने अपना वादा तोड़ा।'

'कैसे?'

'इस किताब को लिखकर। तुमने उसे कोई वचन दिया था, न?'

'जी।'

'लेकिन तुम उदास किसलिए हो?' बाबा ने अपना झुर्रियों से भरा हाथ मेरे कन्धे पर रखा।

'क्योंकि सब ख़त्म हो गया।'

'क्या कभी शुरू हुआ था?'

'नहीं।'

'तो? जो कभी हुआ ही नहीं, वह ख़त्म कैसे हो सकता है?'

फिर बाबा मुझे उपनिषद की एक कहानी सुनाने लगे।

'ज़रा बरगद के पेड़ से एक फल तोड़कर लाओ।' पिता ने कहा।

'यह लीजिए।'

'ज़रा इसे तोड़ो।'

'तोड़ दिया।'

'क्या दिखाई दे रहा है?'

'छोटे-छोटे बीज।'

'एक बीज को तोड़ो।'

'लीजिए तोड़ दिया।'

'अब क्या दिखाई दे रहा है?'

'कुछ नहीं, पिताजी।'

पिता ने कहा, 'बेटे, जो दिखाई नहीं दे रहा है, वही सार-तत्त्व है, और इतना बड़ा और मज़बूत बरगद उसी सार-तत्त्व में रहता है। वह सार-तत्त्व ही आत्म है, बेटे। वही सत्य है, वही आत्म है...'

कहानी सुनकर मैं चकरा गया। उनकी इस कहानी और पहले की बातचीत में कोई सीधा रिश्ता नहीं दिखाई दिया। मैंने पूछा :

'आपने मुझे यह कहानी क्यों सुनाई?'

'इसलिए कि तुम आत्म की तलाश कर रहे हो।'

'बहुत से लोग करते हैं।'

'लेकिन तुम अपनी तलाश को छोड़ने जा रहे हो। तुम अपनी यात्रा बीच में ही रोकने जा रहे हो न?'

'कौन-सी यात्रा?'

'क्या तुमने गंगा की पूरी यात्रा का निश्चय नहीं किया था?'

'जी। लेकिन आपको कैसे पता।'

'तुम्हारे नाव वालों ने मुझे बताया।'

'आप उन्हें जानते हैं।'

'हाँ।'

'उन्होंने आपको क्या बताया?'

'यही कि तुम निराश हो गए हो और यात्रा अधूरी छोड़ रहे हो।'

'तो उन्होंने जया के बारे में भी आपको बताया है।'

'नहीं, बिलकुल नहीं।'

'फिर जया के बारे में आप कैसे जानते हैं?'

‘योगी लोग जानते हैं। सच्चे योगियों को पूर्वानुमान और बहुत से दूसरे ज्ञान हो जाते हैं। तुम चाहो तो मैं तुम्हारे बारे में और भी बहुत कुछ बता सकता हूँ।’

‘क्या मल्लाह चले गए हैं, बाबा?’

‘आज ही सुबह गए हैं। मैंने उन्हें जाते हुए देखा।’

‘बाबा, क्या आपको कभी निराशा हुई है?’

‘निराश कौन नहीं होता है! मैं भी दूसरे लोगों जैसा इनसान था।’

‘तो बताइए, दुख क्या है, बाबा?’

‘पाँच बुराइयाँ—क्रोध, मोह, काम-वासना, स्वार्थ, नशा।’

‘क्या ये बुराइयाँ आपके भीतर नहीं थीं?’

‘सब थीं। मैं भी दूसरों जैसा इनसान था। मेरा विवाह राधिका नाम की स्त्री से हुआ था। मैं जानता था कि स्त्री कामिनी होती है, वासनाओं की देवी, लेकिन मैं यह भी जानता था कि वासना के बीच रहकर ही आप उस पर नियंत्रण कर सकते हैं। घर छोड़ने के बाद कुछ वर्ष तक मैं तरह-तरह के काम करता रहा। कार मैकेनिक और फॉरेस्ट गार्ड रहा। छह महीने पुलिस में भी रहा। एक दिन एक गुरु ने मुझे योगी बनने का आदेश दिया। कई वर्ष बाद मैं परम अस्तित्व की साधना करना सीख पाया। अब मेरे जीवन में दुख का कोई अस्तित्व नहीं है।’

‘लेकिन बाबा, आप क्यों चाहते हैं कि मैं गंगा की यात्रा पूरी करूँ?’

‘तुम्हें अपनी तलाश को नहीं छोड़ना चाहिए।’

‘इसकी इच्छा नहीं रह गई है।’

‘इसलिए कि तुमने पराजय स्वीकार कर ली है।’

‘हो सकता है।’

‘क्यों?’

‘इसलिए कि मैं निराश हूँ और नश्वर इनसान हूँ। मैं सिर्फ़ इस दुनिया के किसी अज्ञात कोने में जाना और लिखना चाहता हूँ, लिखने से मुझे संतोष मिलता है।’

‘लेकिन गंगाजी भी तो एक कविता हैं।’

‘यह आपका सोचना है।’

'तुम भी तो ऐसा सोचते थे, क्यों?'

'सोचता था, लेकिन अब नहीं। उससे मेरा विश्वास उठ गया है।'

'यह सब बहानेबाज़ी है, बेटे। सच तो यह है कि तुम दुनियावी धन्धों में फँस गए हो।'

'हो सकता है।'

निराश होकर बाबा ने अपना झोला उठाया और उसी रहस्यमय ढंग से चल दिए जैसे आए थे।

बाईस

प्रेम का अवसान

दूध के उफान की तरह होता है। मैं दूध से भरे बर्तन की तरह हूँ जो आग पर रखा हुआ है। दूध जैसे ही उफनकर बर्तन से बाहर गिरने लगता है, बाबा जैसी कोई शक्ति आकर उसे आग से उतार देती है। उफान बैठने लगता है। मैं शान्त होकर सामान्य आचरण करने लगता हूँ। लेकिन फिर से उस आग की तरफ़ बढ़ जाता हूँ, जो मेरी नियति और मेरा घर है। अचानक फिर उफान आता है। मैं किसी पीड़ा से चीख़ता हूँ : 'बचाओ, बचाओ, मैं गिरनेवाला हूँ।' बाबा फिर से आते हैं। मेरा उफान शान्त हो जाता है। यह चक्र चलता रहता है। यही जीवन है।

योगी की बातों से मुझे भरोसा बँधा होगा क्योंकि मैंने अगली सुबह अपनी यात्रा फिर से शुरू कर दी। गंगा पहले जैसी सुन्दर थी, कई-कई रंगों में लिपटी हुई एक नव-वधू। ग़ाज़ीपुर जाते हुए हमने रेलवे पुल पार किया। बाईं तरफ़ बनारस के श्मशान घाट हाड़-मांस के पुतलों को स्वर्ग पहुँचाने के काम में लगे थे। सूर्योदय, चिड़ियाँ, मछलियाँ, घास की हरी ढलानें—गंगा अपने इस शाश्वत परिवार के साथ बह रही थी और मुझे दुनियावी मोह-माया से धीरे-धीरे दूर ले जा रही थी। असह्य पीड़ा के क्षणों में ही लगता है कि गंगा अत्यंत सुन्दर है। उसके भव्य नज़ारों ने मेरे सारे स्वप्नों को आप्लावित कर दिया था।

अब मैं नाव चलाना भी सीख गया था। मेरे चप्पू नये मल्लाहों के चप्पुओं के साथ तालमेल बिठाते हुए चल रहे थे। छह चप्पुओं की मदद से नाव मज़े से चल रही थी। सुबह की धुंध छँटनेवाली थी कि नाव एक लाश के पास पहुँची। एक मल्लाह ने मुझे रोका और चप्पू चलाना बन्द करने के लिए कहा। मैंने ऐसा ही किया। लाश के बिलकुल क़रीब पहुँचकर नाव रुक गई। आगे की तरफ़ बैठे हुए हरिराम ने ग़ौर से उसे देखकर कहा : 'इस पर तो कफ़न भी नहीं है। इस औरत ने ख़ुदकुशी की होगी।' लाश का चेहरा ऊपर की तरफ़ था और वह मेरे बहुत क़रीब थी। वह एक जवान, सुन्दर, आकर्षक स्त्री थी। अचानक मेरे दूध में उफान आया, मैंने एक चप्पू उठाया और लाश के सिर पर दे मारा। यह देखकर मल्लाह आपे से बाहर हो गए। ठीक मेरी ही तरह।

'क्या तुम्हारे घर में कभी किसी की मौत नहीं हुई?'

'तुम्हारे भीतर इनसान के लिए कोई माया-ममता नहीं है, बेरहम कहीं के।'

'कैसा कड़ा कलेजा है!'

'हत्यारे कहीं के!'

'तुम्हारी कोई बहन नहीं है?'

'तुम्हारी कोई माँ नहीं है?'

'लेकिन मैंने उससे प्यार किया था, भैया...'

'शर्म नहीं आती, हरामज़ादे! तुम एक औरत की लाश के साथ ऐसा कर रहे हो और तब भी कह रहे हो कि तुम औरतों की इज़्ज़त करते हो।'

'क्या कभी तुम्हारे आँसू आए हैं?'

'मार-मार कर तुम्हारा भुर्ता बना देंगे!'

'गाँव वाले तुम्हें ज़िन्दा जला डालेंगे।'

'लेकिन भैया, सुनो तो। मैंने उससे प्यार किया था। मुझे सचमुच उससे प्यार था।'

'क्या इसे तुम प्यार कहते हो?'

'तुम्हारे जैसे लोगों की वजह से ही औरतें आत्महत्या करती हैं।'

'चलो, नाव से उतरो!'

'मैं तुम्हें ज़िन्दा नहीं देखना चाहता।'

‘इसे पानी में फेंक दो!’

‘हरामज़ादा!’

‘बेहया!’

‘चांडाल!’

‘ख़ून का प्यासा!’

‘तुम्हें ज़िन्दा रहने का हक़ नहीं है!’

‘हाँ, हाँ, तुम सही कह रहे हो। मुझे ज़िन्दा रहने का कोई हक़ नहीं है। जन्म के समय ही मेरी माँ ने मुझे क्यों नहीं डुबो दिया था जब मैं पहली बार उसके साथ बनारस आया था? उसने तभी मेरा गला क्यों नहीं घोंटा? क्यों? क्यों?’

‘इस आदमी का दिमाग़ फिर गया है!’

‘पागल है।’

‘कुत्ता है, हरामी, पागल कुत्ता!’

‘पागलख़ाने में भर्ती हो जाओ।’

‘इसे पुलिस को सौंप दो।’

‘बेरहम कहीं के। जाकर किसी डॉक्टर को दिखाओ जो तुम्हारा दिमाग़ ठीक कर सके!’

वे इस क़दर ग़ुस्से में थे कि मेरे टुकड़े-टुकड़े कर सकते थे। लेकिन उन्हें दया आ गई। वे नाव को एक किनारे पर ले गए और ‘तुमको कीड़े खाएँगे’ कहकर मुझे छोड़ दिया और फिर बनारस की तरफ़ लौट गए। अचानक मुझे एक विचित्र भय ने जकड़ लिया और मैं पत्थर की तरह हो गया। मुझे अपनी हत्या का नहीं, उसके बावजूद न मरने का डर था। मुझे अपने क़त्ल होने का नहीं, न मारे जाने का डर था। मैं थरथराने लगा।

हत्या आत्महत्या का आईना है, जया...

तेईस

जब मैं छोटा था

मेरी माँ रात को मेरे बिस्तर पर बैठ जाती थी। कांसे के गिलास में दूध पिलाती हुई वह दुनिया भर की कहानियाँ सुनाती। देवी-देवताओं, परियों-अप्सराओं, आकाश, धरती और पाताल की कहानियाँ। उन कहानियों में बच्चों को यही बताया जाता था कि जीवन अद्भुत सुन्दर है। बचपन अब दूर है, बहुत दूर, इतनी दूर कि उन सुन्दर पालनों की भी याद नहीं आती। उन दिनों का कुछ नहीं बचा है, वह आवाज़ भी नहीं रही जो कहानियाँ सुनाती थी, लेकिन दो चीज़ें अब भी मेरी स्मृति में हैं। पहली यह कि माँ की कहानियों का अन्त हमेशा सुखद होता था। राजा को रानी मिल जाती थी और देवता दानवों को हरा देते थे। गंगा मनुष्यों का उद्धार कर देती थी और भिखारी सोने की गठरी पा जाता था। और दूसरी यह कि वे सहज-सरल कहानियाँ थीं। उनमें एक से बढ़कर एक लड़ाइयों और बड़ी-बड़ी घटनाओं का वर्णन होता था, लेकिन पूरी कहानी एक स्पष्ट रेखा की तरह होती थी जो दिमाग़ पर एक स्थायी छाप छोड़ देती थी। इतने अर्से बाद पता नहीं किस वजह से मुझे बाल-कथाएँ याद आईं। शायद इसलिए कि दुःख बचपन की शरण में ले जाता है, या इसलिए कि मुझे लगा कि मेरी कहानी भी उतनी ही सरल है।

बनारस में नाव पर हुई घटना के बाद मुझे बंगाली माँझियों ने कलकत्ता पहुँचाया। मैं नाव से बाहर ही नहीं निकलना चाहता था, क्योंकि पानी के यात्री और पानी की मछली में कोई फ़र्क़ नहीं होता। ज़मीन की तरह पानी की ज़िन्दगी भी अपने आप में एक पूरी दुनिया है, उसका अपना समय और अपनी जगह है। सामान्य आदमी अगर लम्बे समय तक पानी की दुनिया के दबाव नहीं झेल पाता, तो पानी के अभ्यस्त आदमी को भी ज़मीन की ज़िन्दगी बन्धनों से भरी हुई लगती है। और फिर, पानी में त्रासदियों का जीवन भी कुछ अलग होता है। पानी एक मरहम भी है। लगातार बहती नाव, उसकी समरस लय, मछलियों और पतवारों की छप-छप ज़िन्दगी के संताप का अचूक इलाज हैं।

कलकत्ते में प्रवेश करने के बाद शहर का कोलाहल लगातार भारी होता गया। दिमाग़ जैसे शोर का घर बन गया। हॉर्न, चीख़-चिल्लाहट, चरचर-मरमर, यहाँ तक कि लोगों के हँसने की आवाज़ें भी भारी पड़ने लगीं। मन हुआ कि वापस नदी में चला जाऊँ। मैंने मल्लाहों से पूछा, क्या वे मुझे कलकत्ते से कुछ किलोमीटर दूर ले जा सकते हैं। 'नहीं, नहीं, दादा हम नहीं जा सकेगा।' स्वप्न ने दो-टूक जवाब दिया, 'नदी में अभी ज्वार आएगा। हमारा नाव पानी का उफान नहीं झेल पाएगा। हम हद से हद आपको बन्दरगाह तक ले जा सकता है।'

मैंने मल्लाहों का हिसाब चुकाया और बैग उठाकर उन टूटी-फूटी इमारतों से निकल गया, जिन्हें एक ज़माने में इम्पीरियल कलकत्ता हार्बर कहा जाता था। क़रीब घंटे-भर मैंने टैक्सी का इन्तज़ार किया और आख़िर जब टैक्सी मिली तो हम एक जुलूस में फँस गए। मेरी परेशानी देखकर ड्राइवर ने हॉर्न बजाते, गाड़ी को इधर-उधर मोड़ते-खींचते हुए कलकत्ते की भीषण भीड़ के बीच रास्ता बनाने की कोशिश की।

एक सीमा तक तो वह गाड़ी निकालने में क़ामयाब हुआ, लेकिन जब हम कलकत्ता टेलीफ़ोन बिल्डिंग तक पहुँचे, तो टैक्सी बुरी तरह फँस गई और ड्राइवर ने परेशान होकर इंजन बन्द कर दिया। भीड़ को देखकर वह बुदबुदाया : 'यह जुलूस नहीं है। किसी की अर्थी निकल रही है।' मुझे भी लगा, शवयात्रा ही है। हमारी दाईं तरफ़ एकदम सफ़ेद

कपड़े पहने पुरोहित टेलीफ़ोन बिल्डिंग की सीढ़ियों पर खड़े थे और अन्तिम संस्कार की तैयारी कर रहे थे। कलकत्ते की केन्द्रीय जगह पर यह देखकर मैं हैरान रह गया। मैंने ड्राइवर से पूछा :

'कौन मरा होगा?'

'क्या पता। कोई होगा।'

'अजीब है! सरकारी बिल्डिंग में दाह-संस्कार! क्या इस पर क़ानूनी प्रतिबन्ध नहीं ?'

'किसने कहा बाबू कि बंगाल में कोई क़ानून भी है!' ड्राइवर ने जल-भुन कर कहा।

'ऐसा क्यों कह रहे हो?'

'इसलिए कि बंगाल में कांग्रेस के हटने के साथ ही क़ानून का राज ख़त्म हो गया। कम्यूनिस्टों ने तो क़ानून की धज्जियाँ उड़ा दी हैं। इसी को देखिए! राइटर्स बिल्डिंग के ठीक पीछे दाह-संस्कार हो रहा है! अगर हमारी कांग्रेस पावर में होती तो चीफ़ मिनिस्टर इन सबको गोली मरवा देता!'

टैक्सी के शवयात्रा से बाहर निकलने की कोई उम्मीद नहीं थी, इसलिए मैं कांग्रेसी ड्राइवर को दस रुपये टिप देकर निकल पड़ा और भीड़ के बीच रास्ता बनाने लगा। शवयात्रा का रहस्य और भी गहरा गया जब मैंने देखा कि पुरोहितों ने मंत्र-जाप शुरू किया और कुछ ही देर में दो मीटर ऊँची लपटें हवा में लहराने लगीं। मुझे कुछ समझ में नहीं आया तो मैंने वहाँ एक आदमी से विनम्रतापूर्वक पूछा :

'क्षमा कीजिएगा, दादा, कौन मरा है?'

'आपको इतना भी नहीं पता?' उसने आश्चर्य से कहा।

'नहीं, सॉरी।'

'वाह, आप जुलूस में खड़ा है और यह भी नहीं जानता कि क्यों खड़ा है!'

'क्षमा कीजिए, मैं जुलूस में शामिल नहीं हूँ।'

'तो शामिल हो जाइए।' उसने हँसते हुए कहा, 'देखिए, कलकत्ते का लोग यहाँ इस शहर का बकवास, थर्ड-रेट, बोगस, होपलेस और बेकार का टेलीफ़ोनों का अन्तिम संस्कार करने आया है। इन टेलीफ़ोनों का

ख़िलाफ़ हल्ला बोलने का यही तरीक़ा है। ये टेलीफ़ोन हमारा फैशनेबुल, आधुनिक, स्पेस-ऐज टेक्नोलॉजी का नमूना है!'

भारतीय टेलीफ़ोन व्यवस्था को एक से एक विशेषणों से नवाज़ा जा रहा था जिस पर लोगों की हँसी फूट पड़ती थी। लेकिन मैं इस भीड़ का मज़ा लेने के मूड में नहीं था। दोपहर हो गई थी और उमस बढ़ने लगी थी। मैंने पार्क लेन पहुँचकर खाने के लिए कुछ लिया। रेस्तराँ से बाहर आते हुए किसी ने मेरी पीठ पर ज़ोर से धौल जमाई :

'अरे, तुम! यहाँ?'

'ओह! बोंजूर सा वा? ठीक तो हो?' मैंने झिझकते हुए पूछा। मैं उस आदमी को तुरन्त नहीं पहचान पाया।

'मुझे पहचाना?' कहते हुए उसने अपनी बग़ल में खड़ी एक आकर्षक हिन्दुस्तानी लड़की की तरफ़ आँखें मिचकाईं।

उसके आँख मिचकाने और चालाक मुस्कुराहट से मुझे याद आया कि मेरे सामने खड़ा आदमी पैट्रिक शालांदों है। एक पुराना चलता-पुर्ज़ा फ्रांसीसी, जो कितने ही साल से कलकत्ते में रह रहा था। हम बहुत पहले एलिओंस फ्रांसे की एक पार्टी में मिले थे और सहसा मुझे याद आया कि उस शाम मुझे लगा था, पैट्रिक बेईमान और चिकने घड़े जैसा आदमी है। लगता था, बैंक बैलेंस, स्कॉच, औरतबाज़ी और डींग हाँकना ही उसके जीवन का सार-तत्त्व है। वह खुल्लम-खुल्ला कहता था कि मोह-ममता सिर्फ़ एक फंदा है और वह जब रात को किसी औरत के साथ सोता है तो अपने टेलीफ़ोन और बिजली के बिलों के बारे में सोच रहा होता है जो अगली सुबह चुकाने हैं। पैसा ही उसका ईश्वर था। नशे की हालत में उसने मुझसे कहा कि एक ख़ास देवी के साथ सोना उसके जीवन का सबसे बड़ा सपना है : 'उसका क्या नाम है, उस देवी का, जिसके पास ख़ूब सारा पैसा है और सैक्सी है?' साथ की लड़की ने उसे छेड़ा : 'तब तो तुम्हें ऐसी देवी चाहिए, जिसकी चार आँखें और छह बाँहें हों!'

पैट्रिक का व्यवहार आश्चर्यजनक ढंग से दोस्ताना था। उसने मुझसे घर तक चलने के लिए कहा। मैं तैयार नहीं हुआ। मेरे इनकार से कुछ हैरान होकर उसने कहा :

'किसी से मिलने जाना है?'

'कन्धे पर यह बैग लेकर किससे मिलने जाऊँगा?'

'तो क्या समस्या है? चलो।'

'नहीं, शुक्रिया।'

'तुम कहाँ रुके हो?'

'अभी तो कहीं नहीं।'

'फिर?'

पैट्रिक ने मेरा बैग छीना, जैसा बिछड़े हुए दोस्त करते हैं और उसे अपनी कार में डाल दिया। मैंने हार मान ली क्योंकि फिर से इनकार करने के लिए बहुत मेहनत करनी पड़ती और ऐसे वक़्त जब मैं गुमनाम था, पैट्रिक के साथ एक घटिया-सी शराबख़ोरी कोई बुरी बात नहीं थी। उसे मेरे अतीत का कुछ पता नहीं था, वह मेरी गंगा के बारे में कुछ नहीं जानता था, वह मेरी ज़हराओं और जयाओं के बारे में कोई बात नहीं करनेवाला था। वक़्त काटने के लिए उसकी संगत बुरी नहीं थी।

ली रोड पर उसका शानदार बँगला उस दौलत का जीता-जागता सबूत था जो उसने हिन्दुस्तान में कमाई थी। प्राचीन मूर्तियाँ, पेंटिंग, कट-ग्लॉस, रोज़-वुड का फ़र्नीचर, दरबान, उसके पास सब कुछ था जो किसी ग़ैर-शादीशुदा, पश्चिमी रंग-ढंग की अधेड़ औरत या चाटुकार व्यापारी को लुभाने के लिए काफ़ी होता है। मुझे बीयर का गिलास देते हुए उसने पूछा :

'तो मितरां के क्या हाल हैं? मुश्किल में है न, क्यों?'

'उतार-चढ़ाव हर किसी की ज़िन्दगी में आते हैं।'

'और उन सिख लड़कों के बारे में बताओ? उन्होंने एयर फ्रांस के हवाई जहाज़ में विस्फोट किया था!'

'कौन-सा जहाज़?'

'अरे, पेरिस में। नहीं?'

'नहीं, तुम शायद एयर-इंडिया के जहाज़ की बात कर रहे हो। वह तो आयरलैंड के समुद्री तट के पास हुआ था।'

'सच?' पैट्रिक ने झेंपते हुए कहा, 'मुझे पता नहीं क्यों पेरिस का ख़याल आया। वैसे भी क्या फ़र्क़ पड़ता है? आए दिन तरह-तरह

की चीज़ों को उड़ाया जा रहा है। ज़रा फ्रेंच फ़ुटबॉल के हालचाल बताओ?'

'यह प्लातिनी का आख़िरी वर्ल्ड कप होगा।'

'तुम्हें पता है, सत्यजित राय सामने कोने पर ही रहते हैं?'

मैंने देखा, पैट्रिक लगातार जल्दी-जल्दी विषय बदल रहा था।

'हाँ, पता है। एक बार मैं वहाँ उनसे मिला भी हूँ।'

'और, एक और आदमी है जो एक इंडो-फ्रेंच फ़िल्म कर रहा है। साँवला आदमी, जो चश्मा लगाता है।'

'तुम्हारा मतलब मृणाल सेन?'

'शायद। अरे! ये बंगाली नाम भी कितने मुश्किल होते हैं। और पेरिस का क्या हाल है?'

'क्या तुम लौटने की सोच रहे हो?'

'मैं? बिलकुल नहीं। कलकत्ते की चहल-पहल में रहने के बाद आप कहीं और नहीं रह सकते। अरे नहीं! पेरिस मेरे लिए अतीत की बात है। पहली पत्नी की तरह।' पैट्रिक ने उठकर मुझे कुछ और बीयर दी और ग़ौर से मेरा चेहरा देखकर कहा :

'तुम बिलकुल आवारा जैसे लग रहे हो!'

'हाँ, थोड़ा थका हुआ हूँ।'

'क्या एयरपोर्ट पर बहुत इन्तज़ार करना पड़ा?'

'मैं ट्रेन से आया हूँ।'

'अरे वाह, अरे वाह!' पैट्रिक ने कहा। 'ट्रेन का सफ़र काफ़ी मज़ेदार होता है। लेकिन इसके लिए वक़्त चाहिए। हिन्दुस्तान की ट्रेनें बहुत ज़्यादा सुस्त हैं। ज़रा बताओ, फ्रांस में 'टीजीवी' की क्या हालत है?'

पैट्रिक की बकबक से मैं तंग आ गया था और मुझे लगा कि वह मुझे सिर्फ़ इस वजह से घर लाया है कि उसके पास बात करने के लिए कोई और नहीं था। उसके सवालों से पल्ला छुड़ाने की ग़रज़ से मैंने पूछा :

'अपनी सुनाओ? बैंक बैलेंस, पैसा, औरतें, क्या तुम्हारी ज़िन्दगी में अब भी यही सब है? लगता है, अब भी सुन्दरियों के चक्कर में रहते हो।'

'सुन्दरियाँ। अरे, तुम्हारा मतलब वह लड़की, जो मेरे साथ थी... बुरी नहीं है। मेरे हिसाब से ज़्यादा ही बंगाली ढंग की है। ये सब बहुत जल्दी चिपट जाती हैं। फ़ालतू!'

'क्या अब भी एंटीक का धन्धा चल रहा है?'

'उसे तो बहुत पहले छोड़ दिया था। अरे, मैं पुरानी मूर्तियाँ और हाथी दाँत के लैम्प बेचने में ही ज़िन्दगी क्यों ख़राब करता! अब मैं ज़्यादा बड़े व्यापार में हूँ। रेलवे में।'

'रेलवे?'

'हाँ, रेलवे। देखना, जल्दी ही मुझे चार हज़ार मिलियन रुपयों का ठेका मिलनेवाला है।' पैट्रिक ने हवाना सिगार सुलगाई।

'तो तुमने कंसल्टेंसी शुरू कर दी है?'

'एक तरह से। एक दिन मैंने सोचा, इन छोटे-मोटे सौदों और ठेकों में क्या रखा है? मेहनत इतनी ज़्यादा और पैसा इतना कम। तो मैंने ऐसा काम हाथ में लिया है जिसकी हिन्दुस्तान को बहुत ज़रूरत है।'

'लेकिन हिन्दुस्तान में तो पहले से ही दुनिया का सबसे बड़ा रेलवे नेटवर्क है।'

'यही तो बात है। लेकिन देखो, उसका कामकाज कैसे चलता है। जानते हो यहाँ ट्रेन की औसत रफ़्तार क्या है?'

'नहीं।'

'एक घंटे में पच्चीस किलोमीटर! यहाँ ट्रेनें केंचुए की रफ़्तार से चलती हैं। तो मैंने सोचा, भारतीय रेल में क्रान्ति की जाए और 'टीजीवी' शुरू किया जाए।'

'यानी तुम सुपर स्पीड ट्रेनें बेचोगे?'

'ट्रेन नहीं, दूसरी बहुत-सी चीज़ें : कोच, इलेक्ट्रिक इंजन, पटरियाँ, सिग्नलिंग उपकरण, सब कुछ। हिन्दुस्तान में ट्रेनों की रफ़्तार बढ़ाना बहुत ज़रूरी है। इसलिए मैंने एक फ्रेंच कम्पनी को इसमें शामिल कर लिया। बहुत करके हमारा सौदा पट जाएगा। इंशाअल्लाह!'

'अच्छा। कहीं अगला बोफोर्स घोटाला तो नहीं करने जा रहे हो!'

'बोफोर्स! बकवास!' पैट्रिक ने उकताकर कहा, हिन्दुस्तानी प्रेस बेवकूफ़ों की जमात है! बोफोर्स सौदे में क्या ग़लत है? अपने काम

के लिए सभी किकबैक देते हैं। यह तो धन्धे का गुर है भई। अरे, हिन्दुस्तानी बिलकुल पगलैट हैं...ज़रा एक मिनट रुको। देखता हूँ आज सुबह कोई डाक आई है क्या। दिल्ली से एक ज़रूरी ख़त आना था।'

पैट्रिक का नौकर गोपुदा चाँदी की तश्तरी में चार चिट्ठियाँ और चिट्ठी खोलनेवाला एक हाथी दाँत का चाकू लेकर आया, जिसे उसने अपने मालिक को इस तरह दिया जैसे ड्राई फ्रूट दे रहा हो। पैट्रिक ने जल्दी से सभी चिट्ठियों पर नज़र डाली, लेकिन एक चिट्ठी को उसने दो बार पढ़ा। उसे लिफ़ाफ़े में रखते हुए वह गम्भीर हो गया।

'अफ़सोस!'

'क्या हुआ? क्या इसी ख़त का इन्तज़ार कर रहे थे?'

'नहीं, नहीं! कुछ और बात है। अफ़सोस!'

'धन्धे में उतार-चढ़ाव तो आते रहते हैं।'

'नहीं, नहीं।' पैट्रिक की आवाज़ में उतावलापन था। 'इसका व्यापार से कोई लेना-देना नहीं है, पर्सनल मामला है। एक फ्रांसीसी दोस्त की पत्नी चल बसी है। उसने बहुत दुखी होकर चिट्ठी लिखी है।'

'बड़ी बुरी ख़बर है।'

'अरे, मैं तो हमेशा ही कहता रहा हूँ कि मोह-माया सिर्फ़ एक जाल है। बहरहाल, वह नहीं रही, क्या कर सकते हैं। लेकिन कितनी ख़राब मौत हुई।'

'क्या हुआ?'

'पानी में डूब गई। समुद्र का कोई भरोसा नहीं।'

'क्या उम्र थी?'

'क़रीब पच्चीस साल। सुन्दर लड़की थी। बहुत सुन्दर। मैं कलकत्ते से उसे जानता था, बल्कि उस पर बुरी तरह फ़िदा भी था। बहरहाल, चली गई तो चली गई। उसके पति का बुरा हाल है।'

'लेकिन यूरोप की सर्दियों में वह समुद्र में क्या करने गई थी? फ्रांस में तो इन दिनों भयंकर सर्दी है।'

'मैंने यूरोप का नाम तो नहीं लिया?'

'नहीं, लेकिन मुझे ऐसा लगा।'

‘नहीं, नहीं। वह पाकिस्तान में थी। उस हिन्दुस्तानी लड़की ने एक फ्रेंच टीचर से शादी की थी।’

‘पाकिस्तान में?’

‘हाँ, कराची में।’

‘उसका नाम क्या था?’

‘मेरे ख़याल से तुम उसे नहीं जानते होगे। उसका नाम जया था।’

‘जया...’

‘तुम जानते थे उसे? क्यों?’

‘नाम सुना हुआ लगता है।’

जया की ख़बर सुनकर मैं पैट्रिक के घर से निकला और रात-भर कलकत्ते की सड़कों पर घूमता रहा। अचानक मुझे अपने भीतर एक अद्‌भुत उन्मुक्ति महसूस हुई, जैसी किसी उड़ती-पुड़ती घायल चिड़िया को होती होगी। मैं हर तरह की ज़िम्मेदारी से बरी था, कोई ज़िन्दगी का हिसाब नहीं चुकाना था, न किसी का लेना था न किसी का देना। जैसे अपने किसी सूदखोर का आख़िरी क़र्ज़ भी चुका दिया हो। मैंने ख़ुद को एक बुजदिल रात के हाथों में सौंप दिया।

चौबीस

बर्तन ख़ाली था

दूध उफनकर पूरी तरह बाहर आ गया था। सिर्फ़ आग थी जो जल रही थी, कँपकँपा रही थी। जैसे गंगा, जैसे जया।

उसे नदियों और समुद्रों से बहुत प्रेम था। वे उसकी दीवानगी, उसके जुनून, उसकी शायरी और उसके दमख़म का इम्तहान थे। वह बड़े गर्व से ख़ुद को बड़े से बड़े जोख़िम के हवाले करती थी। उसे उथल-पुथल से प्यार था, पानी की उथल-पुथल से, और उन लोगों के भीतर की उथल-पुथल से भी जो उसकी ख़ुद की ज़िन्दगी को भी उथल-पुथल कर दें। वह कहती थी, मेरा सबसे बड़ा सपना है कि डॉल्फिन की तरह समुद्र में नाचती रहूँ। तो यह सिर्फ़ संयोग की बात नहीं थी कि उसकी मुस्कान भूमध्य सागर की लहरों की मानिंद लगती थी और उसका रंग आसमान जैसा था। कहते हैं कि तैरनेवाले ही डूबा करते हैं। वह समुद्र से जन्मी थी और समुद्र में ही लौट गई। जैसे यह किसी अप्रत्याशित नियति का आदेश हो।

ईश्वर बहुत मूर्ख है। उससे बड़ा मूर्ख कोई नहीं होगा। बनारस के कोरे अध्याय, एक हिन्दू-फासिस्ट के हाथों ज़हरा की माँ की मौत, कराची में जया की ख़ुदकुशी...हादसों के ख़ून से रचे इन पन्नों पर मुझे हँसी आ रही थी। ईश्वर एक मूर्ख है और मृत्यु एक मज़ाक़। ईश्वर

नहीं जानता कि उसे किसी मनुष्य को इतनी ही यातना देनी चाहिए कि उसकी आत्मा बची रहे। अगर मृत्यु इनसान को मारती है तो उसके साथ उसका ईश्वर भी मर जाता है। मृत्यु का निवास कहाँ है? न जया के भीतर, न स्मिता के भीतर। जया उसी तरह जीवित है जैसे स्मिता। वह तो सिर्फ़ मृत्यु ही है जिसकी मौत होती है, जो मर गई है। और ईश्वर के बारे में और क्या कहा जाए, वह निरा मूर्ख है। वह मृत्यु को भी निरर्थक बना देता है।

आख़िरकार सारी बन्दिशों से मुक्त, निर्बंध और निर्द्वंद्व, मैं गंगा के अन्तिम छोर गंगासागर पहुँचा, जहाँ आधी रात को दाह-संस्कार जैसा माहौल था। लपटें ऊँची उठ रही थीं जैसे चन्द्रमा को छूने जा रही हों। लहरें चाँदी के रंग की थीं और समुद्र चाँदी की खान जैसा लग रहा था। पिघली हुई चाँदी की लहरें अनबुझी चाहतों के आसमान की ओर बह रही थीं। मेरी नाव डाँवाँडोल थी। हवा अशान्त थी। ओ हवा, क्या तुम पागल हो गई हो? क्या तुम्हारी बाँसुरी की धुन खो गई है? और गंगा, तुम? क्या तुम भी पागल हो गई हो? क्या तुम्हारी वह शान्ति खो गई है जो तुम्हें दिव्य और अलौकिक बनाती है? आओ गंगा, मुझे अपनी कथा का अन्त बताओ। क्या तुम मुझे भी वही नियति सौंपने जा रही हो जो तुमने अपने पति शान्तनु को दी थी? ओ गंगा, क्या तुम जानती हो कि समुद्र उछलकर तुम्हारे वक्ष तक पहुँच रहा है? ओ चन्द्रमा, क्या अब भी तुम समझते हो कि तुम अभेद्य हो? तुम्हें लगता है कि तुम्हें कोई डुबा नहीं सकता?

ओ चन्द्रमा, इतना गर्व मत करो। तुम जानते हो कि तुम्हारी सुन्दरता का रहस्य मेरी आँखों से ही जन्मा है? तुम अहंकारी, निष्ठुर हो गए हो। सुनो, तुम्हारे चेहरे से मेरे दर्द का दाग़ कभी नहीं मिटेगा और सुनो, फ़ैसले के दिन मैं तुम्हें कटघरे में खड़ा करूँगा। याद रखो, मुक़दमे बहुत सारे हुए हैं, लेकिन काफ़्का एक ही हुआ है।

और तुम, लहरो,
मनमौजी लहरो,
तुम मुस्कुरा रही हो खेल रही हो,
तुम लुभा रही हो खिलवाड़ कर रही हो,

आओ,
मुझे जया दिखलाओ,
मुझे प्रकाश दो,
मुझे जया दो जो छिपी है तुम्हारी ओट में।

ओ, जया,
जया,
क्या तुम सुन रही हो मुझे?
दरवाज़ा खोलो,
आधी रात हो चुकी है,
डरो नहीं,
यहाँ कोई चोर नहीं है,
कोई आवारागर्द नहीं है,
यह मैं हूँ, जया।

ओ, जया,
खोलो, दरवाज़ा खोलो,
नहीं खोलोगी?
क्यों?
तुम सो रही हो?
गहरी नींद में हो,
चलो उठो!
मैं भाग आया हूँ जेल से,
सोए हुए थे सभी सिपाही।
उठो,
'मुझे ढूँढ़ रहे हैं वो...।'

ओ, जया,
चलो उठो,
भूल जाओ देवताओं को,

देखो लहरों की ओट से बाहर,
देखो चाँद,
देखो चाँदनी।

ओ, जया,
देखो,
चाँद ने चुरा ली हैं
वे काँच की चूड़ियाँ,
वह वचन,
जो मैंने सौंपा था तुम्हें।
उठो, जया,
जानता हूँ हिचक रही हो तुम,
लेकिन यहाँ कोई नहीं है आसपास,
चले गए हैं मल्लाह,
सो रहा है भानु,
जागो, जया, जागो।

कहा था तुमने,
तुम्हारी ख़ामोशी का संगीत हैं मेरे शब्द,
आओ,
मैं तुम्हें सौंपता हूँ एक कविता,
सृष्टि के जन्म और अन्त की कविता।
आओ, उठो,
उठो फोटोन के झुरमुट से,
निकलो लहरों के कंगन से,
आओ, उठाओ अपना नीर-सा घूँघट
और सुनो मेरा अलविदा का राग।

जया,
आओ, उठो।
देखो, बारिश होने लगी है,
धारासार बारिश,
पारदर्शी बारिश,
तुम्हारी अज़ीज़ बारिश,
देखो बारिश को, जया,
जिस बारिश ने तुम्हें बनाया
जिस बारिश से बनी है गंगा,
जिससे बना है समुद्र,
जिससे बना हूँ मैं,
और वह सब जिससे तुमने किया था प्यार।

आओ, जया,
चलो, टहलकर आएँ इस बारिश में।

'अब मैं कभी बारिश से दोस्ती नहीं करूँगी।' यही थे उसके आख़िरी शब्द।

❂❂❂